**AMBASSADE
DE FRANCE
EN RÉPUBLIQUE
DE CORÉE**

*Liberté
Égalité
Fraternité*

주한
프랑스
대사관

문화과

Cet ouvrage, publié dans le cadre du Programme d'aide à la Publication Sejong,
a bénéficié du soutien de l'Institut français de Corée du Sud – Service culturel de
l'Ambassade de France en République de Corée.

이 책은 주한 프랑스대사관 문화과의
세종 출판 번역 지원프로그램의 도움을 받아 출간되었습니다.

Michel Foucault
présente
Herculine Barbin
dite Alexina B.

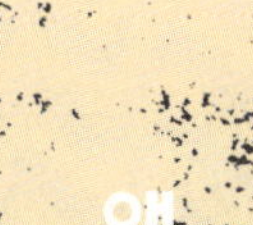

이 작품은 미셸 푸코의
'평행한 삶들' 시리즈 중 하나로 출간되었다.

고대인들은 위대한 인물들의 삶을 평행선 위에 놓고
비교하길 좋아했다. 세기를 넘어 울려퍼지는
이 모범적 그림자들의 목소리에 귀를 기울였던 것이다.
나는 안다, 평행선이 그려지는 것은
무한에서 다시 만나기 위한 것임을.
그렇다면 이번에는 무한히 서로 멀어지는,
다른 평행선을 상상해 보자. 교차점도, 받아 줄 장소도 없다.
이들의 삶은 종종 '단죄'라는 메아리만을 남겼다.
우리는 이들을, 점점 멀어지는 그 운동에서 포착해야 한다.
그들이 한순간 불꽃처럼 어둠 속으로 돌진하며 남긴
찰나의 궤적을 되짚어야 한다.
그 어둠은 '더 이상 말해질 수 없는' 영역,
'명성'이 사라지는 곳이다.
이는 마치 《플루타르코스 영웅전》을 뒤집은 것과 같다.
너무도 평행해서 이제는 아무도 더는 그 삶들에 다가갈 수 없는
그런 삶들 말이다.

_미셸 푸코

일러두기

이 책의 구성 이 책은 프랑스에서 출간된 *Herculine Barbin dite Alexina B.*의 1994년판을 번역한 것이다. 초판인 1978년판에는 알렉시나의 《회상록》과 관련 자료만 수록되었다. 1980년 이 책이 미국에서 번역 출간될 때, 1979년 푸코가 아르카디Arcadie 모임에서 발표해 1980년 《아르카디》지에 실린 〈진정한 성〉이라는 글이 서문으로 추가되고, 알렉시나의 이야기를 참고해 쓰였다고 알려진 독일 의사 오스카 파니차Oscar Panizza의 소설 《수녀원 스캔들》도 추가된다. 영어판에 수록된 이 두 텍스트는 프랑스에서 재출간된 1994년판에도 수록되고 에릭 파생 Éric Fassin의 후기가 추가된다. 1994년판은 2014년 문고판으로도 출간되었다. 프랑스어판과 영어판의 서지사항은 다음과 같다.

Herculine Barbin dite Alexina B., Michel Foucault, Paris, Gallimard, 1978, 1994, 2014.
Herculine Barbin, Being the Recently discovered Memoirs of a Nineteenth Century French Hermaphrodite, Michel Foucault, trans. Richard McDougall, New York, Pantheon Books, 1980.

원어 표기 본문에서 주요 인물(생몰연대)이나 도서, 영화 등의 원어명은 맨 처음, 주요하게 언급될 때 병기했다. 인명이나 지명은 외래어 표기용례를 따랐다. 단, 널리 알려진 이름이나 표기가 굳어진 명칭은 그대로 사용했다.

각주 본문 하단 각주는 원저자의 주이다. 그 외 원서의 '편집자 주'와 '옮긴이 주' 등은 별도의 표시를 하여 구분했다.

본문 주 본문 속 〔 〕는 옮긴이의 주이다.

도서 제목 본문에 나오는 도서 제목은 원저자가 사용한 언어의 원어를 번역 표기하는 것을 원칙으로 하되, 국내에 번역 출간된 도서는 가능한 한 그 제목을 따랐다.

차례

진정한 성[1]

이 글은《알렉시나 B.로 불린 에르퀼린 바르뱅》의 영어판 서
문[2]에 약간의 내용을 추가한 프랑스어 텍스트다.

영어판에는 알렉시나 이야기에서 영감을 받아 집필된 오스
카 파니차Oscar Panizza의 단편소설 《수녀원 스캔들》이 부록으
로 수록되어 있다. 파니차는 당시 의료 문헌에서 알렉시나
의 이야기를 알게 된 듯하다. 프랑스의 경우, 에르퀼린 바르
뱅의 《회상록》은 갈리마르Gallimard 출판사에서 〔1978년에〕 출

---

1 〔프랑스어판 편집자 주〕 "Le vrai sexe", *Arcadie*, 27ᵉ année, nº 323, novembre
 1980, pp. 617-625 ; 다음에 재수록되었다. *Dits et Écrits IV, 1980-1988*, éd. Daniel
 Defert et François Ewald, avec Jacques Lagrange, Gallimard, 1994, texte nº 287,
 pp. 115-123. 이 글의 영어판(각주 2 참조)은 에릭 파생Éric Fassin이 이 책의 후기에서
 분석하고 있는, 고양이와 그의 미소 등과 같은 간략한 가필을 포함하고 있다. 푸코는 프
 랑스어판에서 이 부분을 언급하지 않았다.

2 〔프랑스어판 편집자 주〕 "Introduction", in *Herculine Barbin, Being the Recently
 discovered Memoirs of a Nineteenth Century French Hermaphrodite*, New York,
 Pantheon Books, 1980, pp. vii-xvii.

간되었고,《수녀원 스캔들》은 소설 제목을 전체 제목으로 달
고 라디페랑스La Différence 출판사에서 출간된 오스카 파니차
문집에 수록되어 있다. 르네 드세카티René de Ceccaty는 나〔에릭
파생〕에게 파니차의 단편소설이 알렉시나 B. 이야기와 비슷
하다고 알려 주었다.

진정한 성이라는 것이 정말 우리에게 필요할까? 서구 근현대 사회
는 집착에 가까운 집요함으로, 그렇다고 답해 왔다. 서구 근현대
사회는, 신체의 실재와 쾌락의 강도만이 의미 있다 여겨질 수 있
었던 그런 〔기존〕 관행의 체계 안에 이 '진정한 성'이라는 문제를
집요하게 도입한다.

　하지만 〔'진정한 성'과 관련된〕 이런 유의 요청들은 오랫동안 존
재하지 않았다. 의학과 사법이 양성구유자兩性具有者[3]들에게 부여했
던 지위의 역사가 이 사실을 증명한다. 양성구유자가 단일하고 진
정한 성을 가져야 한다고 전제되기까지는 오랜 시간이 걸렸다. 여
러 세기 동안은 그저 두 개의 성을 갖는다고 여겨져 왔을 뿐이다.
공포를 불러일으키고 벌을 받아 마땅한 괴물이었단 말인가? 사실
사태는 훨씬 더 복잡했다. 고대든 중세든, 〔양성구유자의〕 사형이

3　〔옮긴이 주〕 hermaphrodite. 양성구유자는 남성과 여성의 생식기관 또는 성적 특성을
　동시에 지닌 사람을 가리킨다.

집행됐다는 증거들이 다수 존재하는 것은 사실이다. 하지만 완전히 다른 유형의 판례들도 아주 많다. 중세의 교회법과 민법의 규칙들은 모두 이 문제와 관련해 대단히 명확했다. 그 규칙들은 다양한 비율로 두 성이 병치되어 있는 사람들을 양성구유자라 불렀다. 이 경우 아버지 혹은 대부, 그러니까 아이의 '이름을 지어 준' 자가 세례 때 어떤 성을 채택할지 결정하는 역할을 했다. 필요한 경우에 둘 중 더 나아 보이는 성, '가장 활기찬 성'이나 '가장 열기를 띠는 성'을 택하라는 조언을 받기도 했다. 하지만 나중에 성년기에 이르러 결혼할 때가 되면 양성구유자는 자신에게 부여된 성을 그대로 유지할지 아니면 다른 성을 택할지 자유롭게 결정할 수 있었다. 다만, 이때 결정한 성은 나중에 다시 바꿀 수 없었으며, 소도미를 범한 자로 간주되고 싶지 않으면 죽을 때까지 자신이 공표한 성을 유지해야 한다는 단 하나의 계율이 있었을 뿐이다. 양성구유자들에게 내려진 유죄판결은 대부분 성의 해부학적 혼합 때문이 아니라 자신의 선택을 번복했다는 것 때문이었다. 프랑스에서는 중세와 르네상스 시대의 기록들이 남아 있다.

【18세기부터】[4] 성현상sexualité에 관한 생물학적 이론들, 개인의 사법적 조건, 그리고 근대국가의 행정적 통제 형식들은 하나의 신체 안에 뒤섞여 있는 두 개의 성이라는 관념을 점차 거부하고, 결

4　〔옮긴이 주〕【　】안의 내용은 영어판에 실려 있지 않다.

과적으로 [남자인지 여자인지] 확실치 않은 개인들의 자유로운 선택을 제약하게 되었다. 이제 각자 하나씩은 성을 가져야 하고[그러므로 성을 갖지 않을 수 없고], 오직 하나의 성만을 가져야 한다. 이제 각자가 갖게 되는 성정체성이라는 것은 [다른 모든 것에 앞서는] 일차적인 것, 심층적인 것, 결정되어 버린 것[그러므로 바꿀 수 없는 것], 그리고 결정하는 것[다른 것들을 결정하는 기준이 되는 것]이다. 다른 쪽 성의 구성 요소들이 어쩌다 나타난다 해도 그것은 우연하고 피상적인 것, 심지어는 그저 기만에 불과한 것일 수밖에 없게 되었다. 의학적 관점에서 이것이 의미하는 바는 다음과 같다. [첫째] 양성구유자의 존재와 관련해서는 이제, 병치되거나 혼합된 두 성의 존재를 식별하는 것도, 혹은 둘 중 어느 쪽이 우세한지 아는 것도 더 이상 중요하지 않다. [둘째] 중요한 것은 불명료한 외관 아래 숨겨진 진정한 성을 가려내는 것이다. [셋째] 의사는, 말하자면 기만적인 신체 구조의 가면을 벗기고, 상반된 성의 형태를 가진 듯 보이는 기관들의 배면에 있는 유일하고 진정한 성을 발견해 내야 한다. 관찰하고 조사할 줄 아는 자에게 성들의 혼합은 자연의 변장에 불과하다. 즉, 양성구유자는 언제나 '가짜 양성구유자'라는 것이다. 바로 이것이, 적어도 18세기에 열정적으로 논의된 여러 주요 사건들을 통해 확산됐던 논지이다.

법droit의 관점에서 이는 분명 자유로운 선택의 소멸을 함축했다. 법적으로juridiquement 혹은 사회적으로 어느 쪽 성에 속하고 싶은지 결정하는 것은 이제 더 이상 개인이 아니다. 자연이 개인에게 어떤 성을 선택해 주었는지, 그래서 결과적으로 사회가 개인에게 어느 쪽 성을 따르도록 요구해야 하는지는 이제 전문가가 말해 준다. 예를 들어 어떤 사람이 자신의 진정한 성으로 살지 않고 그릇된 방식으로 결혼했다고 의심받는 경우처럼 사법justice이 개입해야 할 때, 사법은 충분히 확인되지 않았던 어떤 〔성적인〕 자연 본성의 정당성을 확립하거나 재확립해야 한다. 하지만 만약 이 자연 본성이 변덕을 부리고 예기치 못한 일들을 벌이면서 관찰자를 '기만'할 수 있다면, 일정 기간 동안 진정한 성을 은폐할 수 있다면 어떨까? 그렇다면 개인들 역시 자신의 진정한 성에 대한 깊은 의식을 은폐하고 자신의 신체를 다른 쪽 성의 신체처럼 사용하기 위해 어떤 해부학적 기형을 이용한다고 의심해 볼 수도 있을 것이다. 요컨대 자연의 기괴한 환상들이 방종의 나쁜 버릇에 이용될 수 있다는 것이다. 이로부터 결과되는 것이 바로, 진정한 성을 **의학적으로** 진단하는 것에 대한 **도덕적** 관심이다.

19세기와 20세기의 의학이 이러한 과도한 환원적 단순화에 많은 수정을 가했다는 사실을 잘 알고 있다. 오늘날 더 이상 그 누구도 모든 양성구유자가 '가짜' 양성구유자라고 말하지 않을 것이다. 물론 온갖 해부학적 비정상들이 아무렇게나 포함되어 있던 예전의 영역이 대폭 축소되기도 했지만 말이다. 여전히 많은 어려움이 있긴 하지만, 그래도 한 개인이 자신의 생물학적 성이 아닌 다른 성을 선택할 가능성도 용인된다.

그럼에도 불구하고, 인간은 결국 단 하나의 진정한 성을 가져야 한다는 생각은 완전히 불식되지 않았다. 이 점에 관해 생물학자들의 의견이 어떻든지 간에, 정신의학과 정신분석학 그리고 심리학은 물론이고 여론에서도 성과 진실 간에는 복잡하고 모호하지만 본질적인 관계들이 존재한다는 생각이 폭넓게 퍼져 있음을 알 수 있다. 법을 어기는 실천들에 대해서는 확실히 더 관대해진 게 사실이다〔법적 처벌까지 할 필요는 없다는 생각〕. 그래도 여전히 개중 어떤 특정한 〔성적〕 실천들은 '진실'을 능멸한다고 사람들은 생각한다. 이를테면 '수동적인' 남성과 '남성적인' 여성, 그리고 동성의 상대와 서로 사랑하는 사람들이 그렇다. 어쩌면 우리는 그것이 기성질서에 대한 심각한 침해는 아니라고 인정할 용의가 있을지 모른다. 하지만 거기에 어떤 '오류' 같은 것이 있다고는 꽤나 기꺼이 믿으려 한다. 가장 전통적으로 철학적인 의미에서의 '오류', 즉 현실에 부합하지 않는 것을 행하는 방식이라는 것이다. 성적 위반들은 다소 몽환의 세계에 속하는 것으로 지각된다. 그렇기 때문에, 그것들이 심각한 범죄는 아니지, 라고 생각하는 건 별로 어렵지 않지만, 그것들은 자기만족을 위해 '발명'되었고 어쨌든 쓸모없는 것이니 없애는 편이 낫지 않나, 라는 의심에서 벗어나기는 훨씬 더 어렵다. 젊은이들이여, 그대들의 허망한 성적 쾌락에서 깨어나 변장을 벗어 던지고, 그대들이 단 하나의 진정한 성을 갖고 있음을 상기하기 바란다, 라는 식으로 말이다.

또 우리는, 개인의 가장 은밀하고 심오한 진실들을 찾아야 하는 곳이 바로 성의 영역이라는 점도 인정한다. 그 개인이 무엇이며,

그를 규정하는 것이 무엇인지를 가장 잘 발견할 수 있을 것이라고 말이다. 그리고 수세기 동안 사람들은 성적인 것들을 수치스럽다고 여겨 감춰야 한다고 믿어 왔지만, 이제는 개인의 가장 비밀스러운 부분들을 감추고 있는 것이 바로 성이라는 것, 이를테면 개인의 환상의 구조, 개인의 자아의 뿌리, 개인이 현실과 맺는 관계의 형태들을 성 자체가 숨기고 있음을 알게 되었다. 성의 심연에 진실이 있다는 것이다.

우리의 성과 관련해 혼동하지 말아야 한다는 생각, 그리고 우리의 성이 우리의 가장 진실한 부분을 감추고 있다는 생각, 바로 이 두 생각의 교차 지점에서 정신분석학은 문화적 활력을 뿌리내렸다. 정신분석학은 우리의 성, 즉 우리의 진정한 성, 그리고 우리 안에 은밀하게 머물며 잠들지 않고 있는, 우리 자신에 대한 이 모든 진실을 동시에 약속한다.

알렉시나 바르뱅의 《회상록》은, 이 '진정한 성'의 기이한 역사에서 유일하진 않지만 대단히 희귀한 사료다. 이것은 일기, 아니 더 정확히 말하자면 회상록이다. 19세기의 의학과 사법이, 너의 진정한 성정체성이 뭐냐고 집요하게 캐물었던 그 개인들 가운데 한 사람이 남긴 회상록이다.

거의 전적으로 여자들밖에 없고 강력하게 종교적인 환경에서,

가난하지만 모범적인 소녀로 자라난 에르퀼린 바르뱅은, 주변에서는 알렉시나라는 애칭으로 불렸지만, 결국에는 '진정한' 소년으로 확인됐다. 사법절차를 거쳐 민사상 신분을 바꾼 그는 자신의 법적 성별도 의무적으로 바꿔야 했고, 자신의 새로운 정체성에 적응하지 못한 채 자살로 생을 마감했다. 흔해 빠진 이야기라고 할 수도 있지만, 이 이야기에 특이한 강도를 부여하는 두세 가지 점이 있다.

우선은 그 시기다. 1860~1870년대 무렵은 양성구유자의 진정한 성만이 아니라 다양한 도착倒錯perversion을 식별하고 분류하고 유형화하는 등 성의 영역에서의 정체성 탐구가, 요컨대 성적 비정상의 차원에서 개인과 종種의 문제에 대한 탐구가 가장 강도 높게 이루어지던 시대 가운데 하나였다. 알렉시나 바르뱅에 관한 첫 소견은 '정체성의 문제Question d'identité'라는 제목으로 1860년 의학 학술지에 게재되었다.[5] 알렉시나의 《회상록》은, 그중 일부를 발견한 오귀스트 타르디외Auguste Tardieu의 책《정체성의 법의학적 문제Question médico-légale de l'identité》[6]에, 그 발견된 일부만이 공표됐다. 에

---

5 Chesnet, "Question d'identité ; vice de conformation des organes génitaux externes ; hypospadias ; erreur sur le sexe"(정체성의 문제, 외부 생식기 구조적 결함, 요도하열, 성별에 대한 착오), *Annales d'hygiène publique et de médecine légale*, t. XIV, 1ᵉʳ partie, juillet 1860, pp. 206-209.

6 Auguste Tardieu, *Question médico-légale de l'identité dans ses rapports avec les vices de conformation des organes sexuels* (생식기관들의 구조적 결함과 관련된 정체성의 법의학적 문제), Paris, Baillière, 2ᵉ éd., 1874.

르퀼린 아델라이드 바르뱅Herculine-Adélaïde Barbin, 알렉시나 바르뱅Alexina Barbin, 아벨 바르뱅Abel Barbin, 본인의 텍스트에서는 알렉시나Alexina 혹은 카미유Camille라 불렸던 이 사람은, 정체성 사냥의 불행한 영웅들〔희생양들〕 중 하나였다.

그 시절 기숙학교 학생들에게는 글쓰기의 방식이었을 뿐 아니라 삶의 방식이기도 했던 이 우아하고 멋을 부린, 암시적이면서도 약간은 허세도 느껴지는 고루한 문체, 이 문체 때문에 이 이야기는 정체성을 포획하려는 모든 시도에서 벗어난다. 후에 의사들은 알렉시나의 불분명한 해부학적 구조에 가혹한 진실 게임을 강제하게 되는데, 그녀가 살아온 여성들의 세계에서는 그 누구도 그런 진실 게임에 동의하지 않았다. 모든 이들이 최대한 늦춰 보려 했던 어떤 발견은 그러나, 마침내 성직자와 의사 두 사람에 의해 서둘러 이루어진다. 그의 몸은 그가 성장해 온 소녀들의 세계에서 점차 평균을 벗어나 비쩍 마르고 볼품없게 되었다. 그런 그의 몸을 보면서도 아무도 알아채지 못했던 것 같다. 하지만 그는 모든 사람, 더 정확히 말하자면 모든 여성들의 눈을 흐리게 하고 아무런 질문도 입에 올리지 못하게 할 만큼 상당한 매력을 발산했다. 이 기이한 존재는 사춘기 소녀들이 주고받는 눈맞춤, 접촉, 어루만짐에 열기를 더했지만, 그 누구도 그 열기에 호기심을 섞지 않았으므로 그것은 모두에게 다정하게 받아들여졌다. 순진한 척하는 소녀들도, 용의주도하다고 자부하는 고참 교사들도, 기숙사에 숨어든 이 왜소한 아킬레우스[7]를 알아차리지 못하고 있었다. 그를 바라보고 있으면서도 그들은 모두 그리스 우화의 등장인물들처럼 눈이 멀어 있었다. 적어도 알렉시나의 이야기를 신뢰한다면, 우리는 이 모든 일들이 열정과 쾌락과 슬픔과 포근함과 달콤함과 쓸쓸함의 세계에서 일어났다는 느낌을 갖게 된다. 이 세계에서 상대방들의 정체성은, 특히 이 모든 매듭의 중심에 있는 이 수수께끼 같은 인물의 정체성은 중요하지 않았다.[8]

【의식 지도 기술에서는 종종 '분별discrétion'이라는 말이 사용된다. 이 어휘는 차이를 지각하는 능력, 영혼의 미세한 운동까지를 포함한 느낌들을 식별하는 능력, 순수해 보이는 것 아래 놓인 불순한 것을 찾아낼 수 있는 능력, 마음의 격정 속에서 신으로부터 온 것과 유혹자[사탄]가 부추긴 것을 구분해 내는 능력을 가리키는 독특한 말이다. 분별은, 필요하다면 한없이 구별해야 한다. 분별은 또한, 의식의 비밀을 파헤쳐야 하기 때문에 '분별이 없어야indiscret'〔모든 비밀을 발설해야〕 한다. 하지만 의식 지도자들은 이 분별이라는 말로 절제하는 능력을 의미하기도 한다. 다시 말해서 과도하게 행하지 않는 능력, 말하지 말아야 할 것에 대해 침묵하는 능력, 백

---

7 〔옮긴이 주〕 펠레우스는 자신의 아들 아킬레우스가 전쟁에서 죽게 될 것이라는 신탁을 받고, 이를 피하기 위해 아들에게 여자아이 옷을 입혀 공주들과 함께 키웠다고 전해진다.

8 〔옮긴이 주〕 영어판에는 이 문단 마지막에 이런 문장이 추가되어 있다. "그것은 고양이 없이 그 활짝 웃음만이 사방으로 퍼지던 세계였다(It was a world in which grins hung about without the cat)." 이 구절에 관한 더 자세한 논의는 이 책 342~343쪽을 보라.

    푸코의 서문

일하에 드러나면 위험할 수도 있는 것을 어둠 속에 내버려두는 능력 말이다. 알렉시나는 바로 이 '분별'의 체제가 갖는 빛과 그림자 속에서 오랫동안 지내 왔다고 할 수 있다. 그 '분별'의 체제는 수녀원 체제, 기숙학교 체제, 여성들만의 체제, 그리고 그리스도교의 체제였다. 그러고 나서 그녀는 완전히 다른 '분별'의 체제로 넘어가게 되는데, 바로 그것이 그녀의 비극이었다. 그녀는 행정·사법·의학의 체제로 넘어간 것이다. 수도원과 기숙학교에서 인정되던 섬세하고 미묘한 의미의 차이는 이 체제에서 더 이상 통용되지 않았다. 전자의 체제에서는 침묵할 수 있었던 것이 후자의 체제에서는 표명돼야 하고 명확히 구분돼야 했다. 솔직히 〔후자의 체제에서〕 논의돼야 하는 것은 이제 분별이 아니라 분석이다.】[9]

알렉시나가 이 삶의 《회상록》을 썼을 땐 이미 그의 새로운 정체성, 즉 자신의 '진정하고' '결정적인' 정체성이 발견되어 확립된 후였다. 하지만 확실한 것은, 마침내 발견됐거나 재발견된 성의 관점에서 그녀가 이 《회상록》을 작성하지는 않았다는 것이다. 화자는 지금의 '자기 자신'이 아니었을 때의 감각과 삶을 회상하려고 애쓰고 있는 남자도 아니다.[10] 알렉시나가 《회상록》을 쓴 시기는 그녀의 자살이 머지않은 때였다. 그녀는 여전히 자신에게 확

---

9 〔옮긴이 주〕【 】 안의 내용은 영어판에 실려 있지 않다.

10 〔옮긴이 주〕 프랑스어에는 여성명사와 남성명사가 나뉘어져 있으며, 그 명사와 결합되는 관사와 형용사 역시 해당 명사의 성에 따라 그 형태가 달라진다. 이를테면 '나는 행복

정된 성이 없는 상태였다. 하지만 그녀는 성을 갖지 않는 데서 오는, 혹은 함께 지내고 사랑했으며 그토록 갈망했던 여인들과 완전히 동일한 성을 갖지 않는 데서 오는 환희를 박탈당했다. 그녀가 자신의 과거로부터 떠올리는 것은 비정체성의 행복한 불확정 상태였는데, 그것을 보호해 준 것은 역설적이게도 그 폐쇄적이고 긴밀하며 열렬한 단체생활이었다. 그곳에는 단 하나의 성밖에 모르는, 강제된 동시에 금지된 기이한 행복이 있었다.[11] 【이로 인해 이 단 하나의 성이 갖는 그라데이션, 결, 미광, 가변적 색채가 이 폐쇄된 단체들 본연의 속성으로서 수용된다. 여기엔 다른 성이 존재하지 않는다. 다른 성은 구분과 정체성을 요구하며 이렇게 말한다.

<hr>

· 하다'는 의미를 갖는 프랑스어 문장을 남성 화자가 발화하면 'Je suis heureux', 여성 화자가 발화하면 'Je suis heureuse'가 된다. 이러한 차이는 철자 형태뿐 아니라, 대부분의 경우에 소리의 차이로도 나타난다. 이렇듯 문법적으로 성별을 나누는 것에 저항하려는 시도도 있는데, 이를 '포괄적 쓰기법écriture inclusive'이라 하며, 편지 등의 수신인을 잘 모를 때 활용된다. 이와는 별개로, 언어의 자의성에 주목해 남녀를 구분하는 언어에서조차도 남녀 이분법의 자의성과 모순이 암시된다고 보는 의견도 있다. 이를테면 '달'을 가리키는 명사가 프랑스어에서는 여성이고 독일어에서는 남성이다. 또, 프랑스어에서는 여성 신체에 고유하다 여겨지는 것들을 지시하는 남성명사와 남성 신체에 고유하다 여겨지는 것들을 지시하는 여성명사가 있다(이는 흔히 유머의 소재로 활용된다). 그러나 언어가 실제 사용되는 맥락에서는 권력관계를 무시할 수 없기 때문에, 자의적으로 보이는 문법적 성이라도 여전히 젠더편향적 성격을 갖는다는 의견들도 있다.

11 〔영어판 주〕 영어 번역본에서는, 알렉시나가 자기 자신에게 사용하는 남성형과 여성형 형용사의 교차를 충실하게 옮기는 것이 어렵다. 대체로 그녀는 사라를 사로잡기 전의 자신에 대해서는 여성형을, 그 후에는 남성형을 사용한다. 그러나 〔여성형을〕 이탤릭체로 표시하는 이러한 체계화가, '여성이라는 자의식이 남성이라는 자의식으로 변화한다'는 식의 서사를 나타내는 것 같지는 않다. 그보다, 언어는 문법적·의학적·법적 범주들을 사용해야 하지만, 그 서사의 내용은 오히려 이를 반박하고 있음을 풍자적으로 상기시키는 장치로 보인다. 영어판 편집자들은 가능한 한 에르퀼린의 체계를 따르되, 그녀가 자신을 지칭할 때 사용한 여성명사들을 이탤릭체로 표기하는 방식을 택했다.

　　　　　　　　　　　　　　　　　　　　　　　　　　　　　푸코의 서문

"네가 정확하게 너 자신이 아니라면, 또 한결같이 너 자신이 아니라면, 그렇다면 너는 나다. 추측이건 착각이건 상관없다. 그 모습으로 남아 있으면 비난받게 될 거다. 너 자신으로 되돌아가든지, 아니면 항복하고 내가 되는 것을 받아들여라." 알렉시나는 그 어느 쪽도 원치 않았던 것 같다. 자신의 해부학적 구조에 배신당했다고 느끼는 사람들, 혹은 부당한 정체성에 갇혀 있다고 느끼는 사람들은 이 '다른 성'을 인정하기도 한다. 하지만 그녀는 이 '다른 성'에 합류하고자 하는 거대한 욕망에 사로잡혀 있지 않았다. 내 생각에 그녀는 단 하나의 성만 존재하는 세계에 머무는 데 만족했던 것 같다. 거기서는 그의 모든 감정과 사랑이 그 '다른 성'에 속하지 않고서도 '다를' 수 있었다. 알렉시나는 여자들을 사랑하는 여자도 아니었고, 여자들 사이에 숨은 남자도 아니었다. 알렉시나는 여성들을 향한 거대한 욕망의 정체성 없는 주체였다. 그리고 바로 그 여성들에게 알렉시나는 어떤 매혹의 장소였다. 그들의 여성성이 매혹되는 곳이자 그들의 여성성에 매혹되는 곳이었다. 그러면서도 아무도 그들에게, 온전히 여성적인 그들의 세계 밖으로 나가라고 강요하지 않았다.】[12]

성전환을 이야기하는 이들은 대개 강력하게 양성적인 세계에 속해 있다. 그리고 그들이 자기 정체성에 대해 느끼는 불편함은

---

12 〔옮긴이 주〕【　】안의 내용은 영어판에 실려 있지 않다.

다른 쪽 성으로 넘어가고자 하는 욕망으로 표현된다. 그러니까 자신이 욕망하는 성, 혹은 자신이 속하고 싶은 성으로 넘어가고자 하는 욕망으로 표현된다. 그러나 여기, 종교적인 학교생활에서의 강렬한 단성성monosexualité13은, 서로 닮은 신체들 가운데서 길을 잃을 때, 성적인 비非정체성이 발견하고 불러일으키는 부드러운 쾌락을 드러내는 역할을 한다.

알렉시나 사건도, 그녀의 《회상록》도 당대에는 별 관심을 불러일으키지 못했던 듯하다.[14] 인기 모험담과 의학-포르노그래피 소설을 써서 당대에 큰 인기를 끌었던 자유기고가 뒤배리A. Dubarry는 자신의 《양성구유자》에 필요한 여러 요소들을 에르퀼린 바르뱅의 이야기에서 가져다 썼다. 알렉시나의 삶이 큰 반향을 일으킨 곳은

---

13 〔옮긴이 주〕여기서 monosexualité는 군대, 수도원, 남학교 · 여학교 등 특정 사회집단이나 공간이 대체로 하나의 성별로만 이루어져 있다고 하는 성별 동질성을 의미한다. 퀴어 이론 등에서 이성애/동성애 이분법을 비판할 때 이야기하는 '한쪽 성별에만 끌리는 성적 지향'과는 다른 개념이다.

14 〔옮긴이 주〕영어판에는 다음 문장이 추가되어 있다. "양성구유 사례에 대한 방대한 목록에서 노이게바우어Neugebauer는 요약문 하나와 약간 긴 인용문을 제공한다." 여기에는 다음과 같은 주석이 달려 있다. "Neugauer (F. L. von), *Hermaphroditismus beim Menschen*, Leipzig, 1908, p. 748. 발행인이 명백하게 알렉시나가 아닌 다른 이의 초상 아래 알렉시나의 이름을 배치하는 실수를 저질렀다는 점을 지적해야 한다."

독일이었다. 발단은 《수녀원 스캔들》[15]이라는 제목이 붙은, 파니차의 단편소설이었다. 타르디외를 통해 파니차가 알렉시나의 《회상록》을 알게 되었다는 것은 하나도 이상한 일이 아니다. 정신과 의사였던 파니차는 1881년 무렵 프랑스에 체류한 적이 있다. 알렉시나의 《회상록》에서 의학적인 부분보다는 문학적인 부분이 훨씬 더 그의 관심을 끌었다. 하지만 〔타르디외의〕 《정체성과 관련된 법의학적 문제》라는 책은, 그가 독일로 돌아가 잠시 정신과 의사로 일하는 동안 독일의 도서관에서 그 책을 발견한 것이 아니라면 그의 수중에 있었을 것이다. 불확실한 성을 가진 프랑스의 시골뜨기 소녀와, 바이로이트의 정신병원에서 사망한 것이 확실한 정신 나간 정신과 의사의 상상적 만남에는 뭔가 놀라운 것이 있다. 한편으로는 가톨릭 단체와 여자 기숙학교의 포근함 속에서 이름 없는 은밀한 쾌락들이 자라난다. 다른 한편으로는 빌헬름 2세가 그 중심에 놓여 있는 피해망상과 공격적 실증주의가 기묘하게 뒤얽혀 있는 한 남자의 반성직자적〔반교권적〕 분노가 있다. 한편으로는 의사들과 판사들의 결정 때문에 불가능해질 운명이었던 기묘하고 비밀스러운 사랑들이 있고, 다른 한편으로는 반종교적 텍스트가 많았던 시대에조차도 가장 '도발적으로' 반종교적인 텍스트였던 《사랑의 공

---

15 Panizza(O.), *Un scandale au Couvent* (trad. J. Bréjoux), recueil de nou-velles extraites de *Visionen der Dämmerung*, Munich, G. Müller, 1914(*Visions du crépuscule*, Paris, Éd. de la Différence, 1979).

의회》[16]를 썼다는 이유로 징역 1년형에 처해졌다가 망명을 위해 찾았던 스위스에서 미성년자 소녀 '추행' 후 추방당한 의사가 있다.

그 결과는 꽤 주목할 만하다. 파니차는 알렉시나 B.의 이름과 의학적 검진 장면 같은 알렉시나 사건의 중요한 몇 가지 요소를 보존했다. 그리고 이유는 모르겠으나, 의료 보고서들을 변형했다(타르디외의 책을 직접 갖고 있지 않은 상태에서 예전에 읽었던 기억을 바탕으로, 자신이 입수한 알렉시나의 사례와 다소 유사한 다른 보고서를 이용했기 때문일 수 있다). 무엇보다도 그는 이야기 전체를 변형시켰다. 파니차는 다른 시대로 이야기를 옮겨 놓았고, 많은 구체적 요소들과 전체 분위기를 변형시켰다. 특히 이야기를 주관적 형태에서 객관적 서술로 변화시켰다. 파니차는 이야기 전체에 '18세기' 양식을 부여했다. 그래서 디드로와 그의 〔소설〕《수녀》를 떠올리게 한다. 귀족 소녀들이 다니는 부유한 기숙학교, 관능적인 어린 조카에게 모호한 애착을 갖는 관능적인 수녀원장, 수녀들 사이의 음모와 경쟁, 박식하고 회의적인 사제, 순진한 시골 신부와 더불어 악마를 쫓기 위해 쇠스랑을 움켜쥐는 농부들, 이 모든 것에는 살갗 아래서부터 터져 나올 것 같은 쾌락주의와, 완전히 순진하지는 않은 믿음으로 이루어진 다소 순진한 놀이가 가득하다. 이것들은 알

---

16 Panizza (O.), *Das Liebeskonzil. Eine Himmelstragödie in fünf Aufzügen*, Zurich, Verlag Magazin, 1895(*Le Concile d'amour: tragédie déleste*, trad. J. Bréjoux, Paris, J.-J. Pauvert, 1960).

렉시나의《회상록》이 갖는 지방 사람 특유의 고지식함과도 다르고,《사랑의 공의회》가 갖는 바로크적 격렬함과도 다르다.

하지만 파니차는 이 모든 도착적 연애 사건의 전경을 만들어 내면서도 이야기 중심에는 일부러 광활한 어둠을 남겨 두었는데, 바로 이곳에 알렉시나가 있다. 수녀이자 여선생, 불안을 자아내는 여학생이자 길 잃은 케루빔〔아기 천사〕, 여자친구이면서 남자친구, 숲속을 달리는 파우누스〔로마의 뿔 달린 목신〕, 온화한 기숙사에 슬그머니 미끄러져 들어가는 인큐버스이자 다리에 털이 난 사티로스이며 퇴마 당하는 마귀인 알렉시나와 관련해, 파니차는 다른 사람들 눈에 비친 스쳐 지나가는 옆모습들을 보여 줄 뿐이다. 결코 영원하지 않은 소년이자 소녀, 남성이자 여성인 에르퀼린은 밤이 되면 각자의 꿈과 욕망, 공포 속을 지나가는 자일 뿐이다. 이야기의 종반부에서 파니차는 알렉시나를 정체성도 이름도 없이 사라져 버리고 마는 하나의 어두운 형상으로 만들고자 했다. 파니차는 그녀가 자살했다고 확정짓고 싶어 하지도 않았다. 그녀가 자살했다고 하면 그녀 역시 아벨 바르뱅처럼, 호기심 많은 의사들이 마침내 별것도 아닌 성의 실재성을 부여해 주는 시신이 되어 버릴 것이기 때문이다.

나는 이 두 텍스트를 비교하고, 또 함께 재출간하는 것이 가치 있다고 생각했다. 우선 두 텍스트 모두, 18세기가 여장남자에 사로잡혔던 것과 비슷하게, 양성구유자라는 주제에 그토록 사로잡혔던 19세기 말에 속하는 텍스트들이기 때문이다. 또 이 텍스트들을 통해, 스캔들조차 되지 못한 이 사소한 시골 소문이 이야기의 주인공이었던 남성의 불행한 기억에, 또 여기에 개입해야 했던 의사들의 지식에, 그리고 나름의 방식대로 자신의 광기를 향해 나아갔던 한 정신과 의사의 상상력에 어떤 흔적을 남겼는지 알 수 있기 때문이다.

'진정한 성'이라는 폭력

완전함의 상징인 양성인

엘리아데는 "완전한 인간의 모범적 이미지로 생각된 양성인"이 "고대 인류학의 한 근본 주제"였다고 쓴다.[1] 남성인 동시에 여성인 존재는 여러 신화 속에서 반복적으로 등장하며, 흔히 신성함의 양면성과 관련된다. 선과 악, 빛과 어둠, 참과 거짓, 남성과 여성처럼 대립된 것들의 결합이야말로 완벽함의 조건으로 이해되었기 때문이다.

성서에서도 양성인의 흔적을 찾을 수 있다. 이를테면 뒤발Duval은 신을 본떠 창조된 최초의 인간이 양성구유자였으리라고 추정

---

1 미르체아 엘리아데,《메피스토펠레스와 양성인》, 최건원 옮김, 문학동네, 2006, 124쪽.

한다.[2] 푸코는 뒤발을 참조하며, 방금 창조된 아담에 대해 이렇게 말한다. "아담은 존재했으나 아직 이브가 그의 몸에서 분리되기 전, 그는 남성의 본성과 여성의 본성을 모두 자기 안에 갖고 있었으니 양성구유자가 아니었을까? 그런데 신이 직접 자신의 형상에 따라 빚은 그를 우리가 괴물이라고 부를 수 있을까?"[3]

그리스도교 문화권의 문학작품에서는 천상의 존재들을 양성인으로 묘사하는 경우가 흔하다. 이를테면 발자크의 《세라피타》에서 주인공인 세라피타는 미나라는 소녀에게는 세라피투스라 불리며 남성으로서 사랑받고, 윌프리드라는 남성에게는 세라피타라 불리며 여성으로서 사랑받는다. 하지만 정작 세라피타는 육체적 사랑을 넘어선 영적 사랑을 추구한다. 그는 남자의 목소리와 여자의 목소리를 모두 낼 수 있으며, 인간이 볼 수 없고 인간이 이해할 수 없는 것들을 말한다. 그는 천사 혹은 천사와 매우 가까운 존재로 묘사된다. 천사들은 남성과 여성의 특성을 모두 가졌거나, 남성도 여성도 아닌 존재로 여겨진다. 성서에서 천사들은 인간의 제도인 혼인, 그리고 유성생식하는 동물들에게서 나타나는 성관계 및 출산과는 무관하다고 상정된다.[4]

세라피타에게서 볼 수 있듯, 남성성과 여성성을 자기 안에 모

---

2 Michel Foucault, *Les hermaphrodites*, Gallimard, 2025, p. 72.

3 *Les hermaphrodites*, p. 58.

4 "장가드는 일도 시집가는 일도 없이 하늘에 있는 천사들"—〈마태오복음〉 22장 30절

두 갖고 있는 까닭에, 이성을 향해 끓어오르는 통제하기 어려운 육체적 욕망으로부터 자유롭다는 것은, 양성인을 신비화하는 텍스트들에 자주 등장하는 주제다. 푸코는 클레르몽페랑 대학 강의(La sexualité, Seuil/Gallimard, 2018)에서, 어떤 소설(가브리엘 드 푸아니Gabriel de Foigny의 *La Terre australe connu*(남쪽에서 발견된 나라))을 예로 들며, 양성인들만으로 이루어진 사회를 소개한다. 그 사회에서는 모든 이들이 평등하고 질서 정연하며, 병에 걸리지 않고 죽음을 두려워하지 않는다. 그들은 완전한 언어를 구사하며, 두 성을 모두 지닌다는 사실 자체가 그들이 가진 완전성의 조건이다. 그들은 양성을 한 몸에 갖고 있는 까닭에, 아마도 육욕을 포함하는 개념으로 보이는 "동물적 열기"로부터 자유롭고, 스스로 충만하게 느낀다. 이 소설에서 양성성은 인간을 동물로부터 구별하는 근본 조건이자, 인간의 사랑을 순수하게 영적인 차원에 머무르게 하는 조건으로 제시된다.[5] 성적 욕망의 삭제 덕분에 불완전한 인간 존재가 초극되어 더 높은 수준에 이르게 된다는 주제는 동서고금을 막론하고 다양한 맥락에서 반복적으로 등장한다.

남성성과 여성성을 모두 갖고 있을 때 더 완전해진다는 생각은 융에게서 속화되고 심리학화된 형태로 다시 나타난다. 융에 따르면, 남성이건 여성이건 자신 안에 남성성(아니무스)과 여성성(아

5　Michel Foucault, *La sexualité,* Le Seuil, 2018, p. 194, p. 205, n° 34, p. 208, n° 47.

니마)을 모두 갖고 있으며, 어느 한쪽이 우세하여 남성이나 여성으로 나타나지만, 자기 안의 이성과 조화를 이루는 과정이 순조롭지 못하면 심리적 문제가 발생할 수 있다. 오늘날 심리적으로뿐만 아니라 신체적으로도 남성성과 여성성을 고루 갖추는 것을 장점으로 여기는 경향은 점점 더 강해지고 있는 듯하다. 이를테면 남성은 여성에 비해 유연성이 부족한 편이므로 유연성을 키우는 데 더 신경 써야 하고, 여성은 남성에 비해 근력이 부족한 편이므로 근력을 키우는 데 더 신경 써야 한다는 식의 담론을 쉽게 접할 수 있다.

플라톤의 경우는 약간 특이하다. 플라톤이 《향연》에서 아리스토파네스의 입을 빌려 소개하는 신화에는 현재의 불완전한 우리 이전에 존재하던 완전한 원시 인간이 등장한다. 원시 인간은 세 종류인데, 두 여성이 한 몸을 이룬 존재와 두 남성이 한 몸을 이룬 존재, 그리고 남성과 여성이 한 몸을 이룬 존재다. 이들은 두 머리와 네 팔, 네 다리를 갖고 있었으며 강하고 완전했다. 그런데 이들을 경계한 신들이 이들을 반으로 쪼개 버렸고 지금의 우리와 같은 인간이 만들어졌다. 이 사건 이후로 인간들은 다시 강하고 완전해지기 위해 잃어버린 절반을 찾아 헤매게 되었다.[6] 사실 이 신화는 양성성에 대한 찬미라기보다는 인간이 왜 홀로 있는 데 만족하지

6　플라톤, 《향연》, 189d-193(강철웅 옮김, 이제이북스, 2014, 96~105쪽). 이 내용은 영화 〈헤드윅〉에서 '사랑의 기원the origin of love'이라는 노래를 통해 소개되기도 했다.

　옮긴이 해제

못하고 함께 있기를 욕망하는지, 또 왜 번식과 무관한 동성 간 끌림이 발생하는지를 설명하는 이야기다. 이 신화는 성적 욕망을 본질이나 본성,[7] 혹은 기능이나 목적[8]을 동원해 설명하는 대신에 심리적 혹은 존재론적으로 설명하려는 시도다. 원시 인간들의 힘과 완전성은 남성성과 여성성을 겸비했기 때문이라기보다는, 남성이든 여성이든 관계없이 두 존재가 하나를 이루고 있었기 때문이라고 설명된다.

비극의 결과이자 새로운 비극의 시작

다른 한편, 남성성과 여성성의 겸비를 어떤 저주나 악업惡業의 결과로 해석하는 신화도 있다. 예를 들어, 오비디우스의《변신 이야기》에 등장하는 살마키스와 헤르마프로디토스 이야기에서 양성구유는 폭력적인 짝사랑의 비극적 결과다. 이 신화는 양성구유를, 여성성의 혼입으로 인한 남성성의 훼손으로 제시한다. 이 책의 주인공인 알렉시나는 이 작품에 매혹되었다고 고백한다. 아마도 알렉시나는 본인의 신체적 특징을 완전성이나 우월성의 징표와는 거리가 먼 비극으로 인식했던 것 같다. 어울려 지내던 친구들과 점점 달라지는 신체적 특징은 수치심을 유발했고, 그들을 향해 일

---

7 이를테면 인간이 성적 욕구를 갖도록 창조되었다거나 그렇게 진화되었다는 관점.
8 성적 욕구는 번식을 위한 기능이라거나, 번식이라는 목적에 종속된다는 관점.

어나는 강렬한 감정은 엄격한 규율이 지배하는 공간에서 공동생활에 어려움을 야기했으며, 신체적 쇠약과 고통을 수반했다. 무엇보다 신화 바깥 세상에서 가장 강력한 힘을 발휘하는 인간의 법이 그를 괴롭혔다. 그는 남성이 되거나 여성이 되지 않고서는, 그마저도 자신의 선택보다는 의사의 판단에 따라 한쪽 성별을 선택하지 않고서는 한 사회의 온전한 시민으로 살아갈 자격을 얻을 수 없었다. 그런데 정작 한쪽 성별을 선택하고 시민권을 얻음으로써 그는 그의 삶을 이루던 모든 것을 잃고 만다.

양성인의 비극에서 인간의 법은 큰 역할을 한다. 이를테면 조선시대 양성구유자의 이야기에 기반한 영화 〈사방지〉에서 양성구유는 윗대로부터 내려온 불행과 악업의 결과(미친 여자와 흉악범 사이에서 잉태됨)로, 헤르마프로디토스 이야기에서와 마찬가지로 그 비극성이 부각된다. 그러나 좀 다른 것이 있다면, 양성구유의 원인이 된 비극이나 양성구유 자체의 비극성보다는 양성구유가 인간의 법과 양립할 수 없다는 데서 기인하는 비극성에 좀 더 방점이 찍힌다는 것이다. 영화에서 사방지는 분별과 대립을 넘어선 부처님의 품 안에서는 비교적 온전하게 살아갈 수 있었으나, 인간의 법과 질서가 지배하는 속세로 내려가는 선택을 함으로써 비극이 시작된다.

앞서 언급한 발자크의 《세라피타》도 인간 세계의 관점을 개입시키면 비극으로 해석될 여지가 생긴다. 사람들이 보지 못하는 것을 보고 사람들이 이해하지 못하는 것을 말하며 육체의 욕망으로부터 자유로운 그의 모습은 사람들과 어울려 살아가기 힘든 사회적 무능으로 여겨질 수 있고, 하늘로 올라갔다는 마지막 장면은 그의 신체적 허약과 때 이른 죽음을 묘사한 것일 수 있다.

이상의 예들에서 양성구유는 본인이 원한 적 없는 특성으로서 과거의 불행이나 악업의 결과로 여겨지는 경우가 많고, 인간의 법이 적용되지 않는 곳에서는 적어도 관용이나 동정의 대상, 때로는 특별하고 우월한 존재로까지 받아들여질 수 있으나, 인간 세계에서는 자기 자리를 찾을 수 없는 비극적 존재로 나타난다.

양성인의 현실

아마 이것이 푸코가 주목하는 지점일 것이다. 양성성이 신화적으로 상징하는 바라든지, 심리적 양성성의 문제라든지, 양성구유 현상이 나타나는 과학적 원인이라든지, 양성구유자의 신체에 대한 호기심 같은 것은 푸코에게 크게 중요하지 않다. 그의 관심사는 양성구유라는 현실이 현행의 인간세계 질서와 충돌한다는 것, 그래서 평소에는 당연한 것처럼 받아들여지던 법과 질서의 구성 요소들을 교란시키고 그것들의 허술함을 드러내 보인다는 것이다. 그래서 푸코는 신화나 문학작품 속의 양성구유자가 아니라, 양성구유자들이 실제로 인간의 법과 질서가 직조해 놓은 사회 속에서 어떤 삶을 살아왔고 또 살고 있는지에 더 관심을 둔다.

물론 우리 사회에서도 때로 양성성이 좋게 받아들여지거나 심지어 지향되기까지 하는 경우가 있다. 그러나 이때 '바람직한' 양성성은 한쪽 성을 탄탄한 기반으로 삼은 상태에서 그와 반대되는 다른 쪽 성을 곁들여 놓음으로써 단점을 보완하고 매력을 극대화하는 경우에 국한된다. 그 한계에 다가서는 것은 매혹으로 다가들지만, 그 한계를 넘어서 버리면 그때부터는 경계와 우려의 대상, 이해할 수 없기 때문에 치워 버리고 싶은 대상이 된다. 그리고 그 한계 지점에 있는 것이 인간의 법이다.

'인간의 법'이라는 것의 한 예를 들어 보자면 이렇다. 우리가 태어날 때부터 죽을 때까지 함께하는 주민번호 뒷부분의 첫 번째 자리에는 남성에게 홀수, 여성에게 짝수가 부여된다.[9] '쩜오' 같은 건 없다. 공란으로 처리할 수도 없다. 두 숫자를 병기할 수도 없다. 택하지 않을 수도 없고, 셋도 넷도 아닌 둘 중에서 골라야 하며, 하나만을 택해야 한다. 그러므로 남성성을 갖춘 여성과 여성성을 갖춘 남성은 받아들여질 수 있지만, 남성인지 여성인지 구분할 수 없는 자, 남성과 여성의 특징을 모두 가진 자, 남성도 아니고 여성도 아닌 자 같은 것은 현행의 인구관리 시스템에서 존재할 수 없다. 이들은 존재 자체만으로 남녀 이분법과 그것에 입각해 만들어진 모든 법체계를 교란시킨다. 이들은 시스템이 포착할 수 없는 자, 관리할 수 없는 자, 그래서 긍정적으로든(복지), 부정적으로든(과세와 징병) 영향을 끼칠 수 없는 영역에 머물게 된다.

---

9 1999년 이전에 태어난 내국인은 1 아니면 2, 귀화 외국인은 5 아니면 6, 2000년 이후에 태어난 사람이라면 내국인은 3 아니면 4, 귀화 외국인은 7 아니면 8이어야 한다.

  옮긴이 해제

푸코가 양성인을 논의하는 맥락

푸코가 양성구유자에 대해 본격적으로 사유하기 시작한 것은 1970년대 들어서다. 그는 이 시기에 양성구유에 관한 뒤발의 책[10]을 접하고, 1975년 1월 22일 강의(훗날 출간된 《비정상인들》의 세 번째 강의)에서 이 책을 소개한다. 70년대는 흔히 푸코가 본격적으로 권력에 천착하기 시작하는 사유의 전환기로 알려져 있다. 그는 1975년에 《감시와 처벌》을, 그 이듬해에는 《성의 역사 1권: 지식의 의지》를 출간한다. 이 두 권은 모두 권력의 행사 방식이 역사적으로 어떻게 변형되어 왔는지에 관심을 기울인다. 그리고 《비정상인들》의 강의 내용은 이 두 저작과 긴밀히 얽혀 있다.

푸코의 관심은 추상적인 권력 일반이 아니라, 우리의 일상에서 권력이 실제로 어떻게 행사되는지였다. 그래서 그는 특히 법을 위반한 자와 병자, 그리고 점차 등장하는 '위험한 자'들에게 권력이 어떻게 행사되어 왔는지를 보여 줌으로써 각 시대 특유의 권력이 작동하는 방식을 밝히고자 했다. 이를 위해 그는 이전 저작들에서 그랬던 것처럼, 서구 사회의 역사를 단절된 세 시기로 나누어 분석한다.

---

10 J. Duval. *Des hermaphrodits, accouchements des femmes, et traitement qui est requis pour les relever en santé et bien élever leurs enfants*(양성구유, 여성의 출산, 그리고 산모의 건강 회복과 바람직한 자녀 양육에 요구되는 처치에 관하여), Rouen, 1612(rééd. : J. Duval, *Traité des hermaphrodits, parties génitales, accouchements des femmes*(양성구유, 생식기, 여성의 출산에 관한 논고), Paris, 1880).

푸코가 연구한 첫 시기는 '중세 말 르네상스'로, 중세의 끝자락에 신권神權은 약화되고 군주가 막강한 힘으로 군림하기 시작하던 시기다. 군주는 눈에 거슬리지 않는 대상들은 아무렇게나 살아가도록 내버려두지만, 위법행위가 적발되면 그 행위 자체를 군주에 대한 위해 행위로 간주하여 처벌했다. 또, 치료가 어렵고 병을 옮길 수도 있는 병자는 사람들로부터 멀리 떨어진 곳, 곧 도시 밖으로 추방함으로써 도시의 정화를 꾀하는 조치를 취했다. 이 시기 권력의 핵심 기술은, 거슬리지 않는 한 방치하되, 문제가 되면 성 밖 혹은 이승 너머로 배제하는 것이었다.

두 번째 시기는 푸코가 '고전주의 시기'라 부르는 시기로, 행정력이 강력하게 작동한 때이다. 이 시기에 권력은, 자의적인 군주의 결단 같은 것이 아니라 시스템에 의해 자동적이고 익명적으로 실행되는 양상을 보이게 된다. 이는 산업자본주의의 발달과 더불어 대두된 노동력 확보 필요성, 그리고 행정과 관련된 여러 기술(기록, 평가, 격리, 감시 등)의 발달에 따른 변화다. 범법 행위자와 병자들을 눈에 보이지 않는 곳으로 치워 버리기보다는, 내부로 끌어안아 눈앞에 두고 감시하면서 규율 테크놀로지를 이용해 적극적으로 개입하고 효과적으로 관리·통제하려 한다. 이들이 교화되거나 치유될 여지가 없더라도 말이다. 그럼으로써 이들이 사회에 끼치는 영향은 최소화하면서 이들의 노동력은 최대한 활용하고자 한다.

세 번째 시기에는 이미 일어난 일에 대응하는 것 이상으로, 잠재적 위험을 파악하고 선제적으로 조치하는 것이 중요한 문제로 떠오른다. 완벽한 통제의 이상은 어느 정도 포기된다. 여기서 '위험한 자'라는 개념이 부상한다. 이것이 곧《비정상인》의 제목이 된 '비정상인'이다. 범법 행위를 저질렀거나 돌이킬 수 없는 병에 걸린 사람은 물론이고, 아직은 아니더라도 잠재적으로 그럴 가능성이 있는 자들이 끼칠 위험으로부터 '사회를 보호하기 위해' 권력은 비정상인들의 삶에 수시로 개입하고 간섭하며 감시하고 통제한다. 그리고 나중에는 일부 사람들을 상대로 제기되던 '잠재적 범죄자' 혐의를 모든 사람에게 확대하고, 모든 사람을 이미 조금씩은 아픈 사람들로 여기며 전 인구의 전면적 통제·관리를 꾀하게 된다. 그리고 이러한 아이디어의 핵심에 성 현상이 있다.

푸코는 1975년 1월 22일 강의에서 '비정상'의 고고학을 시도하면서, 이것을 이루는 세 요소를 '인간 괴물', '교정해야 할 자', 그리고 '자위하는 어린이'로 제시한다. 이 세 요소는 앞서 언급한, 푸코가 제시한 세 가지 유형의 권력의 대상에 각기 해당한다. 이를테면 '괴물'은 자연 속에서 태어났지만 자연에 반하는 존재다. 이들은 이질적이거나 상반되는 두 본성이 혼합된 존재, 즉 인간과 동물의 혼합, 서로 다른 종의 혼합, 남성과 여성의 혼합, 삶과 죽음의 혼합으로, 존재론적 일탈이다. 이들은 '불구'와는 다르다. '불구'는 법에 종속되고 법의 예측 범위 안에 들어가지만, '괴물'은 자연의 한계와 분류를 위반하며 법이 기능하지 못하게 한다. 괴물들은 적어도 자기 존재에 대한 직접적 책임은 없으며, 자연이 괴물로 태어나게 했기 때문에 괴물로 태어난 사람들이다.

'인간 괴물'은 매우 예외적인 존재로, 왜 나타나는지 알 수 없지만 언제나 일정 비율로 등장하는, 자연적으로 발생하는 비자연적 존재다. 반면에 '교정 대상자'는 인간 괴물보다 훨씬 더 흔하게 보이는, 말하자면 어느 가문에나 한 명쯤 있을 법한 골칫덩이들이다. 이들은 패륜, 중독, 나태, 방종 등 부도덕이나 나쁜 습관 등으로 특징지어지기 때문에, 동정의 대상보다는 비난의 대상이 되기 십상이다. 본인의 상태에 대해 도덕적 책임이 있다고 여겨지는 것이다. 이들의 문제가 가족 선에서 해결되지 못하면 이들은 교정이나 치료, 격리시설 등으로 보내진다. 교정 대상자로서의 양성인은 알 수 없는 자연의 힘에 의해 남성과 여성이 섞여 버린 존재로 간주되기보다는, 사실은 남성이거나 여성이지만 그것을 의도적으로 숨기고 있는 자, 그러므로 어느 정도는 부도덕하다고 비난받을 만하다고 여겨지는 사람들이다. 그래서 본인의 선택이 아닌 외력에 의해 어느 한쪽 성별로 지정되어야 한다고 간주된다. 이 책에 나오는 알렉시나의 경우에도 그의 성별은 본인의 선택이 아니라 전문가, 즉 의사의 소견에 따라 결정된다. 더 이상 양성의 혼합은 인정되지 않으며, 다만 전문가가 발견해야 할 진정한 성이 숨겨져 있다고 여겨진다.

마지막으로 '자위하는 어린이'가 있다. 자위하는 어린이는 인간 괴물의 경우처럼 예외적인 자도 아니고, 그보다는 흔하지만 가끔 한 명씩 보이는 교정 대상자와도 다르다. 대부분의 아이들이 자위행위를 하기 때문이다. 그런데 어느 순간 어린이의 자위행위가 만악과 만병의 근원으로 간주되기 시작한다. 대부분의 사람들이 공유하는 성현상을 빌미 삼아, 모든 사람이 어느 정도는 악하고 어느 정도는 아프니 감시·관리·통제의 범위를 전 인구로 확대해야 한다는 주장을 정당화한다. 오늘날 전문가들은 희귀한 괴물적 존재나, 그보다는 흔하지만 여전히 눈에 띄는 존재들인 교정 대상자들만을 상대하지 않는다. 이제는 모든 사람의 진정한 성에 대해 논한다.

푸코의 성정치와 에르퀼린 바르뱅

미셸 푸코는 성을 인간 본성에 숨어 있는 은밀한 진실로 보지 않았다. 그는 성을 권력-지식의 장치로 파악했다.《성의 역사》제1권에서 푸코는 빅토리아 시대가 성을 억압해 침묵시킨 시대가 아니라, 오히려 성에 관해 끊임없이 말하는 시대였다고 지적한다. 우리는 유럽이 성적 해방을 향해 꾸준히 나아가고 있다고 이야기하지만, 푸코에게 중요한 것은 이러한 담론의 양과 그 효과다. 그는 빅토리아 시대 이후 성에 관한 담론의 증식이 바로 권력이 작동하는 영역이라고 말한다. 성은 더 이상 음란하거나 비밀스러운 것이 아니라, 교회·의료·교육·사법제도와 일상의 권력이 끊임없이 추적하는 대상이 되었다.

근대의 성과학은 특정한 성적 행위를 일시적 일탈로 이해하기보다는, 그것을 개인의 존재 전체를 규정하는 인간학적 범주로 전환했다. 소도미Sodomia가 하나의 행위였다면, 동성애는 하나의 유형이 되었고, 개인은 자신의 욕망을 통해 스스로를 설명해야 하는 주체로 형성되었다. 성은 더·이상 행위의 문제가 아니라, 말해지고 해석되어야 할 정체성의 근거가 된다.

이와 동시에 이러한 범주는 자기 자신에 대해 말함으로써 자기 자신을 정당화하려는 새로운 담론을 산출한다. 동성애자 권리운동이 그 대표적 사례로, 이는 억압으로부터 벗어나려는 저항이라기보다 권력이 작동하고 있는 바로 그 동일한 장 안에서 형성된 대응의 형태였다. 푸코가 말하듯, 권력과 저항은 서로 대립하는 두 극이 아니라 동일한 관계망 속에서 함께 생성된다.

이 지점에서 푸코의 분석은 단순한 해방 서사와 분명히 구별된다. 동성애 정체성의 출현은 억압으로부터의 탈출이 아니라, 성이 하나의 진실로 조직되는 과정 속에서 가능해진 역사적 산물이었다. 저항은 권력의 외부에서 도래하는 것이 아니라, 권력이 작동하는 바로 그 자리에서 동시에 발생한다.

또한, 푸코는 이 책의 영어판 서문인 〈진정한 성〉에서, 우리는 왜 성에 대해 진실을 요구하는지 질문을 던지며, 성을 인간의 근본적 본질로 환원하려는 사고방식 자체가 역사적으로 형성된 것임을 강조한다. 우리가 자명한 사실처럼 받아들이는 '하나의 성'이라는 관념은 오랜 자연 질서가 아니라, 특정한 시대에 등장한 규범적 요청이라는 것이다.

실제로 18세기 이전 사회에서 성별 구분은 오늘날보다 훨씬 느슨하게 작동했다. 양성구유자는 두 성을 지닌 존재로 인식되었고,

혼인과 같은 사회적 상황에서 당사자가 어느 성의 지위를 취할지를 선택하도록 허용한 사례들도 확인된다. 이 시기의 성은 개인의 존재 전체를 규정하는 본질이 아니라, 삶의 국면에 따라 조정될 수 있는 사회적 지위에 가까웠다.

푸코에 따르면, 이러한 균형은 19세기에 이르러 근본적으로 변화한다. 의학과 사법이 신체를 해부하고 분류하기 시작하면서, 성은 더 이상 선택이나 조정의 문제가 아니라 반드시 밝혀져야 할 진실이 된다. '진정한 성'을 찾아내려는 시도는 오래된 전통처럼 보이지만, 실제로는 근대의 성과학과 법적 제도가 결합하면서 새롭게 등장한 역사적 산물이다.

이러한 역사적 전환이 개인의 삶 속에서 어떤 방식으로 작동했는지를 보여 주기 위해, 푸코는 추상적 개념이나 통계가 아니라 하나의 구체적인 삶을 호출한다. 그는 성이 진실로 고정되기 이전과 이후를 가로지르는 한 인물의 경험을 통해, 근대적 성의 형성이 인간 존재에 남긴 흔적을 추적하고자 한다.

그 인물이 바로 에르퀼린 바르뱅이다. 19세기 프랑스에서 태어난 바르뱅은 성이 아직 삶을 전면적으로 규정하지 않았던 세계에서 성장했고, 근대 의학과 사법이 '진정한 성'을 판정하기 시작한 시기를 온몸으로 통과했다. 그의 삶은 하나의 성정체성을 확립해 가는 이야기라기보다, 성이 하나의 진실로 요구되는 순간 삶 전체가 어떻게 다시 쓰이게 되는지를 보여 주는 기록이다.

푸코가 바르뱅의 《회상록》에 주목한 이유도 여기에 있다. 이 텍스트는 성소수자의 고백이라기보다는, 성의 진실이 요구되지 않았던 관계의 세계와 그 세계의 붕괴에 대한 증언이다. 바르뱅은 하나의 사례라기보다 하나의 질문이다. 성이 진실이 되는 순간, 우리는 어떤 삶의 가능성을 잃게 되는가?

바르뱅의 삶: 성 이전의 세계

바르뱅의 유년기와 청소년기는 병원과 수녀원, 기숙학교로 이어지는 여성 공동체 안에서 이루어진다. 이 세계에서 중요한 것은 남성과 여성의 명확한 구분이 아니라, 누가 누구와 함께 생활하는가, 어떤 관계가 형성되는가 하는 문제였다. 삶은 성별의 범주보다 관계의 밀도와 감정의 방향으로 조직되었다. 그곳에서 애정과 우정은 특별한 이름 없이 자연스럽게 오갔고, 신체적 친밀성 역시 성정체성의 언어로 해석되지 않았다. 감정의 교류는 설명되거나 정당화되어야 할 문제가 아니라, 일상의 일부로 받아들여졌다. 바르뱅의 회상에서 중요한 것은 자신이 누구였는가가 아니라 누구와 함께 있었는가, 어떤 포근함에 잠겨 살아갔는가다.

푸코가 주목한 것이 바로 이 삶의 감각이다. 이 공동체에서는 성이 아직 하나의 진실로 기능하지 않는다. 신체는 분류의 대상이 아니라 관계를 매개하는 존재였고, 쾌락은 정상과 비정상을 가르는 기준이 되지 않았다. 삶을 조직하는 질문은 "나는 무엇인가?"가 아니라 "어떻게 함께 살아가는가?"였다.

이 세계는 흔히 말하는 '정체성 이전의 상태'라기보다, 성이 아직 인간 존재를 전면적으로 규정하지 않았던 삶의 형태에 가깝다. 바르뱅의 기억 속에서 이 시기는 결핍이나 혼란의 시간으로 나타나지 않는다. 그것은 오히려 감정과 관계가 자유롭게 흐르던 풍요로운 세계로 회상된다.

바르뱅의 삶은 한동안 사회적 규범에서 벗어나 있는 듯 보였다. 여성 공동체 안에서 그의 신체는 문제로 호출되지 않았고, 차이는 관계의 질서를 위협하지 않았다. 그러나 성장과 함께 그는 점차 자신의 몸이 타인들과 다르다는 사실을 인식하게 된다. 또래 여성들보다 큰 키와 평평한 가슴, 반복적으로 면도해야 한다는 사실이 신체의 차이를 일상의 감각 속에서 드러내기 시작했다.

이 차이는 곧 개인적 불안과 죄책감으로 전환된다. 바르뱅은 자신의 상태를 도덕적 결함이나 내면의 오류로 받아들이며, 그 혼란을 기숙학교의 신부에게 고백한다. 그러나 이 고백은 위안을 제공하기보다, 그의 삶을 전혀 다른 질서 속으로 이동시키는 계기가 된다.

바르뱅의 말이 교회의 권위 아래 놓이는 순간, 문제는 더 이상 개인의 고뇌가 아니라 판정되어야 할 진실로 전환된다. 사목 권력은 그를 의학의 영역으로 이송했고, 신체는 곧 검사와 진단의 대상이 되었다. 의료 기록에 따르면, 바르뱅은 고환과 음경에 해당하는 기관을 몸 안쪽에 지니고 있는 양성구유자로 분류되었다.

이 진단은 곧 사법절차로 이어진다. 법원은 의학적 판단을 근거로 바르뱅을 여성에서 남성으로 재분류하였고, 그의 이름 역시 에르퀼린에서 아벨로 변경되었다. 이 순간, 성은 더 이상 삶의 방식이 아니라 제도적으로 확정된 진실이 된다. 바르뱅의 신체는 살아가는 몸에서 해석되고 판정되는 몸으로 전환되었으며, 그의 과거와 관계, 감정의 기억들 또한 이 새로운 진실에 의해 다시 쓰이기 시작한다.

이 사법적 결정과 함께 바르뱅의 삶은 돌이킬 수 없는 방향으로 전환된다. 여성의 신분으로 살아오던 그는 교사직을 상실했고, 사라와 맺어 왔던 관계 역시 단절된다. 삶을 지탱하던 사회적 자리와 친밀한 관계는 모두 '진정한 성'이라는 판정 앞에서 더 이상 유지될 수 없게 된다.

동시에 그의 존재는 공적 시선에 노출된다. 언론은 이 사건을 예외적이고 기이한 사례로 소비하며, 바르뱅의 신체를 호기심의 대상으로 재현했다. 주변 공동체 역시 그를 더 이상 이해 가능한 이웃으로 받아들이지 않고, 그의 삶은 규범을 교란한 사례로 낙인찍힌다. 이 과정에서 문제는 개인의 고통이 아니라, 사회질서를 불안하게 만드는 존재를 어떻게 처리할 것인가 하는 것이었다.

이러한 압박 속에서 바르뱅은 고향을 떠나 파리로 이주한다. 그러나 도시에서의 삶 역시 안정으로 이어지지 않는다. 빈곤과 고립 속에서 그는 사법과 의학이 규정한 '진정한 성' 이후의 삶을 되돌아보며 자신의 경험을 기록하기 시작한다.

바르뱅의 《회상록》은 한동안 프랑스 보건당국의 문서보관소에 잠들어 있었다. 이 기록이 다시 세상에 등장한 것은 1970년대에 이르러서이며, 미셸 푸코는 이 텍스트를 발굴해 ʹHerculine Barbin dite Alexina B.'(알렉시나 B.라 불린 에르퀼린 바르뱅)라는 제목으로 출간한다. 푸코에게 이《회상록》은 특이한 개인의 고백이 아니라, 성이 하나의 진실로 고정되는 순간 개인의 삶이 어떻게 체계적으로 배제되는지를 드러내는 역사적 문서였다.

여기서 주목해야 할 점은, 바르뱅이 이《회상록》을 집필한 시점이 이미 그의 법적 성별이 남성으로 확정된 이후라는 사실이다. 그럼에도 이 글은 새롭게 부여된 성별의 관점에서 과거를 재해석하는 회고가 아니다. 바르뱅은 자신의 삶을 "마침내 드러난 진정한 성"의 언어로 정리하지 않으며, 남성으로의 귀속을 하나의 완성이나 해답으로 제시하지도 않는다.

미셸 푸코는 서문에서 바로 이 점을 강조한다. 바르뱅은 자신이 일생 동안 남성으로 살아왔다고 느낀 존재가 아니라, 사후적으로 부여된 성의 진실을 통해 자신의 과거를 재구성하기를 거부한 인물이라는 것이다. 그의 회상은 판정 이후 본인의 정체성을 정당화하기 위한 고백이 아니라, 더 이상 지속될 수 없게 된 삶의 양식에 대한 기록으로 남아 있다.

실제로 바르뱅은 자신을 "남자라 불리는 내가, 여자의 모든 능력과 모든 성격의 비밀에 관한 내밀하고 심층적인 지식을 얻을 수 있었다"[11]고 말한다. 이 문장은 남성적 자의식의 선언이라기보다,

---

11 본서, 219쪽.

여성 공동체 안에서 형성된 경험의 깊이를 가리킨다. 그는 여성의 공간에서 배우고 성장했으며, 감정적으로 끌린 대상 역시 여성들이었다. 그러나 이러한 경험은 그에게 하나의 성정체성으로 정식화되지 않는다.

《회상록》에서 반복적으로 강조되는 것은 "남성이 되어야 한다"는 사회적 종용이 아니라, 그 종용으로 인해 상실된 세계에 대한 기억이다. 바르뱅은 자신의 삶을 남성과 여성 사이의 혼란으로 설명하지 않는다. 그 대신, 그는 여성 공동체에서 누렸던 관계와 감정의 밀도, 그리고 그 세계가 사후적으로 붕괴되었다는 사실을 되돌아본다. "내 소녀 시절에 관해서는 다 말한 것 같다. 인생의 아름다운 시절이었다. 이제 그 인생은 차가운 고독 속에 내버려질 운명이지만"[12]이라는 회고는, 정체성의 완성이 아니라 삶의 단절을 증언하는 문장이다.

법, 의학 그리고 '진정한 성'의 종용

푸코가 서문 〈진정한 성〉에서 문제 삼는 것은, 우리가 성을 하나의 본질로 이해하는 방식이 결코 보편적이지 않다는 점이다. 18세기 이전의 유럽 사회에서 '양성구유'라 불렸던 신체는 오늘날과 달리 의학적 이상이나 오류로 해석되지 않았다. 오히려 두 성이 하

---

12 본서, 190쪽.

나의 몸 안에 존재할 수 있다는 전제 아래 이해되었으며, 문제는 신체의 진실이 아니라 사회적 삶이 어떻게 조직될 것인가였다.

교회법과 세속법은 이러한 신체를 단일한 성으로 환원하기보다, 삶의 국면에 따라 하나의 성적 지위를 택하도록 허용했다. 세례나 결혼과 같은 결정적 순간에 어느 성을 따를지를 선택할 수 있었고, 일단 선택하고 난 뒤에는 그 지위를 유지하는 것이 중요했다. 성은 개인의 내면적 본질이 아니라, 사회적 관계 속에서 수행되는 지위에 가까웠다.

푸코는 중세의 법적 전통이 양성구유자를 "두 성이 한 몸 안에 서로 다른 비율로 병존하는 경우"로 이해했으며, 세례 시에는 대부나 부친이 성을 정하고 장성한 당사자는 혼인 시 단 한 차례에 한해 그 선택을 변경할 수 있었다는 점을 강조한다. 여기서 중요한 것은 어느 성이 '진짜'인가가 아니라, 삶이 안정적으로 유지될 수 있도록 사회적 배치를 정하는 일이었다.

이러한 사례는 성별을 하나의 자연적 본질로 간주하는 오늘날의 관점이 오랜 역사적 진리가 아니라, 특정 시기에 형성된 규범임을 분명히 보여 준다. 성이 진실로서 요구되기 이전, 사회는 애매함을 제거하기보다 관리했고, 신체의 복수성이 곧바로 해부와 판정의 대상으로 전환되지도 않았다.

그러나 19세기 후반에 이르러 이러한 조정의 균형은 근본적으로 붕괴된다. 성은 더 이상 삶의 국면에 따라 선택되거나 배치될 수 있는 지위가 아니라, 신체 안에 숨겨진 하나의 진실로 상정되기 시작한다. 의학과 법은 이 진실을 발견하고 확정해야 할 권한을 부여받으며, 성별은 사회적 합의의 문제가 아니라 과학적 판정의 대상이 된다.

근대 의학은 해부학과 생리학으로 신체를 세분화하고, 그 결과를 토대로 성별을 단일한 기준으로 환원한다. 법은 이러한 의학적 판단을 받아들여 개인의 시민적 지위를 결정한다. 이 과정에서 '진정한 성'은 개인의 삶을 이해하기 위한 설명이 아니라, 사람을 하나의 범주 안에 고정하기 위한 규범으로 기능하게 된다.

푸코가 지적하듯, 이 시기의 의학 담론은 신체의 복수성과 애매함을 오류로 규정하고, 이를 바로잡는 것이 과학과 법의 책무라고 주장했다. 이러한 논리는 바르뱅 사건을 다룬 법의학자 오귀스트 타르디외의 보고서에서 극명하게 드러난다. 타르디외는 이 사건을 "출생 시의 실수로 인해 민법상의 신분이 잘못 규정됨으로써 초래될 수 있는 치명적 결과 중에서도 가장 참혹하고 고통스러운 사례"[13]로 묘사한다.

그는 바르뱅이 "자신에게 속하지 않는 성 속에서 20년을 보내고 (…) 자신의 진정한 성으로 되돌려졌다"[14]고 서술하며, 법적 재분류를 일종의 교정이자 치유로 이해한다. 여기서 문제는 바르뱅

13　본서, 237쪽.
14　본서, 237쪽.

　　　　　　　　　　　　　　　　　　　　　　옮긴이 해제

의 삶이 아니라, 신체가 하나의 성으로 귀속되지 않은 상태 자체였다. 타르디외는 과학과 법의 권위를 가지고 이 불확실성을 제거해야 한다고 보았으며, 남성으로의 재분류는 그 논리의 필연적 귀결로 제시된다.

이 과정에서 결정적 역할을 한 것은 특정 성별의 권력이 아니라, 진실을 산출하고 확정하는 제도적 장치의 결합이었다. 바르뱅이 성장했던 여성 공동체 안에서는 그의 신체적 차이가 문제로 호출되지 않았다. 차이는 삶의 질서를 교란하는 요소가 아니라, 관계에 조용히 흡수되는 하나의 조건에 가까웠다.

그러나 의학과 사목 그리고 사법 권력이 개입하는 순간, 상황은 근본적으로 달라진다. 푸코가 강조하듯, 이 개입은 신체의 변화를 가져오기보다 신체에 부여되는 의미의 체계를 전환시킨다. 의사와 성직자는 각각 과학과 도덕의 이름으로 하나의 성적 진실을 요구했고, 그 요구는 애매함을 더 이상 허용하지 않는 규범으로 작동한다.

타르디외와 같은 전문가들은 과학·법 담론을 가지고 성의 중첩성을 오류로 규정하고, 이를 제거하는 것이 사회질서를 유지하는 길이라고 주장했다. 그 결과로 내려진 판정은 개인을 보호하기 위한 조치가 아니라, 삶을 하나의 범주 안에 고정시키는 결정이었다.

'진정한 성'의 판정은 현재의 지위를 확정하는 데 그치지 않는다. 그것은 과거의 의미까지 소급적으로 재구성하는 권력의 작동 방식이다. 바르뱅이 여성으로 살아온 시간 속에서 형성된 사랑과 친밀성은, 이 판정 이후 갑작스럽게 오류나 착오로 해석된다. 이전까지 자연스러웠던 관계와 감정은 이제 정당화될 수 없는 것으로 분류되며, 그의 삶 전체는 잘못된 방향으로 흘러온 이야기로 다시 서술된다.

푸코가 문제 삼는 것은 바로 이러한 소급적 재편의 논리다. 성의 진실은 삶을 이해하기 위한 해명이 아니라, 삶을 분류하고 폐기 가능한 것과 지속 가능한 것으로 나누는 기준으로 작동한다. 이 과정에서 개인의 경험은 존중되지 않으며, 오직 국가와 제도가 요구하는 성별 질서에 부합하는가만이 문제로 남는다.

이러한 소급적 폭력은 근대국가가 성을 통해 인구를 관리하는 방식, 다시 말해 생명관리정치의 핵심 메커니즘을 드러낸다. 성은 개인의 사적인 영역에 속한 문제가 아니라, 혼인·상속·재생산·노동을 조직하기 위한 통치 장치가 된다. '진정한 성'은 그 장치가 개인에게 요구하는 최소한의 조건이자, 사회질서를 안정시키기 위한 기준선으로 기능한다.

이 맥락에서 푸코는 〈진정한 성〉이라는 짧은 글에서 단순하지만 결정적인 질문을 던진다. "진정한 성이라는 것이 정말 우리에게 필요할까?"[15] 이 질문은 하나의 성을 찾아내는 것이 아니라, 성을 둘로 나누고 각각을 단 하나의 진실로 고정하려는 장치 자체를

---

15   본서, 10쪽.

문제화한다. 푸코가 겨냥하는 것은 성의 올바른 정의가 아니라, 성이 진실이 되어야만 하는 이유에 대한 근본적 재검토다.

바르뱅의 사례와 푸코의 비정체성 정치

바르뱅의 삶을 통해 푸코가 도달하는 결론은, 동성애 운동이나 퀴어운동을 기존의 정체성 정치와는 전혀 다른 차원에서 사유해야 한다는 것이다. 성이 하나의 진실로 고정되는 순간 삶의 가능성이 어떻게 폐쇄되는지를 목격한 그는, 동성애를 억압된 본질, 해방해야 할 정체성으로 이해하는 관점과 분명한 거리를 둔다.

푸코에게 문제는 "누가 동성애자인가"가 아니라, 성이 어떻게 삶을 조직하도록 강제하는가이다. 1981년 잡지 《게 피에Gai Pied》와의 인터뷰에서, 그는 동성애를 "내가 누구인가?" "내 욕망의 진실은 무엇인가?"라는 질문에 결부시키려는 경향을 경계해야 한다고 말한다. 이러한 질문은 성을 다시 하나의 내적 본질로 환원하며, 결국 또 다른 형태의 진실 요구를 재생산하기 때문이다.

푸코가 제안하는 것은 전혀 다른 질문이다. 그는 "동성애를 통해 어떤 관계를 만들 수 있는가, 어떤 관계를 발명하고 다양화할 수 있는가를 물어야 한다"[16]고 강조한다. 여기서 동성애는 밝혀야 할 정체성이 아니라, 관계의 형식을 실험할 수 있는 하나의 위치

16　〈삶의 방식으로서의 우정〉, *Dits et écrits IV*, p. 163.

로 전환된다.

이 인터뷰에서 푸코는 문제의 초점을 분명히 옮긴다. "중요한 것은 자신의 성의 진실을 발견하는 것이 아니라, 자신의 성을 통해 다양한 관계들을 직조하는 것"[17]이라는 그의 말은, 성을 해석의 대상에서 실천의 계기로 이동시키려는 시도를 잘 보여 준다. 성은 더 이상 고백해야 할 내면의 진실이 아니라, 새로운 관계와 삶의 양식을 열어젖히는 가능성의 매개가 된다.

푸코에게 동성애는 하나의 욕망 유형이나 고정된 정체성이 아니다. 그것은 기존의 관계 질서 바깥에서 다른 양식의 삶을 사유하도록 만드는 계기이며, 무엇을 욕망하는가보다 어떤 관계를 욕망하게 되는가를 묻게 하는 위치다. 성은 내면의 진실로 해석되어야 할 대상이 아니라, 삶의 배치를 다르게 조직할 수 있는 가능성의 매개로 전환된다.

이러한 관점에서 푸코는 동성애를 "자기 정체성의 발견"으로 환원하는 태도와 분명한 거리를 둔다. 그는 〈삶의 방식으로서의 우정〉에서 "우리는 동성애자가 되기 위해 노력해야 하며, 단순히 자신이 동성애자라는 정체성을 확인하는 데 집착해서는 안 된다"고 말한다.[18] 여기서 "노력"이란 어떤 본질에 도달하라는 명령이

---

17 같은 글, p. 163.
18 같은 글, p. 165.

  옮긴이 해제

아니라, 관계를 창조하는 실천에 자신을 열어 두라는 요청이다.

푸코가 기대하는 동성애적 삶의 발전은 성적 욕망의 표현 자체에 있지 않다. 그것은 우정과 연대, 돌봄과 친밀성의 새로운 양식과 방식을 발명하는 데 있다. 그는 어린 시절부터 남성들과 함께 생활하고, 지식을 나누며, 기쁨과 애도를 공유하는 관계를 갈망해 왔다고 회상한다. 이러한 관계는 가족·혼인·혈연과 같은 제도적 틀 안에서 이미 규정된 역할을 따르지 않으며, 오히려 그 바깥에서 삶의 조직 방식을 새롭게 실험하도록 이끈다.

푸코가 주목하는 것은 바로 이 지점이다. 아직 이름 붙여지지 않은 관계들은 사랑과 우정, 성과 친족을 구분해 온 기존의 경계를 흐트러뜨린다. 이 관계들은 가족과 혼인을 중심으로 구성된 사회적 삶의 규범을 당연한 것으로 받아들이지 않으며, 누가 누구와 어떤 방식으로 함께 살아갈 수 있는가라는 질문을 다시 열어젖힌다. 문제는 이러한 관계가 제도적으로 승인될 수 있는가가 아니라, 그것들이 근대사회가 정상으로 간주해 온 삶의 방식을 어떻게 교란하고 재구성할 수 있는가이다.

이러한 관계의 실험은 안정이나 완성으로 귀결될 필요가 없다. 오히려 푸코가 찾는 정치적 의미는 이 실험이 언제나 미완의 상태로 남는 데 있다. 푸코에게서 동성애는 보호받아야 할 정체성이 아니라 관계의 양식이 아직 고정되지 않았음을 드러내는 위치이며, 바로 그 불확실성 속에서 삶은 다시 다르게 조직될 가능성을 획득한다.

푸코는 사회가 두 남성 간의 사랑을 두려워하는 이유가 남성 간 성행위 그 자체에 있지 않다고 지적한다. 문제는 일시적인 성적 접촉이 아니라, 관계가 지속되며 하나의 삶의 형식으로 자리 잡는 순간이다. 푸코는 "법이나 자연에 맞지 않는 성행위는 사람들을 그다지 불안하게 만들지 않는다. 그러나 서로를 사랑하는 개인들의 등장은 문제가 된다."[19]고 말한다.

이 말이 가리키는 바는, 사회적 불안의 진원이 욕망의 내용이 아니라 관계의 지속성에 있다는 점이다. 제도와 규범은 순간적인 쾌락이나 은밀한 일탈에는 일정한 관용을 보일 수 있다. 그러나 애정과 우정, 연대가 시간 속에서 반복되고 안정적인 관계로 형성될 때, 그것은 기존의 삶의 배치와 충돌하게 된다.

지속적인 관계는 가족·혼인·친족이라는 제도적 틀을 통하지 않고도 삶이 조직될 수 있음을 드러낸다. 바로 이 점에서 그러한 관계들은 위협적으로 인식된다. 이 관계들은 국가와 제도가 독점해 온 관계의 승인 체계 바깥에서 새로운 유대와 책임, 감정의 흐름을 형성하기 때문이다.

푸코가 말하듯, 이러한 관계는 "법과 규칙만이 존재해야 하는 곳에 사랑을 도입"[20]한다. 이는 제도로 미리 규정된 자리들 사이에

---

19 같은 글, p. 165.
20 같은 글, p. 165.

예측 불가능한 감정의 선을 긋는 행위이며, 삶이 반드시 법적 형식과 규범적 경로를 따라야 한다는 전제를 흔든다. 이때 동성애적 우정과 사랑은 단순한 사적 감정이 아니라, 사회가 삶을 조직하는 방식 자체를 문제화하는 정치적 실천으로 모습을 드러낸다.

푸코에게 퀴어운동은 이러한 관계적 가능성을 여는 실천과 다름없다. 그것은 억압된 욕망을 해방시키는 것을 목표로 삼는 정치와 구별된다. 전통적인 성 해방 담론이 금지와 억압의 철폐에 주력했다면, 푸코의 관심은 욕망 이후의 삶을 어떻게 구성할 것인가라는 문제에 놓여 있다.

그는 〈삶의 방식으로서의 우정〉에서 "우리가 정작 공을 들여야 할 일은, 내가 보기에, 우리의 욕망을 해방하는 것이라기보다 우리 자신을 쾌락에 무한히 더 민감하게 만드는 것"[21]이라고 말한다. 여기서 쾌락은 본능적 충동이 아니라, 관계 속에서 형성되고 변형되는 감각의 능력을 가리킨다. 푸코에게 중요한 것은 욕망을 표현하는 자유가 아니라, 자신과 타인의 관계 속에서 감각하고 반응하는 방식을 새롭게 훈련하는 일이다.

이러한 훈련은 푸코가 말하는 자기수련_askesis_의 의미를 이룬다. 이는 금욕이나 규율의 내면화가 아니라, 자신과 타인에게 정체성을 강요하지 않으면서 끊임없이 다른 관계의 가능성에 자신을 열

---

21 같은 글, p. 165.

어 두는 윤리적 실천이다. 삶은 발견해야 할 정체성이 아니라, 계속해서 형성되고 변형되어야 할 실험의 장으로 이해된다.

이러한 윤리는 기존의 친밀성 모델과도 거리를 둔다. 푸코는 "순전한 성적 조우와 정체성들이 서로 녹아드는 연애적 융합이라는 두 가지 박제된 공식에서 우리를 반드시 탈피시켜야 하며, 또 탈피하게끔 만들어야 한다"[22]라며, 사랑과 쾌락을 미리 주어진 형식에 맞추려는 사고를 거부한다. 퀴어운동은 이처럼 관계를 규정하는 공식을 해체하고, 우정·사랑·연대가 새롭게 구성될 수 있는 조건을 지속적으로 발명하려는 실천으로 자리 잡을 필요가 있다.

푸코는 이러한 실천의 가능성을 동성애라는 경험 속에서 포착하며, 이를 하나의 "역사적 기회"[23]로 규정한다. 동성애자의 사회적 위치는 주변부적이기 때문에 오히려 기존 제도가 전제해 온 관계의 경로를 따르지 않고 다른 선을 그릴 수 있다. 이 주변적 위치는 단순한 배제의 결과가 아니라, 사회적 조직의 틈새를 따라 새로운 친밀성과 연대의 형식을 실험할 수 있는 조건이 된다.

푸코가 말하는 이러한 "사선적 위치"는 제도와 규범이 미처 포착하지 못한 감정적·윤리적 잠재성을 가시화한다. 그것은 중심으로 편입되기보다는, 중심에서 비껴 선 채 삶의 배치를 다르게 구

22　같은 글, p. 165.
23　같은 글, p. 166.

성할 수 있는 가능성의 자리다. 이 위치에서 관계는 모방이나 대체가 아니라, 처음부터 다시 발명되어야 할 과제가 된다.

바르뱅의 삶은 바로 이러한 사선적 위치가 지닌 긴장과 가능성을 극단적으로 드러낸다. 그는 여성 공동체에서 형성된 감정의 기억과, 남성으로 재분류된 이후의 삶 사이에서 어느 규범에도 온전히 귀속되지 못한다. 그러나 바로 그 비귀속성이야말로 성별 규범이 얼마나 폭력적으로 삶을 정렬해 왔는지를 가시화하는 계기가 된다.

이러한 이유로 푸코에게 바르뱅의 《회상록》은 동성애나 인터섹스의 모범적 서사가 아니다. 그것은 정체성의 이름을 덧씌우는 대신에 그 종용 자체를 중단시키는 문서이며, 우리가 다른 관계의 윤리와 삶의 형식을 사유할 수 있도록 여는 출발점으로 기능한다.

바르뱅이 제기하는 문제와 현대 퀴어운동의 과제

에르퀼린 바르뱅의 삶과 이에 대한 미셸 푸코의 분석은, 성과 정체성을 둘러싼 권력이 어떻게 작동하는지를 다른 각도에서 사유하도록 이끈다. 바르뱅의 이야기는 성별이 개인의 내적 본질이나 자연적 사실이 아니라, 특정한 역사적 조건 속에서 형성된 사회적 장치임을 분명히 드러낸다.

여성 공동체 안에서 가능했던 친밀한 관계의 세계와, 남성으로 재분류된 이후 삶 전체가 폭력적으로 재편된 경험 간의 단절은, '진정한 성'이라는 관념이 얼마나 최근에 등장한 규범이며 동시에 얼마나 파괴적인 효과를 낳는지를 보여 준다. 성은 삶을 설명하거나 이해하기 위한 언어가 아니라, 삶을 규범의 틀 안에 규격화하고 예속시키는 기준으로 기능한다.

푸코는 이러한 사례를 통해 성에 대한 진실 요구가 개인을 해방시키기보다 오히려 개인을 통치 가능한 주체로 구성하는 방식으로 작동해 왔음을 비판한다. 근대사회에서 성은 침묵 속에 억압된 대상이 아니라 끊임없이 말해지고 해석되어야 할 영역으로 조직되었으며, 바로 그 담론의 증식 자체가 권력이 행사되는 핵심 경로가 되었다.

이처럼 성을 둘러싼 문제는 억압과 해방의 단순한 대립으로 환원될 수 없다. 푸코가 분석하는 것은 무엇이 금지되었는가가 아니라, 무엇이 말해지도록 강제되었는가, 그리고 그 진실의 요구가 어떤 삶을 가능하게 하고 어떤 삶을 배제했는가이다.

에르퀼린 바르뱅의 《회상록》은 한 개인의 비극적 삶을 기록한 텍스트인 동시에, 성을 둘러싼 근대의 지식-권력 장치le dispositif가 어떻게 구성되고 작동했는지를 보여 주는 역사적 문서다. 이 《회상록》은 고통의 서사이기 이전에, 성이 하나의 진실로 요청되기 시작한 근대적 순간을 구체적인 삶의 궤적 속에서 드러내는 기록이다.

푸코가 바르뱅의 텍스트를 발굴한 이유는 그가 어떤 "성소수자 정체성"을 대표하기 때문이 아니다. 오히려 그의 관심은 바르뱅의 삶이, 성과 정체성이 결코 자연적이거나 자명한 것이 아니라,

특정한 역사적 조건 속에서 형성되고 강제되어 왔음을 증명한다는 점에 있다. 그의 삶은 성별이 본질로 주어지는 것이 아니라, 의학·법·종교적 판단이 교차하는 장치 속에서 구성된 결과임을 보여 준다.

이 점에서 푸코의 성에 관한 사유는, 오늘날 퀴어운동으로 불리게 된 문제의식의 철학적 토대를 이룬다. 그것은 새로운 정체성을 확립하려는 정치가 아니라, 정체성의 요구가 작동하는 순간을 멈추고 관계의 가능성을 다시 여는 사유에 가깝다. 푸코가 문제 삼는 것은 우리가 누구인가를 규정하는 언어가 아니라, 우리가 어떻게 관계 맺고 살아갈 수 있는가라는 질문이다.

바르뱅의 삶은 바로 이러한 질문을 가장 극단적인 방식으로 제기한다. 그녀는 남성과 여성 어느 범주에도 완전히 귀속되지 않았으며, 바로 그 이유로 근대적 성의 규범 속에서 삶을 지속할 수 없게 되었다. 그러나 그녀가 여성 공동체 안에서 경험했던 풍부한 애정과 친밀성은, 성적 범주가 아직 삶 전체를 규정하지 않았던 시기에 존재했던 다른 관계의 가능성을 생생하게 보여 준다.

푸코의 성에 관한 사유가 우리에게 제기하는 물음은 정체성을 어떻게 해방할 것인가에 머물지 않는다. 그가 끊임없이 문제 삼은 것은 오히려 정체성이 요청되는 방식 자체였다. 성을 하나의 진실로 말하도록 요구하는 담론, 그 진실에 따라 삶을 규격화하고 예속시키는 장치, 그리고 그 과정에서 삭제되는 관계와 삶의 형식이야말로 그의 비판이 향한 지점이었다.

에르퀼린 바르뱅의《회상록》은 이러한 문제의식을 가장 구체적인 삶의 차원에서 드러낸다. 바르뱅의 비극은 성별이 불분명했기 때문이 아니라, 하나의 성이 강제로 확정되었기 때문에 발생했다. 여성 공동체 안에서 가능했던 애정과 친밀성의 세계는 "진정한 성"이라는 이름 아래 오류와 착오로 재편되었고, 삶은 지속될 수 없는 것으로 판정되었다. 이《회상록》은 성의 진실이 개인을 구원하기보다, 어떤 삶을 가능하게 하고 어떤 삶을 폐기하는지를 가르는 기준으로 작동했음을 증언한다.

푸코가 이 텍스트에서 읽어 낸 것은 성소수자의 정체성이 아니라, 성적 범주가 아직 삶 전체를 점유하지 않은 다른 관계의 가능성이다. 그는 성을 본질로 규정하기보다, 관계를 조직하는 방식이 어떻게 달라질 수 있는지를 묻는다. "나는 누구인가?"라는 질문 대신 "우리는 어떻게 서로 다른 관계를 만들어 갈 수 있는가?"라는 질문을 제기한 이유도 여기에 있다.

이러한 사유는 이후 퀴어운동으로 불리게 된 문제의식의 중요한 토대를 이룬다. 그것은 새로운 정체성을 확립하려는 정치가 아니라, 정체성이 삶을 고정시키는 순간을 끊임없이 지연시키고, 관계의 양식과 방식이 다시 발명될 수 있는 여지를 유지하려는 실천이다. 이 정치의 핵심은 대표성과 동일화가 아니라, 아직 이름 붙여지지 않은 관계들이 열어 보이는 윤리적 가능성에 있다.

이 점에서 바르뱅의《회상록》은 과거의 비극적 기록에 머물지 않는다. 그것은 성의 진실이라는 이름으로 삭제된 삶의 가능성을 현재 속에서 다시 사유하게 만드는 문서이며, 정체성의 안락함보다 관계의 불확실성을 선택하라는 요청으로 남는다. 푸코의 사유가 우리에게 남겨 준 것은 하나의 이론이나 모델이 아니라, 삶이 규범으로 굳어지는 순간마다 다시 질문을 던질 수 있는 태도, 미완성과 불안을 감수하면서도 다른 삶의 양식을 실험하려는 지속적인 사유의 자세와 태도 그리고 실천일 것이다.

낳아진 아이들아

숨을 크게 쉬자 _ 새소년, 〈새소년〉 중에서

2026년 2월

오트르망 심세광, 전혜리

알렉시나의《회상록》

나의 추억

알렉시나의《회상록》

나의 추억

난 스물 다섯이다. 아직 젊긴 하지만, 틀림없이 내 삶의 운명적 종말이 가까워 오고 있다.

너무 힘들었다. 그리고 그건 홀로 감내해야 할 혼자만의 고통이었다! 모두가 나를 버렸다! 이 세상은 나를 피해 달아나며 나를 저주했고, 그 안에 내 자리는 없었다. 단 하나의 생명 존재도 겪지 말았어야 할 이 엄청난 고통은 어린 시절이 끝날 즈음 덮쳐 왔다. 모두가 젊었고 미래는 빛났기에 모든 것이 아름다웠던 그 시절의 끝자락에.

그런 시절은 내게 존재하지 않았다. 그때부터 이미 이 세상에서 이방인으로 살아야 한다는 것을 이해할 수 있었던 만큼 이 세계에 본능적인 거리감을 느꼈다.

근심에 잠겨 꿈꾸는 듯한 내 얼굴은 시커먼 우울의 무게 아래 주저앉는 것처럼 보였다. 나는 **차가웠고**froide 소심했으며, 말하자면 이 모든 소란스러운 기쁨들, 아이의 얼굴에 꽃을 피우는 순박한 기쁨들에 무관심했다.

고독을 좋아했다. 그 불행의 고장을 사랑했다. 그리고 너그러운 미소가 내 위로 떠오를 때면 뜻밖의 호의를 입은 것처럼 **기뻤다**heureuse.

어린 시절과 마찬가지로, 사춘기도 대부분 여러 수녀원의 감미로운 고요함 속에서 흘러갔다.

진실로 경건한 장소들, 곧고 순수한 마음들이 내 교육을 책임져 주었다. 이 세상 가운데 부러움을 받는 찬란한 그런 존재들이 흐르는 그 축복받은 성역들을 난 가까이서 보았다.

내가 본 겸허하고 빛나는 덕들은, 내가 진정한 종교, 헌신과 희생의 종교를 이해하고 사랑하게 되는 데 적잖이 기여했다.

한참 후, 내 삶의 폭풍우와 잘못 한가운데서 그 기억들은 마치 하늘의 환영幻影들처럼 떠올랐고, 그것을 떠올리는 일은 회복의 향유香油와 같았다.

그 시절 내 유일한 위안거리는 매년 며칠 정도 한 고귀한 가족과 함께 지내러 가는 것이었다. 거기서 우리 엄마는 가정교사나 가정부 취급이 아니라 친구 대접을 받고 있었다. 그 가족의 가장은 불길하고 처참한 시대의 불행으로 성숙해진 사람들 중 한 명이었다.

내가 **태어난**née L…이라는 소도시… 거기엔 민간인과 군인들을 위한 시료원施療院〔빈민 치료소〕이 있었고 아직도 거기에 있다. 그 거대한 시설 한쪽은 남녀 환자들의 치료에 특별히 할애되어 있었고, 그 숫자는 언제나 엄청났다. 그리고 앞서 말한 것처럼, 〔민간인 환자들보다〕 결코 적지 않은 수의 도시 주둔군〔환자

                                                    알렉시나의 《회상록》

들)이 이에 더해졌다.

그 건물의 다른 쪽 전체는 거의 언제나 범죄 혹은 불행의 결과인 어린 고아들과 나면서부터 버려진 아이들이 의지할 데 없이 이 세상에 내던져져 있었다. 요람에서부터 어머니의 손길을 빼앗긴 불쌍한 존재들!

바로 그 고통과 불행의 요양원에서 어릴 시절 몇 년을 보냈다.

나는 불행한 아버지를 거의 알지 못했다. 그분은 어머니의 다정한 애정 속에서 살아갈 새도 없이 너무 이른 나이에 갑작스럽게 세상을 떠났다. 그리고 어머니는 굳세고 용감한 영혼으로, 우리를 위협하는 가난의 끔찍한 침입에 맞서 싸웠으나 끝내 이겨 내지는 못했다.

그런 상황은 몇몇 고귀한 마음들의 관심을 불러일으켰다. 사람들은 어머니를 진심으로 가엾게 여겼으며, 얼마 지나지 않아 L… 수녀원의 존경하는 수녀원장님께서 너그러이 제안해 주신 조치들이 취해졌던 것이다.

시 변호사회의 뛰어난 회원인 행정관의 영향력 덕분에 난, 이 거룩한 집에 **여자아이로 입학을 허가받았고**_{admise}, 어머니를 여읜 아이들과 지내면서도 난 이 마음 따뜻해지는 시설에서 자라며 아주 특별한 보살핌을 받게 되었다.

그때 난 일곱 살이었고, 그곳에 들어가기 전의 비통한 장면이 아직까지도 머릿속에 남아 있다.

그날 아침 난, 곧 무슨 일이 닥칠지 전혀 모르는 채 자리에서 일어났다. 엄마는 마치 산책에 나서듯 날 데리고 나와서는 아무 말없이 L… 수녀원으로 데리고 갔다. 거기서 날 기다리고 계시던 존경하는 수녀원장님은 다정한 손길로 나를 아낌없이 쓰다듬어 주셨다. 아마도 불쌍한 엄마가 조용히 흘리는 눈물을 내가 알아차릴까 봐 그러셨던 것 같다. 엄마는 나를 한참 동안 **안아 주고는**embrassée 기운이 다 빠진 채 슬프게 자리를 떠났다.

엄마가 떠나니 심장이 죄어들었다. 이제 내가 낯선 이들의 손에 맡겨졌다는 걸 실감했던 것이다.

하지만 그 나이 때엔 감상들이 오래가지 않는 법이라, 내 슬픔은, 슬픔을 잊으라며 내게 주어진 새로운 위안거리들 앞에서 사라졌다. 처음에는 모든 것이 놀라웠다. 아이들이나 환자들로 가득 찬 여러 개의 거대한 안마당 풍경, 고통의 신음이나 괴로운 단말마의 비명만이 동요시킬 수 있는 긴긴 복도들의 경건한 침묵. 그 모든 것이 내 마음을 뒤흔들었지만 그래도 난 무섭지 않았다.

날 보살펴 준 수녀님들은 어린 내게 천사의 미소를 보여 주

                                                        알렉시나의 《회상록》

셨고 날 정말 엄청 사랑하시는 것 같았다!

수녀님들 곁에만 있으면 두려울 것이 없었고 그중 한 분이 날 무릎에 앉히며 부드러운 얼굴을 갖다 대실 때면 너무나 행복했다!

오래지 않아 꼬마 동급생들을 만났고 금세 그들을 사랑하게 되었다. 그 친구들도 나를 거의 존경에 가깝도록 좋아한다고 느꼈는데, 그 불쌍한 아이들은 자신들의 운명이 내 운명과 얼마나 다른지를 잘 알고 있었기 때문이다. 내게는 가족도 있고 엄마도 있어서 여러 번 나는 그 아이들의 부러움을 사기도 했다. 이 점을 나는 나중에야 더 잘 깨닫게 되었다. 아이들 사이에서 싸움이 난 적이 있다. 이유는 더 이상 기억나지 않는데, 내가 가장 좋아했던 여자아이가, 나를 위해 만들어진 것이 아닌 빵을 나눠 먹는다며 나를 신랄하게 비난했던 것이다. 삶의 그 첫 시기에 대한 자세한 묘사는 생략하겠다. 나를 슬프게 하는 심각한 사건은 별로 없었으니 말이다.

하루는 늘 하던 대로 마을의 가난한 병자들을 방문했다. 나와 함께 그 가련한 집들을 방문한 M… 수녀님께서는, (이건 말해야겠는데, 난 꽤나 귀염받고 있었다.) 이제부터는 다른 분이 날 돌봐 주실 거라고 하셨다. 수녀님은 모든 이가 인정하는 자신의 영향력 덕분에, 내가 첫영성체를 받고 또 동시에 더 정성을 기울인 교육을 받을 수 있도록 우르술라 수녀원으로 옮기게 하셨다. 고백하건대, 그 말을 들었을 때 내 첫 반응은 순전히 기쁨이었다. 착한 수녀님은 아마 그걸 눈치 챘을 것 같다. 그녀의 고귀한 얼굴에 일종의 시기 어린 슬픔이 떠올라 있었으니 말이다. 나는 그것이 아마 나를 향한 그녀의 격한 사랑 때문일 것이라 생각했다.

그때 이 훌륭한 여인은 이렇게 말씀하셨다. 당신은 이제 대다수가 부유하고 고귀한 그런 소녀들과 지내게 될 겁니다. 당신과 함께 공부하고 놀게 될 친구들은 지금까지 당신이 알고 지내던 이름 없는 아이들이 아닐 겁니다. 당신 어머니의 빈자리를 채워 주던 아이들을 아마 당신은 곧 잊게 되겠지요. 이미 말한 것 같은데, 나는 M… 수녀님을 특별히 사랑했기 때문에, 나를 그렇게 비난하시는 것을 듣고는 마음이 깊이 상하지 않을 수 없었다.

난 그녀의 한쪽 손을 꼭 잡고, 너무도 격하게 북받쳐 오르는 감정을 달리 어떻게 표현할 수가 없어서 그 손을 내 입술로 가져갔다.

이 무언의 항변은 내 감정에 관한 그녀의 염려를 덜어 드렸지만, 그럼에도 이제는 다른 것들이 내 애정과 존경에 대한 권리를 갖게 되리라는 것을 잊게 해 드리지는 못했다.

며칠 후에 난 S… 수녀원에 기숙생으로 들어갔다. M… 수녀님은 나를 직접 데리고 가서 그쪽 수녀원장님께 맡기고 싶어 하셨다.

수녀원장님을 처음 뵈었을 때 받았던 느낌을 나는 결코 잊지 못할 것이다. 수녀복을 입은 분에게서 그토록 장엄한 권위와 강렬한 아름다움을 본 적이 없었다. 엘레오노르 수녀원장님이라 불리는 그분은, 나중에 알았지만 스코틀랜드 상류 귀족 가문 출신이었다.

그녀의 태도는 자신감이 넘쳤고 존경심을 불러일으켰다. 그렇지만 그녀의 얼굴보다 더 호감 가고 매력적인 표정을 가진 얼굴을 보기는 어려웠다. 그 얼굴을 뵌다는 것은 곧 그분을 사랑하게 된다는 것이었다. 그녀는 매우 폭넓은 지식에 더해, 자기 수도원의 여러 사무를 처리하는 데서 이미 증명된 드문 능력을 갖추고 있었다. 상류사회에서 그녀가 누리던 한없는 존경은 그 도시에서의 권위로 여겨졌다.

나 말고도 다른 이들이 충분히 증언할 수 있겠지만, 그녀는 모든 점에서 그 존경을 받을 자격이 있었다. 이 글을 쓰는 지금,

그분은 더 이상 이 세상에 존재하지 않고, 나는 그녀를 영원히 그리워하게 될 것이다. 그녀에 대한 기억은 여전히 내게 남아 있는 가장 감미로운 기억들 중 하나다. 내 삶의 믿을 수 없는 혼란 한가운데서 난, 부드러운 그 천사의 미소를 떠올리기를 좋아했고, 그러면 좀 더 행복해지곤 했다.

그 거룩한 곳에서 자애로운 보호를 받으며 나는 곧 편안해졌다. 그 보호가 기쁜 만큼 본능적으로 그것이 자랑스러웠다.

기숙생이 많았는데, 앞서 말한 것처럼, 출생으로든 재산 상황으로든, 장차 이 사회에서 확실한 지위를 점하리라 기대되는 소녀들로 특별히 구성되어 있었다.

그러니까 그녀들과 나 사이에는, 오직 미래만이 허물 수 있는 자연스러운 경계선이 있었다.

그렇지만 나는 결코 그들 때문에 그 차이를 고통스럽게 느낀 적이 없었다. 그 차이는 젊은 시절에는 때로 너무도 빨리 감지되고, 또 때로는 다른 버릇없는 큰 아이들을 본떠 잔인하게 악용되기도 한다.

그러나 아이들은 모두 날 사랑해 주었다. 그리고 이 말은 꼭 해야겠다. 나는 그것을 전혀 자랑스러워하지 않았다. 그때부터 이미 난 내 애정이 그들에게 아무 가치도 없다고 믿고 있었기

 알렉시나의 《회상록》

때문이다.

학교 교육은 진지했고 정말로 지적인 분들이 담당해 주셨다.

전에도 그랬지만, 난 진지한 공부에 **소질이 있었고**_douée,_ 곧 그 덕을 톡톡히 보게 되었다.

실력이 빠르게 향상되었기 때문에 훌륭하신 선생님들은 자주 놀라셨다.

수공예에서만큼은 사정이 달랐는데, 난 그것들에 대해 가장 깊은 혐오감과 철저한 무능력을 드러냈다.

동급생들은 응접실을 꾸미거나 남동생을 치장할 소소한 걸작들을 만들면서 시간을 보냈는데, 나는 그 시간에 책을 읽었다. 고대 역사나 근대 역사를 제일 좋아했다.

나는 거기서 내 모든 능력에 엄습하던 앎의 욕구를 충족시킬 수 있었다. 내가 너무나 사랑했던 이 활동은 또한 나를 완전히 지배하던 막연한 슬픔들에서 나를 달래 주는 특권을 갖고 있었다.

다른 사람들과 함께하는 산책을 얼마나 자주 면제받았던가. 그늘지고 울창한 마로니에 나무들이 길 끝에 심긴 작은 숲이 있는 아름다운 우리 정원의 멋진 가로수길을, 한 손에 책 한 권 들고 **홀로**_seule_ 산책할 수 있기 위해서 말이다!

전망은 탁 트이고 웅장했으며 남프랑스의 울창한 초목으로 기뻐하고 있었다.

설명할 수 없는 몽상에 빠져 있는 현장을 엘레오노르 원장 수녀님께 들킨 적은 또 얼마나 많았던가, 그녀의 눈길은 또 얼마나 모든 것을 잊게 만들었던가! 그분을 만나려고 힘차게 달려가면 대개는 입을 맞춰 주셨고, 그러면 난 그 무엇과도 견줄 수 없는 매력 충만한 포옹으로 화답하는 것이었다.

이따금씩은 강렬하고 진실한 애정에 대한 어마어마한 갈구를 느꼈지만, 이상하게도 그것을 감히 드러내지는 못했다.

명석한 동급생들 중에서 드… 왕립 법원 고등판사의 딸과 친구가 되었다.

난 그녀에게 첫눈에 반했는데, 그녀의 겉모습에는 눈부신 데라고는 없었지만, 온몸에 배어 있던 소박한 우아함이 거부할 수 없게 끌어당겼다. 그녀의 이목구비도 아름답지는 않았지만 매혹적으로 고른 균형을 이루고 있었고, 가장 젊고 가장 뛰어난 자질을 타고난 이들을 골라 찾아다니는 듯한 어떤 질병의 고통스러운 낙인을 지니고 있었다. 가련한 레아는 그중 하나였다. 겨우 열일곱이었지만, 어렴풋한 고통이 읽히는 이마가 땅을 향해 숙여져 있었고, 그 이마에서는 은밀한 고통이 읽혔다.

그러나 머지않아 그 고통은 무시무시한 발전을 보이게 될 것이
었다.

나는 그녀에게서 어떤 고통받는 존재, 요절할 운명을 가진
존재를 직감했다.

나는 열두 살도 되지 않았었지만, 이 신체적 조건이 만들어
낸 우리 사이의 친밀감 덕분에 나이 차이에도 불구하고 우린
가까워졌다. 그걸 뭐라고 설명해야 할지 모르겠다. 어떤 좋은
감정들은 말로 설명할 수 없고, 일부러 만들어 내지 않아도 생
겨난다.

그 시절 나도 허약하고 건강이 좋지 않았다.

내 상태는 심각한 염려를 불러일으키지 않을 수 없었고, 그
래서 주변 수녀님들이 날 그렇게 바라보셨던 것이다. 나도 레
아처럼 지속적인 보살핌의 대상이었고, 우린 양호실에서 여러
번 마주쳤다.

나는 그녀를 이상화하고 열광적으로 숭배했다.

난 그녀의 노예, 충직하고 황송해하는 개였다. 나는 모든 일
에 쏟아붓던 그 열정으로 그녀를 사랑했다..

그녀가 몸을 낮추고, 어루만지는 듯 부드러운 표정과 완벽
하게 그림 같은 긴 속눈썹을 나를 향해 내려뜨리는 것을 볼 때

면, 난 기쁨으로 거의 울 지경이었다.

정원에서 그녀가 내게 기대고 싶어 할 땐 또 얼마나 **뿌듯했던가**fière.

그렇게 우린 팔짱을 끼고 **빽빽한** 장미 덤불이 양쪽으로 늘어선 오솔길들을 누비고 다녔다.

그녀는 그녀 특유의 고상하고 예리한 기지로 이야기하곤 했다.

그녀의 아름다운 금발이 내게 드리울 때면 난 뜨거운 입맞춤으로 고마움을 전했다.

레아, 레아, 사랑해! 그녀에게 말하곤 했다. 드 R… 아기씨는 상급반이었기 때문에, 종이 울리면 우린 헤어져야 했다. 그는 이미 학업을 마친 상태였지만, 단지 기예들을 연마하기 위해 수녀원에 오래 머무르고 있었고, 그 분야에서 매우 뛰어나 스승님들의 자랑이었다.

밤이 찾아오면 우리는 이튿날 미사 시간까지 떨어져 있었다. 우리는 각자 다른 공동침실에서 밤을 보냈다. 그녀가 머물던 방은 학교에 하나뿐인 탈의실로 이어져 있었다. 그래서 잠들기 전 그녀를 다시 만나기 위해 종종 핑계를 대곤 했다. 마리 데장주 수녀님께서 이미 여러 번, 내 기숙사 이탈을 더는 봐주지 않겠다고 겁주면서, 매일같이 이어지는 내 망각을 꾸짖으신 적이 있었다.

내 기억으로는 5월의 어느 날 저녁, 수녀님의 감시를 벗어나는 데 성공했다. 잠들기 전 기도를 하고 났더니 수녀님께서는 엘레오노르 원장님이 계신 곳으로 내려가신 참이었다.

그분의 발소리가 더 이상 들리지 않자, 나는 조용히 기숙사를 가로질러 음악 학생들을 위한 큰 방 하나를 더 지나 탈의실에 도착해 처음 손에 잡히는 물건을 아무거나 집어 들고 레아의 방이라 알고 있던 작은 방 앞에 소리 없이 이르렀다. 침대 쪽으로 조용히 몸을 기울여 몇 번이나 그녀에게 입을 맞춘 뒤, 상아로 만든 작은 십자가를 목에 걸어 주었다. 아주 정교한 세공품이었는데, 그녀가 갖고 싶어 하는 것 같아 보였기 때문이다. "자, 내 사랑, 이거 받아. 날 위해 걸고 있어 줘."

말을 마치자마자 **지나온**venue 길을 더듬어 허둥지둥 되돌아오고 있었다. 하지만 절반도 못 와서 익숙한 발소리에 소스라쳤다. 뒤에서 선생님이 **날 보신**vue 것이다.

난 **당황해서**interdite 멈춰 섰다. 폭풍우를 막아 보려 헛되이 노력하면서 말이다. 아무 방편도 없이 난 용감하게 폭풍우를 기다렸다.

마드무아젤Mademoiselle, 수녀님이 무뚝뚝하게 말씀하셨다. 내가 벌을 주진 않겠습니다. 내일 엘레오노르 원장님께서 이 일을 맡으실 거예요.

이 위협에는 나한테는 그 자체로 가장 무시무시한 징벌이 담겨 있었다. 내가 원장님께 느끼는 감정은 두려움이라기보다는 애정 어린 숭배, 순종적인 경배와 같은 것이었다. 그런 원장님께 불편한 마음을 갖게 해 드렸다는 생각에 견딜 수가 없었다.

그날 밤 제대로 잠을 자지 못했고 깨어나는 것이 고통스러웠다. 미사 때는 혹여 원장님과 눈을 마주칠까 두려워 감히 고개를 돌리지도 못했다.

아침 식사 후 쉬는 시간에 한 수녀님께서 원장실로 가 보라고 하셨다. 난 판관 앞에 선 죄인처럼 떨며 원장실에 들어갔다.

지금도 그 차분하고 위엄 있는 모습이 보이는 듯하다. 그 고귀한 분께서는 소박한 안락의자에 앉아 계셨고, 그분의 두 발은 벽에 기댄 기도대 위에 놓여 있었으며, 그 기도대 위에는 커다란 흑단 십자가가 있었다.

"얘야," 그분이 슬프게 말씀하셨다. "당신이 규칙을 위반했다는 걸 알았어요. 당신을 내게 **맡기신**confiée 원장 수녀님을 생각하지 않았다면, 망설임 없이 당신을 올해 첫영성체에서 제외

  알렉시나의 《회상록》

했겠지요. 그분이 당신을 얼마나 사랑하셨는지 알고 있고, 어떤 상황에서도 그 사랑을 이어 가려고 애써 왔답니다.”

그러고 나서 어조를 바꾸셨고, 어떤 신호를 하셨다. 난 알아듣고 발 받침대 위에 올려진 그분의 발 앞에 앉았다.

난 그분의 한쪽 팔에 머리를 기대고 조용히 울었는데, 그분은 팔을 빼지 않으셨다.

그분은 나를 위해, 진정으로 순수하고 자비로운 그 영혼의 온전한 위대함을 드러내는 경건한 설교말씀 중 하나를 시작하셨다. 그땐 아마 그 고귀함을 온전히 이해하지 못했던 것 같지만, 세상물정을 알게 된 지금은, 그 사랑스러운 목소리의 억양들이 내 귀에 감미롭게 울리고, 내 심장을 뛰게 한다. 그분의 목소리는 내 삶의 행복한 시절을 떠올리게 한다. 세상의 부당함도, 비열함도 짐작하지 못했던 시절. 하지만 결국 난 세상의 모든 민낯을 알게 되었다.

나는 가장 우아한 기쁨과 진심 어린 감사로 충만하여 원장님 곁을 물러났다.

첫영성체가 다가왔고, 더불어 내 사춘기의 순수한 감정들에 작별을 고해야 할 순간도 가까워졌다. 엄마가 계신 곳 근처, 생트로 돌아가기 위해 수녀원을 떠나야 했기 때문이다.

그날은 7월 16일로 정해져 있었다. 순수하고 천진한 축제의 날은 화창하게 시작되었고, 자연은 기쁨으로 어우러졌다.

스물두 명의 소녀들이 **나**와 함께 숭고한 성찬의 자리에 나아가려 하고 있었다.

최선의 마음가짐으로 이 장엄한 행위를 완수했다고 감히 말할 수 있을 것 같다.

수녀원에서 펼쳐지는 것들 중 우리가 아는 한 가장 장엄한 미사 성제가 거행되고 난 후 면회가 열렸다. 축제의 어린 주인공들을 두 팔 가득 끌어안으러 온 어머니들이 초조하게 기다리고 있었다.

날 기다리던 우리 엄마는 날 보시더니 끝내 다정한 눈물을 참지 못하셨다. 그것은 어머니의 사랑을 가장 웅변적으로 드러내고 있었다.

우리의 만남은 너무나 짧았다. 엄마가 나가고 곧 문이 닫혔다. 그날엔 단 한 명의 아이도 그 성스러운 울타리를 벗어나서는 안 되었다.

새로이 성스럽게 된 어린 영혼들의 평정을 세상일들이 흔들어 놓아서는 안 되었기 때문이다.

그날을 마무리 지은 불행한 사건을 난 절대 잊지 못할 것이다.

감동적인 저녁 행사가 끝난 후 정원으로 향하는 행렬이 이어졌다.

장소 선정이 아주 훌륭했다. 이 수수한 에덴동산의 너무나 아름다운 오솔길들을 가로지르는 흰옷 입은 아이들의 긴 행렬은 더할 수 없이 웅장했다.

생기발랄하고 순수한 목소리로 반복되는 성가들에는 마음을 뒤흔드는, 진정으로 시적인 어떤 것이 있었다.

그때까지 포근했던, 향기를 머금고 있던 공기가 갑자기 숨막히게 무거워졌다. 거대한 검은 구름이 지평선을 돌아다니며, 이런 고지대에서는 흔한 사나운 폭풍우를 예상케 했다. 예상했던 대로 곧 굵은 빗방울들이 떨어졌고, 사람들이 줄지어 예배당으로 들어갔을 때는 이미 지평선 이리저리로 불길한 번개가 내려치고 있었다.

나도 모르게 마음이 죄어들었다. 그것은 날 기다리던 침울하고 위협적인 미래의 전조였던가? 세상이라 불리는 허술한 쪽배에 올라타는 순간, 나는 그것을 보게 되어 있었던 것일까?

슬프도다! 세상은 답을 너무 빨리 알려 주었지! 이 격렬한 폭풍우는 앞으로 덮쳐 올 것들의 전주곡에 불과했다!!!

그날 저녁 나는 아무것도 먹을 수 없었다. 어떤 기이한 불안이 엄습했던 것이다. 잠들기 전 사랑하는 레아를 두 팔로 꼭 끌어안고 그녀에게 바쳤던 입맞춤은 마지막 인사인 듯 슬펐다!

나는 그녀도, 아마 영원히 잃게 될 터였다. 우리의 운명이 우리를 이어 줄 수 없었기 때문이다.

L…을 떠나고 2년 뒤, 내 가련한 친구가 전형적인 폐결핵으로 쓰러졌다는 소식을 들었다. 그녀를 열렬히 사랑했던 그녀의 고귀한 가족들에게 그 죽음은 끔찍한 슬픔이었다. 이렇게 내 생애 첫사랑이 산산이 부서졌다!

여기서 나는 그 환하게 웃는 거처에서 보냈던 고요하고 평온한 날들과는 더는 닮은 데가 하나도 없는, 내 실존의 한 국면으로 들어선다.

나는 B…에 있었다. 엄마가 5년 전부터 그 도시에 살고 있었다. 그곳은 위대한 왕께서 전략적 요충지로 삼기 위해 선택한 오래된 도시였고, 그 이름은 엄청난 정치적 사건들과 관련되어 있었다.

나 자신에게 의무로 부과한 과업에서 가장 고통스러운 부분을 시작하려니 좀 망설여진다.

내가 말해야 할 것들 가운데 몇몇은 어떤 이들에게는 믿기 어려운 허튼소리로밖에 들리지 않을 것이다. 사실 그것들은 가

 알렉시나의 《회상록》

능한 것의 한계를 넘어선다.

아마 그들로서는 내 삶의 예외적인 기묘함들 한가운데서 내가 느낀 감정들을 정확히 헤아리기 어려우리라.

그들에게 바랄 수 있는 것은, 다만 내 진정성을 믿어 달라는 것뿐이다.

난 열다섯이었다. 그리고 내가 일곱 살 때부터 엄마와 완전히 **떨어져**séparée 있었다는 사실을 잊지 말아야 한다.

아주 가끔씩만 엄마를 볼 수 있었다. 엄마가 머무르던 집, B…에 가면 언제나, 가족 중 한 명이 오기라도 한 것처럼 환영을 받았다. 그런데 이번에는 완전히 돌아온 것이다. 그 가족은 다섯 명으로 구성되어 있었다.

그 가족의 가장은 머리가 완전히 센 존귀한 노인이었는데, 그는 명예와 충실함의 살아 있는 화신이나 다름없었다.

그 곁에는 그분의 막내딸이 있었다. 사랑받는 아버지의 모든 자비로운 천성들이, 불행한 결혼으로 인한 쓰라린 고통조차 꺾을 수 없었던 당당한 영혼 안에 고스란히 되살아나 있었다.

드 R… 부인에겐 자녀가 셋 있었는데, 그들에게 부인은 마음을 가득 채우는 마르지 않는 다정함을 쏟아 부었다.

그분은, 그분과 우리 엄마 모두 이해하고 있고 또 존중하는 둘 사이의 사회적 격차에 개의치 않고, 그분의 그 애정들 중 한 조각을 우리 엄마에게 쏟았다. 엄마는 종속적 신분이었지만, 그럼에도 그분은 우리 엄마를 친구로, 또 속을 털어놓을 수 있는 사람으로 여기고 있었다.

드 R… 부인은 곧 단 하나의 소망만을 갖게 되었는데, 그것은 당시 열여덟 살이던 자기 딸 곁에 나를 붙여 집에 머물게 하는 것이었다. 난 원래 자존심이 강했으므로 다른 사람이 그런 제안을 했더라면 분명 거절했을 것이다.

여기서는 상황이 달랐다. 엄마가 가까이 계시기도 했고, 내가 속한 가족을 진짜 내 가족이라고 생각하는 데 점점 **익숙해졌기**habituée 때문에, 모두의 큰 만족을 위해 그 제안을 받아들였다.

클로틸드 드 R… 아기씨는 엄청난 미모와 약간의 도도함을 겸비했는데, 내 앞에서만큼은 그 도도함을 잊는 듯했다. 아기씨는 나를 그냥, 아무런 체면의 손상 없이 대등하게 대우할 수 있는 한 여자아이로만 바라봤다.

그리하여 이렇게 나는 아기씨의 **하녀**camériste가 되었다.

내 직업을 위한 자질을 모두 갖추고 있지는 못했음에도 불구하고, 나는 언제나 아기씨의 총애 속에 머물렀다.

내 침실과 아기씨 침실 사이에는 작은 대기실 하나뿐이었다.

여름이고 겨울이고, 매일 아침 아기씨가 자리에서 일어나시는 것을 도왔다. 그러고 나서는 옷을 입혀 드리는데, 그녀가 옷을 입는 동안 우리는 온갖 주제들을 가지고 누가 누가 더 나은지 이야기했다. 침묵이 흐를라치면 난 천진하게 아기씨를 찬양하는 데 몰두했다. 그녀의 살갗은 비할 바 없이 뽀얬다. 눈이 멀지 않고서야 그보다 더 우아한 형태를 상상할 수는 없었다.

이것이 내게 일어나던 일이었다. 때때로 난 참지 못하고 그녀에게 찬사를 보내곤 했는데, 그러면 그녀는 놀라지도 우쭐해하지도 않으면서 세상 다정하게 그 찬사를 받아들였다.

그러다 대화 주제가 바뀌면, 그녀는 내 건강에 대해 물었다. 아낌없이 베풀어진 섬세한 보살핌에도 불구하고 내 건강은 거의 나아지지 않고 있었다. 몸이 안 좋다고 투덜거리면 이런저런 식이요법에 따라야 했다. 이와 관련된 조언들은, 순종하지 않으면 처벌을 받는다는 조건하에 따라야 하는 명령이었다.

별것 아닌 일에도 곧장 의사의 도움을 받아야 했던 경우도 종종 있었다.

그 의사는 내 고귀한 후원자 드생-M… 주인어른의 만성통증 때문에 자주 저택에 왔다. 날카로운 통증 때문에 주인어른은 거의 언제나 당신 침대나 거대한 안락의자에서 꼼짝도 하지 못하셨다. 우리 엄마만이, 그 지긋지긋한 발작에 몸을 떠는 주인어른의 고통을 누그러뜨릴 수 있었다.

주인어른 댁에는 자유롭게 드나들었다. 나는 그분의 **낭독자** *lectrice*였고 서기였다. 그분의 건강이 허락할 때 그분은 내게 엄청나게 많은 가문의 문서들을 다시 읽고 세심하게 열람하도록 했다. 그것은 그분이 사랑하는 소일거리이기도 했다. "가까이 오렴, 까미유", 그분이 내게 말하곤 했다. "자네가 아는 사건과 관련된 편지가 있는지 찾아보게." 그분이 만족하시는지 몰래 살피면서 난 천천히 문서를 읽었다.

다 읽고도 나는 문서들을 뒤져 사적인 편지의 단편들을 발견해 내곤 했다. 대부분 주인어른의 누님이나 형님이 보낸 편지들이었다. 주인어른의 형님은 제국의 용맹한 장군으로 우리의 주요 전장 여러 곳에서 영광스러운 부상을 입었다. 나는 이런 종류의 발견이 늘 기뻤다. 그것이 주인어른께 수많은 이야깃거리들을 제공했고 나는 비할 데 없는 갈망으로 그 이야기들을 듣곤 했기 때문이다.

내가 아주 어렸는데도 주인어른은 나를 무한히 신뢰하셨다.

앞서 말했듯 나는 다독하는 아이였고, 일찍부터 분별력이

　　　　　　　　　　　　　　　　　　알렉시나의 《회상록》

발달했다. 아직 사춘기의 나이였지만 이미 난 **진지했고**sérieuse, **사려 깊었으며**réfléchie, 사건들로 충만한 우리 역사의 주요 사항이라면 모르는 것이 없었다.

정해진 시간이 되면 나의 어린 주인님은, 그녀를 가장 귀여워하는 할아버지 곁에 앉곤 했다. 하지만 그녀의 존재도 이미 시작된 일을 방해하진 못했다.

저녁이 되면 난 소리 내어 신문을 읽어 드렸다.

그러는 동안 언제나 그분의 두 눈이 감기고 머리는 쿠션들 쪽으로 젖혀졌다. 처음 몇 번은 그분이 잠드신 줄 알고 읽기를 멈추곤 했다.

그러면 곧 읽기가 중단된 것을 눈치채시는 것이었다.

피곤하니fatiguée? 주인어른이 말씀하셨다. 아니라고 하면 계속하라고 하셨다. 나는 연재소설만 빼고 전부 읽어야 했다.

물론 그 연재소설을 놓쳤다는 건 아니다. 다만 **혼자**seule 읽었을 뿐이다.

이렇게 난, 내 방 가까이 있는 서재 선반에 쌓여 있던 고전 혹은 현대의 작품 전집들을 여럿 읽어 치웠다.

책을 읽다 밤이 깊어졌던 적도 많았다. 그건 내 휴식이고 위안이었다. 솔직히 거기서 유용한 배움 이상의 것을 얻었다.

고백컨대, 오비디우스의 《변신 이야기》를 읽었을 때 특히 **충격을 받았다**bouleversée. 그 이야기를 아는 사람이라면 상상할 수 있을 것이다. 이 의외의 발견은 앞으로 이어질 내 이야기가 명확하게 증명하게 될 어떤 특이성을 갖고 있었다.

몇 년이 흘렀다. 난 열일곱이 되었다. 내 건강 상태는, 걱정할 정도는 아니었지만 더는 정상이 아니었다.

나를 진찰하는 의사는, 가장 효과가 좋다는 치료법들도 갈수록 듣지 않는다는 것을 알게 되었다. 의사 선생님은 결국 더 이상 근심하지 않기로 하고 시간에 맡겨 버렸다. 난 전혀 **두렵지**effrayée 않았다.

마드무아젤 클로틸드 드 R⋯은 스무 살로, 사촌들 중 한 명과의 결혼이 오래전부터 예정되어 있었다. 그는 그의 어머니로부터 어마어마한 재산을 물려받게 될 사람이었으며, 프랑스 해군 역사에 길이 남을 이름의 소유자였다.

그에게 약속된 아름다운 약혼녀가 그토록 열렬히 기다려 온 그의 귀환은 즉시 본격적인 결혼 준비 작업으로 이어졌다.

라울 드 K⋯는 미남형이라고는 못 해도 첫눈에 호감을 주는 그런 남자였다.

태생적으로 고귀한 기질이 아로새겨져 있는 그의 솔직해

보이고 친근한 얼굴은 그를 아름다운 기사는 아닐지라도 매력적인 사람으로 만들었다. 어떤 여자라도 그의 사람이 되는 것을 자랑스럽게 여겼을 것이다.

확실히 말할 수 있는 것은 그 역시도, 그가 아내로 삼게 될 순수하고 젊은 소녀의 천사와 같은 본성이 허락한 열렬한 사랑을 받고 있었다는 사실이다.

드 K… 부인께서 평소 지내시는 C… 성에 마련된 성대한 가족 잔치가 젊은 부부를 기다리고 있었다.

그들은 결혼식 8일 뒤에 그곳에 갔는데, 건강이 좋지 않아 여기저기 다니실 수 없는 드생-M… 주인어른은 참석하지 못하셨다.

존경하는 할아버지께 축복을 받은 뒤, 이 사랑스러운 여인은 나를 부드럽게 포옹하고, 평생 어떤 일이 닥치더라도 절대 그녀를 잊지 않겠다고 약속하게 했다.

내가 답할 준비를 하기도 전에 그녀는 멀어져 갔다.

이 장면이 나를 **완전히 무너뜨렸다**anéantie.

내 아기씨가 머물던 예쁜 방을 다시 보자 눈물이 나서 견딜 수가 없었다. 그녀가 이제 더 이상은 아침마다 첫 미소를 보여주지도, 잠들기 전 마지막 말을 들려주지도 않을 것이라는 생각에, 뭐라 형언할 수 없는 어떤 느낌이 나를 괴롭혔다.

내 운명에 어떤 변화가 일어나려 하고 있었다. 이제 내게는 새로운 직업이 필요했다.

그 집안의 친구분이자 내 영혼의 인도자인 훌륭하신 교구 신부님께서, 교육에 헌신해 보는 게 어떻겠냐고 하셨다. 신부님은 내 허락을 받고 내 어머니와 후원자께 그런 생각을 들려드렸다. 예상대로 두 분 모두 기뻐하셨다.

하지만 그 일은 내게는 지극히 못마땅했다. 나는 그 직업에 대해, 논리적이지는 않지만 마음속 깊은 곳에서부터 올라오는 어떤 반감을 품고 있었다.

여공ouvrière이 될 전망 또한 좋아 보이지 않았다. 나는 내가 그보다는 더 가치 있다고 믿었다.

어느 날 저녁이었다. 나는 드생-M… 주인어른 댁에서 날마다 하는 낭독을 끝낸 참이었고, 엄마는 주인어른께 차를 준비해 드리고 —내게도 언제나 몫이 돌아오곤 했다—내 옆에 앉아 계셨다. 나는 엄마와 주인어른이, 누가 말을 꺼낼지 서로 묻듯 눈짓을 주고받는 것을 보았다.

먼저 입을 뗀 건 주인어른이었다. **까미유**Camille. 너는 훌륭한 기초 교육을 받았지. 넌 **똑똑한**intelligente 아이란다. 네가 마음만

먹으면 금방 사범학교에 입학할 거고… 네 능력이라면 교사자
격증을 따는 데 앞으로 2년이면 될 거다. 네 소신과 신념에 이
보다 더 적합한 직업이 어디 있겠니.

주인어른의 말씀에 내 마음이 **움직였다**touchée. 게다가 그분
의 추론이 정확하다는 데 **감동을 받았다**frappée. 거기서 난 확고
한 믿음을 얻었다. 내 결단은 내 대답만큼 지체없이 이루어졌
다. 나는 주인어른께 진심으로 감사 드렸고, 나에 대한 주인어
른의 훌륭한 평가를 증명해 보이겠다고 약속 드렸다.

엄마는 내 대답에 퍽 행복해하셨다. 엄마가 내 대답을 초조
하게 기다리고 있었던 것은 조금도 이상할 것이 없다. 엄마는
이 꿈이 그녀의 자부심을 충족시킴과 동시에 자식의 미래에 대
한 엄마의 불안을 달래 줄 것이라고 생각했기 때문이다.

이로써 모든 것이 결정됐다. 내 운명이 정해진 것이다. 그날
저녁이 내 남은 생을 결정해 버렸다! 하지만 주님! 사람들이 그
녀에게서 기대하던 운명과는 어찌 그리도 달랐던지요!!

이제는 내가 받아들였던 새로운 직업을 두려움 없이 마주
했다. 다른 것을 꿈꿔 볼 수 없었기 때문이다. 새 직업을 가질
생각에 행복했다고 말한다면 거짓말이 될 것이다. 난 무관심했
을 뿐이다.

그럼에도 불구하고 성공해야겠다는 야심에 **떠밀려**_pousée_ 공부를 시작했다. 심사 위원들 앞에 서기 전날 밤의 그 불 같은 열정을 느껴 보지 않은 사람이 있을까?

…사범학교는 매년 도의 지원을 받아 열두 명의 소녀를 선발했다. 소녀들은 모두 입학 전에 일반적으로 학무국의 장학관이 주관하는 예비 시험을 치렀다. 이 점에 관해서는 N… 수도원 장님께서 내게 필요한 모든 정보를 주셨다.

엄마가 내 옷가지를 챙기시는 동안 나는 열심히 공부했고, 몇 달 만에 이 첫 번째 투쟁에 나설 **충분한 준비가 되었다고**_préparée_ 느꼈다. 시험이 있는 8월이 다가왔다. 내 출생증명서도, 시청에서 사증을 받은 품행증명서도 진작에 장학관 사무실에 제출했다.

8월 18일이었다. …사범학교에서는 그해 교원 자격증에 열 명 남짓의 학생들이 지원했다. 그들 중에는 나와 나이 차가 별로 나지 않아 언니처럼 생각했던 작은 이모들 중 한 명도 있었다.

그녀 덕분에 난 이미 **알려져 있었다**_connue._ 그녀의 동무들과 그들을 인솔하시던 훌륭하신 수녀원장님 모두에게 말이다.

수녀원장님께서는 나를 그러니까 마치 미래의 제자인 듯 여기셨고, 특별히 친절하게 대해 주셨다.

이모는 수녀원장님이 가장 사랑하는 제자들 중 하나였고, 그분은 이모를 떠나보내고 싶어 하지 않으셨다. 나는 이모에 대한 수녀원장님의 감동적인 편애에 신세를 졌다.

이 직업이 내게 제시한 전망에 **행복해**_hereuse_했다고 말하는 것은 완전한 거짓이리라. 반감 없이 이 직업을 선택한 것은 사실이지만, 매력을 느끼지 못한 것도 사실이다. 그럼에도 불구하고 여교사의 가장 비굴한 입장이 갖는 수많은 어려움은 짐작조차 하지 못했다.

물론 오늘날 사람들은 우리 시대의 기숙학교에서 남녀 교사들이 얼마나 불명예스러운 종속 관계에 놓이는지 안다. 교사들은 그들이 쇄신시켜야 할 사람들의 입방아에 오르내리며 중상모략을 당하고, 교사의 힘을 시기하는 사제의 치명적이고 독재적인 세력도 견뎌야 한다. 시샘하는 사제는 교사들을 자신의 노예로 만들지 못하면 곧 그들의 발밑에 증오를 퍼뜨려 그들을 짓뭉개 버릴 것이다. 내가 본 것만 해도 하나 이상의 사례를 들 수 있다. 하지만 아직은 말할 때가 아니다.

하지만 여기, 반드시 지적하고 넘어가야 할 피할 수 없는 암초가 있다. 내가 이 말을 하면 아마 믿지 않는 자들이 나를 비웃게 될지 모른다. 어쨌든 난 의무를 다한다고 믿고 말한다. 단언컨대, 내가 여기서 비판하려는 공무원들은, 명예로운 예외들을 제외한다면, 생각보다 훨씬 많다.

여교사는 지역 주임신부 다음으로 초등교육 장학관만큼 성가신 원수덩어리가 없었다. 초등교육 장학관은 교장의 직속상관으로 그녀의 모든 미래를 쥐고 있는 남자였다. 그가 교육청에 한 마디라도 하면, 도지사에게 보고서 하나만 올리면, 그녀의 교직을 완전히 박탈할 수 있다.

그러니 내가 목격하기도 했거니와, 한 남자가 많든 적든 예수회 사람들처럼 위선적인 술책을 써서 초등교육 장학관 자리까지 갔다고 가정해 보라. 그는 기숙학교 여교사의 재능이나 자질을 평가할 능력이 없었다. 오히려 여교사가 그에게 명예로운 자리 대신 가장 무지한 학생들 옆자리에 앉으시라고 간청할 만한 일이 너무도 자주 있었다. 그가 이런 자였다.

그래서 그는 진지한 주제를 꺼내지 않으려 하겠지만 성공하진 못할 것이다. 실제로 있었던 일이지만 그는 대답할 여지를 전혀 주지 않는 방식으로 아이들을 겁주는, 더할 수 없이 우스꽝스럽고 쓸데없는 짓에 집착했다. 그래서 그는 여교사에게 위협조로 비난을 퍼부었는데, 장학관 님의 찬란한 권위 아래서 끝장나지 않으려면 여교사는 항복할 수밖에 없다.

또 때때로 사실이지만, 여교사는 아름답고 장학관은 거기에 마음이 동했다고 상상해 보라. 이런 신사들은 어떤 통찰력을 타고났을 수도 있으니 말이다. 거기까지는 양보할 수 있다. 냉대의 위협 속에서 이 가련한 여인은, 자신과 나이 든 아버지의 일용할 양식인 빵쪼가리를 빼앗기지 않기 위해 오만한 상급자 앞에서 더 눈치를 보며 작아진다. 한 아이를 공포에 빠뜨렸다는 사실에 만족한 그는 약간 진정되어서 칭찬으로 말을 끝냈는데, 다른 사람 입에서 나왔으면 모욕으로 간주될 수도 있는 말이었다. 하지만 장학관을 무람없이 대할 수 있을까? 그럴 수 없다. 그는 그걸 너무 잘 알고 있다. 그가 흔쾌히 약속하는 승진에 무심한 태도를 유지할 수도 없는 노릇이고 말이다.

그들은 작은 응접실에 당도했다. 이 신사는 주전부리하는 데에 기꺼이 동의했다. 이제는 더 이상 교육 문제가 아니어서 그런지 그는 허물없이 수다를 떠는데, 그 분야가 그에게는 더 익숙한 것이었다. 그의 달콤한 말들은 점점 더 노골적이 된다. 그는 위협하고 나서 약속하면서도 요구한다. 여기서 그의 말은 아주 의미심장하다.

결국 그의 미움을 사지 않으려면, 상대가 이번에는 너그러워질 일도 충분히 발생할 수 있다! …

또는, 될 수 있는 대로 빨리 떠나시고 다시는 오지 마시라고, 장학관 나리께 공손히 간청할 수도 있다.

그리고 이런 경우에 여교사는 언제나 패배하게 된다. 그녀가 높은 도덕성으로 정평이 나 있는 그와 맞서 싸우려 할까? 그녀는 그와 맞서 싸워 봤자 그를 파멸시키기는커녕 자신의 평판만 잃게 될 것을 알았기 때문에 마음이 내키지 않았고, 그래서 그녀는 침묵한다. 그때부터 온갖 종류의 모욕이 가해지고, 불리한 의견서들이 잇달아 도청에 보내지며 오싹한 질책들이 이어진다.

이 모든 것에 더해 주임신부까지 그녀에게 등을 돌린다면 그땐 끝장이다. 그녀는 자리를 내주어야 한다. 그녀를 몰아낼 수는 없으니, 그는 지역에 초빙해 놓은 수녀원 학교에 아이들을 보내도록 집안들을 설득하기 위해 별 짓을 다할 것이다.

나는 이 비열하고도 천박한, 입에 올리는 것만으로도 불쾌하기 짝이 없는, 정말로 믿을 수 없는 권력남용의 현장을 눈앞에서 목격했다.

시골 사람들 사이에서 교육이라는 고된 과업에 헌신하시는 분들, 힘들게 일하시고 관심 받을 가치가 있는 분들의 명예를 훼손하고 싶은 마음은 전혀 없었다.

좋은 일을 하려는 그들의 선의, 문명의 도덕적 측면과 관련된 모든 것을 위한 그들의 끊임없는 노력에 나보다 더 감사하는 사람도 없었다. 내 유일한 목표는 공적인 도덕성의 문제를 제기하는 것이었다.

…사범학교의 **입학허가를 받았다**admise. 고작 몇 십 리 떨어진 곳이었지만, 그래도 그 여행은 내게 하나의 사건이었다. 대서양을 건너야 했으니 말이다.[1] 난 거기서 새로운 세계의 매력을 발견하게 될 것이었다.

D…에 도착하자 선장님은 나를 수녀원으로 데려가게 했다. 그곳의 외관은 거기서 지내는 사람들의 삶처럼 단순하고 수수했다.

그곳의 문턱을 넘는 순간, 형언할 수 없는 동요가 나를 휘감았다. 그것은 고통이요, 치욕이었다. 내가 느낀 것은 인간의 말로는 결코 표현할 수 없는 것이었다.

믿기지 않을 수 있다. 왜냐하면 어쨌든 난 더 이상 **여자애**une enfant가 아니라 열일곱이었고, 내가 마주하게 될 소녀들 중 몇

---

1 사범학교는 라로셸 서쪽 섬에 위치함.

몇은 기껏해야 열여섯 살이었기 때문이다. 수녀원장님의 다정한 안내에도 나는 그저 무감각할 뿐이었는데, 기이하게도 그녀의 손에 **이끌려**conduite 교육실습생 반에 당도했을 때, 벌써부터 나를 향해 웃고 있는 선선하고 매력적인 얼굴들을 보자니 가슴이 죄어 왔다.

모두의 젊은 이마 위에서 기쁨과 만족을 읽었지만, 난 여전히 슬프고 **겁에 질려 있었다**epouvantée! 본능적인 어떤 것이 내 안에서 모습을 드러내고 있었는데, 그것은 내가 그 순결의 성소에 발을 들이는 것을 금지하는 듯했다. 내 안에서 나를 지배하는 배움에 대한 사랑이라는 감정이, 내 존재 전체를 엄습하는 기이한 당혹감을 잠시 잊게 했다.

교사자격증을 취득하려는 교사 지망생들은 다 합쳐 스무 명에서 스물다섯 명 정도였다. 하지만 우리 반 말고도 같은 건물에 최소 백여 명의 소녀들이 있었다. 통학생들만큼 기숙생도 있었고, 이들은 두 반으로 나뉘어 있었다. 어림잡아도 50개 정도의 침대가 구비되어 있는 어마어마한 공동침실은 우리를 한데 모아 놓았다.

방의 양쪽 끝에는 흰 커튼을 친 침대가 보였고, 수녀님이 각기 그 침대를 사용했다. 오래전부터 혼자 방을 쓰는 데 **익숙했**

알렉시나의 《회상록》

던habituée 터라, 이 단체생활 공간은 너무나 고통스러웠다. 특히 기상 시간은 내게 고문과 같았고, 내 사랑스러운 동무들의 시선을 피할 수 있기를 바랐다. 그들을 멀리하고 싶어서가 아니었다. 그러기에는 그들을 너무 사랑했다. 하지만 본능적으로 느껴지는 수치스러움이 문제였는데, 그건 그녀들과 나를 갈라놓는 엄청난 거리 때문이었다. 신체적으로 말이다.

여자의 모든 매력들이 펼쳐지는 나이였지만 내게는 그런 자연스러운 태도도 없었고, 만개하는 젊음을 드러내는 보동보동한 팔다리도 없었다. 병약하고 핏기 없는 내 낯빛은 만성화된 괴로움의 상태를 드러내고 있었다. 내 용모는 어떤 딱딱함을 띠고 있었고 그것은 누구라도 눈치 채지 않을 수 없었다. 나날이 자라나는 얇은 솜털이 내 인중과 뺨의 일부를 뒤덮었다. 당연히 이런 특징은 종종 놀림거리가 됐는데, 놀림에서 벗어나고 싶었던 나는 가위를 면도칼 대신 사용하곤 했다. 일어날 일이 일어나듯, 털은 더 두꺼워지고 한층 더 눈에 띄게 될 뿐이었다.

내 몸은 말 그대로 털로 뒤덮였으므로, 나는 내 동무들과 달리, 아무리 날이 더워도 두 팔을 노출시키지 않으려고 신경 쓰기도 했다. 내 몸매로 말할 것 같으면, 여전히 아주 우스꽝스러울 정도로 야위어 있었다. 이 모든 것이 눈에 띄었고, 나는 매일 그걸 느끼고 있었다. 그럼에도 불구하고 선생님들과 친구들은 대체로 날 **사랑해 주고**aimée 있었다. 나도 그들의 애정을 아주 많이 되돌려주곤 했지만, 거의 두려워하는 태도로 그렇게 했다. 나는 사랑하기 위해 **태어났다**née. 내 영혼의 모든 능력들이 나를 사랑으로 향하게 했다. 냉담하고 거의 무심한 겉모습 아래, 불의 심장을 갖고 있었던 것이다.

이 불행한 특성 때문에 얼마 지나지 않아 나는 여러 비난에 직면해야 했고 감시의 대상이 되었는데, 나는 그 감시에 공공연히 맞섰다.

나는 곧 나보다 한 살 많은 테클라Thécla라는 이름의 매력적인 아이와 긴밀한 우정을 맺게 되었다. 외양만 놓고 보면 우리의 신체보다 더 대조적으로 보이는 것은 없었다. 내 친구는 생기발랄하기도 하고 우아하기도 했지만, 나는 전혀 아니었다.

사람들은 늘 우리를 단짝이라고 불렀는데, 실제로 우리는 단 한 순간도 서로의 시야에서 벗어나는 일이 없었다.

여름에는 정원에서 공부했다. 그때 우린 찰싹 달라붙어 손을 잡고는 다른 쪽 손으로 책을 잡곤 했다. 나는 그 애 쪽으로 몸을 기울여 때로는 그 애 이마에, 그리고 때로는 **믿기지 않겠지만** 그 애 입술에 입을 맞추려 했다. 그러면 선생님은 나를 쳐다

보시곤 했다. 그런 일은 한 시간에 스무 번쯤 되풀이되었다. 그러면 선생님은 나더러 정원 끄트머리로 가라고 했고, 마지못해 따른 적이 많았다. 산책할 때도 같은 장면들이 되풀이됐다. 기이한 운명으로, 공동침실에서 우리의 자리는 내 자리가 2번, 그 애 자리가 12번이었다. 하지만 별로 신경이 쓰이거나 하지는 않았다. 그 애에게 입을 맞추지 않으면 잠들 수 없었기 때문에 난 수를 써서 모두가 침대에 누울 때까지 깨어 있다가 까치발을 하고 그 애한테로 가곤 했다. 잘 자라는 인사를 끝냈을 때 바로 1번 자리에 계신 선생님께 걸려 종종 놀라기도 했다. 처음엔 자리를 이탈한 데 대한 변명을 늘어놓는 게 먹혔지만, 계속해서 그런 식으로 넘어가진 못했다. 그분은 너무 좋으신 분이고 또 날 정말 사랑하신다는 걸 나도 알고 있었다. 그분은 내 행동 때문에 놀라기도 하셨지만 마음 아파하기도 하셨다. 다른 한편으로 우리는 어린애가 아니었기 때문에 그분은 우리에게 벌을 주는 대신 우리 마음을 움직여 보려고 하셨다.

다음 날 그분은 나를 정원으로 **혼자**seule 불러내시고, 마치 동생 손을 잡듯 내 두 손을 꼭 잡으시며, 도덕과 수녀원의 위신이 요청하는 자제의 감각을 회복하라고 더없이 감동적으로 권고해 주셨다. 그 말씀을 듣고 난 눈물을 흘리지 않을 수 없었다.

그 정도로 그분은, 사람의 것이라고 느껴지지 않는 어조로 말씀하시는 법을 알고 계셨다.

이날 이때까지 살아오면서 이 탁월한 성격에 비견될 만한 것은 찾을 수 없었다고 말할 수 있다. 이 세상에서 가장 회의적인 인간이라도, 이토록 고귀하면서도 순수하고 또 진정으로 그리스도인다운 피조물 곁에서 지내 본다면, 이러한 기질들을 창출할 수 있는 종교를 소중히 하고 싶다는 느낌을 갖지 않을 수 없으리라고 장담한다. 사람들은 그런 기질이 드물다고 대꾸하겠지. 나도 알고 있다, 불행히도. 하지만 드문 만큼 그 기질들은 더 감탄을 자아내며, 설령 모두가 그런 완전성에 도달하지 못한다 한들, 누가 감히 모두가 그런 기질을 가져야 한다고 요구할 수 있겠는가?

성스럽고 고귀한 여인이여! 당신에 대한 기억이 제 삶의 고난 때마다 저를 지탱해 주었습니다!! 길 잃고 방황하던 때에 천상의 광경처럼 나타나 제게 힘과 위안을 주셨습니다!!

진정으로 위대하셨던 만큼 겸허하고 또 수수하셨던 마리데장주 수녀님은, 이미 알려져 있는 그녀의 고귀한 출신 성분을 확증할 만한 대화 일체를 세심하게 멀리하곤 하셨다. 외교 분야의 중요한 자리에 오랫동안 있으면서 가장 훌륭하게 활동한 장군의 딸이었던 그분은, 가난한 자들과 병든 자들을 위한 봉사에 오롯이 헌신하기 위해 장차 자신에게 약속된 명성과 재산을 일찌감치 포기하셨다. 여자에게는 흔치 않은 그분의 방대한 지식을 보고 윗분들께서 그분께 D… 사범학교를 운영하도록 지시하셨다. 학생들로부터 사랑받는 분이었다고 말하는 걸로는 너무 부족하다. 모두가 그분을 열렬히 사모했다. 그분이 우리에게 소소한 잔소리를 하실 일도 거의 없었다. 그분이 우리에게 바라시는 게 있으면 우리는 그분이 말씀하시기 전에 실행에 옮겼다.

장학관들도 그런 그분을 잘 알고 있었기에 그들의 방문은 드물었고 방문한다 해도 보통 짧게 끝나곤 했다.

여교사 지망생들을 위한 공부는 이런 식으로 정해져 있었다. 아침에는 여름이나 겨울이나 5시면 기상 시간을 알리는 종이 울렸다. 6시에는 수도원 예배당에서나 아니면 수도원에서 5분 남짓한 거리에 있는 본당에서 미사를 드렸다.

7시부터 공부를 하면 8시에는 아침 식사 시간을 알리는 종이 울렸다. 9시에는 수업이 시작됐다. 오전 시간은 프랑스어, 작문, 필기, 지리에 할애되었다.

11시에 점심 식사를 하고 나서는 어린 기숙생과 통학생들을 위한 휴식 시간이다. 우리로서는 오전 수업의 숙제를 끝마칠 수 있을 정도밖에 안 되었다. 1시부터 4시 반까지는 수학, 읽기, 프랑스어에 전념했다. 어떤 날은 성악과 데생을 하기로 미리 정해져 있었다. 5시부터 우린 자유였지만 그렇다고 할 일이 없는 건 아니었는데, 그게 우리에게 짐이 되지는 않았다고 말해야겠다. 단 1분도 우리에게서 허투루 새어 나가는 법이 없었다. 우리가 일찍 도착한 날이면 그 시간을 이용해 바느질을 하기도 하고 새롭고 성가신 문제를 해결하기도 했다. 덕분에 우리는 빠르게 발전하게 되었다. 수공 작업에 대한 반감은 계속 커져 갔지만. 언젠가는 내 학생들 앞에서 나의 근본적인 무능력을 고백해야 할 날이 오겠지, 라고 때때로 생각하곤 했다. 그런 종류의 수련에서 내 친구들이 실력을 쌓아 나가는 동안, 난 내가 좋아하는 독서에 몰두했다.

여름에는 날씨가 괜찮으면 저녁 식사 후 바닷가로 산책을 가곤 했다. 수녀님들이 동행하셨지만 우리와는 결코 섞이지 않으셨다. 사람 그림자라고는 거의 보이지 않던 탁 트인 해변은 수도원 벽을 따라 펼쳐져 있었는데, 수도원과 해변 사이에는 성벽 하나만 있을 뿐이었다. 감미로운 정경이었다. 특히 사람의 발길이 닿지 않는 연안에서 흔히 일어나는 돌풍이, 우리를 둘러싼 끔찍스러운 것들을 완전히 뒤엎어 버리는 광경이 그랬다. 척박한 해안가에 몰아치는 폭풍우는 상상할 수 없을 정도로 공포스러웠다.

그 끔찍한 장면들 중 하나를 목격한 적이 있는데, 그 기억은 절대 나를 놓아주지 않았다. 그날 이후로도 그런 비슷한 장면은 결코 본 적이 없다.

7월 중순 무렵.

더위에 짓눌린 날이었다. 해가 저물고서도 여전히 뜨거운 공기를 식혀 줄 바람 한 점이 없었다. 여느 때처럼 우리는 저녁 식사를 하고 나서 성벽을 따라 한 시간 동안 산책했다. 그때 갑자기 공기의 흐름이 바뀌었다. 수평선에서부터 시커먼 구름이 올라옴과 동시에 갑자기 바다에서 거친 돌풍이 불어오기 시작했다.

광풍이 몰아칠 것이 분명했다.

빨리 돌아가고 싶었다. 왜냐하면 D…에 오고 나서부터 폭풍우는 전에 느껴 본 적 없는 공포를 불러일으켰기 때문이다. 테클라가 기대고 있는 내 팔은, 떨림을 들키지 않으려는 노력이 무색하게도 벌써부터 와들와들거리고 있었다.

돌아갈 채비를 하려는 찰나, 소름 끼치는 번개 때문에 난 그 자리에서 꼼짝도 할 수 없었다. 반쯤 열린 하늘에서 우리가 있는 곳에서 불과 몇 미터 떨어진 곳으로 벼락이 떨어졌지만, 그것이 지나간 흔적은 전혀 남지 않았다.

너무 **두려웠다**terrifiée. 하지만 태풍은 아직 제 위력을 다 발하고 있지 않았다.

자정 즈음, 태풍은 두 배로 강력해졌다. 점점 더 간격이 짧아지며 연이어 떨어지는 번개 때문에, 공동침실에 켜져 있는 작은 전등은 완전히 무용지물이 되고 말았다.

아무도 자고 있지 않았다. 두 수녀님은 침대의 커튼을 연 채 소리 내어 기도하고 계셨고, 동무들 중 몇몇도 수녀님들을 따르고 있었다.

점점 더 커져만 가는 천둥의 굉음과 뒤섞인 목소리들이 자아내는 단조로운 음이라니, 그 무엇도 이보다 더 슬플 수는 없었다.

난 이불 속에 머리를 파묻고 간신히 숨만 쉬고 있었다. 그러다 더 이상은 견딜 수 없어 이불 밖으로 고개를 살짝 내밀어 주위를 둘러보았다.

내 옆에 조금 덜 두려워하는 후보생이 일어나 나를 안심시키려고 내 침대 쪽으로 다가오고 있었다. 끔찍한 섬광이 그곳을 온통 붉게 물들인 순간, 나는 그녀의 손을 잡았다.

곧바로 이어지는 찢어지는 듯한 소리, 나는 그런 비슷한 소리를 들어 본 적이 없었다.

그와 동시에 내 침대 위쪽에 있는 창문이 굉음을 내며 열렸다. **정신 나간 채**_éperdue_ 내지른 내 괴로운 비명이 그때까지 일어난 일들에 더해졌고, 우리는 진짜 불행이 닥쳤다고 믿게 되었다.

무슨 일이 일어났는지 알아차리기도 전에 나는, 어떻게 그랬는지 모르겠지만, 나와 선생님 사이에 놓인 침대를 뛰어넘어 버렸다.

전기 오른 것처럼 튀어 오른 나는 마리데장주 수녀님 품으로 **무너져 내렸고**_tombée anéantie_, 수녀님은 뜻밖의 포옹에서 벗어나지 못하셨다.

잠옷만 걸친 그분의 가슴에 내 머리를 꼬옥 기대는 동안, 그분은 내 목에 두 팔을 감아 주셨다.

공포의 첫 순간이 가라앉았을 때 마리데장주 수녀님은 내가 아무것도 걸치지 않고 있다는 걸 조용히 알려 주셨다. 분명 그런 생각은 못 하고 있었는데, 그분이 하시는 말씀을 듣지 않고도 무슨 말씀인지 이해할 수 있었다.

어떤 **전례 없는 감정**이 나를 **완전히**_entière_ 지배했고 수치심이 엄습했다.

내 상황은 도저히 말로는 표현이 불가능하다.

침대를 둘러싸고 그 장면을 바라보던 몇몇 후보생들은, 나를 뒤흔들고 있던 그 신경성 떨림을 공포의 감정 탓으로만 돌릴 수 있었을 뿐이다. … 나는 이제 감히 몸을 일으키지도, 내게 꽂힌 시선들을 마주하지도 못하고 있었다. 일그러진 내 얼굴은 파랗게 질려 있었다. 두 다리가 꺾였다.

우리 훌륭하신 선생님께서는 연민으로 마음이 동하셔서 가장 부드러운 격려를 아끼지 않으셨다. 나는 무릎을 **다시 꿇고**_retombée,_ 침대에 머리를 기댔다. 선생님께서는 한 손으로 내 머리를 들어 올리려고 하시면서 다른 한 손은 내 이마 위에 대셨다. 나는 그 손에 데이는 느낌이었다.

나는 느닷없이 그분의 손을 떼어, 이제까지 느껴 본 적 없는 행복의 감정과 함께, 내 입술에 갖다 댔다. 평소 같았으면 그분은 나의 그런 허물없는 행동을 결코 눈감아 주지 않고, 나중에 그 행동을 꾸짖으셨다. 하지만 이번에는 다만 뒤로 물러서시고는 내 침대로 다시 들어가라 하셨다.

말로 표현하기 어려운 감정에 사로잡힌 내게, 여전히 낮게 우르릉거리는 폭풍우 소리는 더 이상 들리지 않았다. 난 감히 선생님을 바라보지 못하고 **자리를 떴다**partie. 어떤 완전한 무질서가 머릿속에 군림하고 있었다. 내 공상은 내 안에서 깨어난 **감각들**에 대한 기억으로 끊임없이 탁해졌고, 나는 그 감각들이 마치 범죄라도 되는 양 스스로를 비난하기에 이르렀다. 당연했다. 그 시절, 난 삶에 대해 정말 아무것도 몰랐으니까. 나는 사람들을 휘두르는 정념들에는 전혀 혐의를 두고 있지 않았다.

내가 살아온 환경과 내가 **양육되어**élevée 온 방식은, 더 큰 스캔들과 더 비참한 불행들로 나를 확실하게 **충동질한**poussée 것에 대한 인식으로부터 나를 **보호해 주고**préservée 있었다. 그때 일어나고 있던 일은 내게 어떤 계시가 아니라, 내 삶에 한층 더해지는 번민이었다.

기이한 환영들로 흐려진 밤들을 보낸 뒤에는 종종 성체를 영領하기가 꺼려지곤 했다. 달리 어쩔 수 있었을까? 이때부터 자연히 동무들을 마주할 때 신중함이 더해졌다. 누구도 곤란하게 만들지 않고 여기서 들 수 있는 사례 하나가 그 점을 보여 줄 것이다.

해수욕을 좋아하는 학생들은 여름 동안 수녀님의 인도하에 이 유익한 활동을 하러 나갔다. 나는 줄곧 해수욕하러 가기를 거부했다.

섬의 일부이며 경치가 너무 좋은 T…로의 소풍이 오래전부터 예정되어 있었다. 마침내 그날이 왔다. 적어도 5킬로미터를 걸어가고 또 그만큼을 걸어와야 했다. 일반 학급만 이 여행을 갔다. 다른 기숙생들은 너무 어렸기 때문이다. T…에 같은 수녀회의 수녀원이 있고 거기서 하룻밤을 보내야 한다는 것이 이 산책에 한층 매력을 더해 주었다.

8월이었다. 너무 심한 열기를 피해 우리는 아침 5시부터 길을 나섰다. 원장 수녀님과 두 분 수녀님이 우리와 함께하셨다. 우리는 초목이 우거진 습지를 가로질렀다. 사방 천지의 모래 때문에 아프리카의 적막한 사막처럼 보이기도 했다.

분명 아무도 피곤하다고 생각하지 않았다. 하지만 모래언덕들에 가까워지자 단단한 땅을 더 이상 찾아보기 힘들었다. 무른 지면 위로 더 나아가는 것은 불가능했다.

한 걸음 내딜 때마다 발이 발목까지 푹푹 빠졌다. 우리는 맨발로 걸어야 했다. 내 동무들은 어떤 열렬한 유쾌함에 이끌리고 있었다. 그것이 번져 나가고 있다는 걸 알 수 있었고, 나역시 거기서 벗어나려고 하지 않았다.

그 솔직하고 즐거운 웃음들은 나를 기쁘게 했지만, 본의 아니게 **질투가**jalouse 났다.

이따금씩 이길 수 없는 슬픔의 무게로 내 이마가 숙여지곤 했다. 어떤 한결같은 염려가 내 정신을 **엄습했다**dévorée. **알 수 없**는 무시무시한 악이 나를 집어삼키고 있었다.

T…에서는 너무나도 다정한 환대가 우리를 기다리고 있었다. 수녀님들은, 당신들께서 은거하는 곳에 우리가 올 줄을 미리 다 아시고 두 팔 벌려 우리를 맞아 주셨다.

마을 전체가 동원되었고, 우리는 아주 살가운 대접을 받았다.

신선한 우유, 계란, 그리고 잼들로 이루어진 아침 식사를 정말 많이 먹었다.

아침 식사 뒤 우리는 정원을 방문했다.

단층 건물의 큰 교실을 우리는 넓은 간이침대로 변신시켰다. 침구라고는 매트리스와 이불뿐이었지만 늦여름이라 그것으로 충분하고도 남았다. 안 그래도 지나치게 더웠다. 나는 동무들 대다수가 그랬던 것처럼 몇 시간 자면서 체력을 회복하려고 했다.

과연 깊은 잠에 들 수 있었는지, 아니면 매 순간 누군가의 하품 소리 혹은 다른 친구들의 웃음소리가 선잠을 깨웠는지는 상상에 맡기겠다. 아직도 그 장면이 눈에 선하다.

옷을 반쯤 걸치고 즉석 간이침대들에 나란히 누운 우리는 어떤 화가를 유혹할 만한 모습들을 보여 주고 있었다. 내가 그랬다고 말하는 것은 아니다(당연히 아니다).

우아한 실내복 아래서, 여기저기서 때때로 갑작스러운 움직임으로 드러나는 놀라운 형태들이 분명하게 보였다.

이미 사라진 그 과거로 거슬러 올라갈 때면, 분명 내가 꿈을 꾸고 있었던 것이라고 생각한다!!! 그런 종류의 기억들이 얼마나 많이 내 상상력을 채웠던가!!!

내가 만약 소설을 쓴다면 그 기억들을 참고해서, 알렉상드르 뒤마Alexandre Dumas나 폴 페발Paul Féval이 썼던 그 어떤 것보다도 더 극적이고 더 충격적인 대목들을 써낼 수 있을 것이다!!! 내가 이 희곡 대가들의 글발에 도전할 수는 없다. 게다가 나는 내 이야기를 쓰는 중이다. 이 일련의 모험에 등장하는 분들은 너무나 고귀한 이름을 가진 분들이시기에, 여기서 그분들이 본의 아니게 담당하신 역할들을 감히 알려 드릴 수는 없다.

오, 나의 하느님, 내 운명은 어찌 그러했단 말입니까! 나에 앞서 그 어떤 생명 존재도 가 본 적 없는 이 믿을 수 없는 길 위에서 한 걸음씩 나를 뒤따라오는, 내게 내려질 심판들이라니!

미래가 내게 선고할 판결이 얼마나 가혹하건, 나는 내 고된 과업을 계속하고자 한다.

그날 오후 우리는 T… 주변 곳곳을 방문했다. 그 아름다움을 도대체 어떻게 말해야 할지 모르겠다.

그 작은 마을은 진녹색으로 끝없이 펼쳐진 대양大洋에 말 그대로 파묻혀서, 사구砂丘라 불리는 모래로 된 산들에 몇 백 년도 더 전부터 그 깊은 뿌리를 내리며 자라나 있었다.

해안을 따라 펼쳐진 거대한 소나무 숲은 바다의 침범을 막아 주는 제방을 이루며, 압도적인 광경을 선사하면서 엄청난 높이로 일어나는 모래의 침입으로부터 그 땅을 지켜 주기도 한다.

망원경으로 무장하고, 숲에서 가장 높은, 전망대라 불리는 곳에 서서 바라보니, 햇살 아래 은銀으로 된 거대한 조각상들이 무수히 서 있는 것 같았다. 우리는 테트-소바주Tête-Sauvage라 불리는 이 기가 막힌 해변가에서 적어도 4킬로미터 떨어져 있었다. 우리에게 그곳은 약속의 땅이었다. 우리는 이튿날 아침에 그곳으로 가게 되어 있었다.

밤은 우리의 바람에 비해 아주 천천히 흘렀다.

우리가 T…의 수녀원에 다 들어갈 수 없었기 때문에 열 명 정도는 우리를 기껍게 맞아 주시는 친절한 이웃 여성분들이 제공해 주신 임시 거처로 가게 되었다. 나도 거기 포함되었다. 아주 깨끗한 침대들이 우리를 위해 마련되어 있었다. 그 공간에 침대는 세 개였고 우리는 아홉이었다. 다행히 너른 침대들이었다. 우리는 거기서 완전히 편하게 잠들 수 있었다. 한 사람이 3분의 1씩밖에 차지할 수 없었긴 하지만 말이다.

그날 밤이 내게 어땠는지는 말하지 않겠다!!!

날이 밝았고, 떠나야 했다.

서둘러 옷을 입고 나서 우리는 신선한 우유에다 가벼운 아침 식사를 먹었다.

수녀님들께서 준비해 주신 먹을거리가, 먼 길 떠나는 우리를 위해 징발된 나귀들에 실려 있었다.

광막한 대양을 굽어보는 듯한 작은 둔덕 위에 자리 잡은 숲 입구에는 거대한 십자석이 있었다. 선원들은 대대로 그 이끼 덮인 계단 위에 무릎을 꿇었을 것임이 틀림없다! 잃어버린 아들을 떠올리며 이곳에 눈물을 뿌린 어머니도 한둘이 아니었으리!

하늘을 마주 바라보는 그곳으로 우리는 아침기도를 드리러 갔다. 마리데장주 수녀님은 확신에 찬 어조로, 그분을 지배하는 위대한 믿음으로, 기도를 암송하셨다. 나는 그분을 향해 **무릎을 꿇고 있었고**_{agenouillée}, 순결한 영혼의 평온이 비추이는 부드러운 감미로움이 온전히 깃든 그 천사와 같은 얼굴을 바라볼 때 나를 사로잡았던 감정이 어떤 것이었는지는 말할 수 없다. 바다가 내는 소리만이 경건한 침묵을 흔들고 있었다.

그건 어떤 장대하고, 진정으로 시적인 것이었다!

내 동무들이 신성한 말씀에 응창하는 동안 나는 울었다!

훌륭하신 우리 선생님께서는 쇠약해진 내 모습에 깜짝 놀라시곤, 무엇보다도 무리하지 않고 이 여정에 함께할 수 있는지 걱정하시면서 내 몸 상태가 어떤지 정성스레 물으셨다. 특별히 주목받는 것을 모면하고 답할 수 없는 질문들을 피해 가기 위해 나는, 함께 갈 수 있다고 최선을 다해 안심시켜 드렸다.

우리는 출발했다. 안심하고 걷기 위해서는 전날처럼 양말과 신발을 벗어야 했다. 가면 갈수록 모래가 점점 더 굵어지면서 지면이 점점 더 불안정해졌던 것이다. 간혹 다리가 무릎까지 빠지면서 자꾸만 우스꽝스럽게 자빠지는 바람에 되돌아가는 발걸음의 피로를 잊을 수 있었다.

이미 지나치게 더웠다. 우리 중 몇몇이 너무나 간절히 원하는 대로 더 빨리 휴식을 취할 수 있도록 우리는 발걸음을 재촉했다.

다 와 가고 있었다. 모래에 발이 데이고 있었다. 그 순간 눈 아래 펼쳐져 있던 대양의 은빛 물결만큼이나 생생한 갈증이 느꺼졌다.

우리 눈길 닿는 곳에 펼쳐진 웅장한 광경은 필설로 표현할 수 없는 것이어서, 그 광경을 묘사하려면 나보다 더 숙련된 글솜씨가 필요했다.

때는 이미 늦었다. 모래 위에서 좀 쉬고 난 후, 신선한 바닷바람이 한층 더 돋우는 식욕을 채워야겠다고 생각했다.

먹을거리들이 해변 위로 내려졌고, 우리 모두 배불리 먹었다. 빠짐없이 챙긴다고 챙겼는데, 물을 깜빡하고 말았다. 이 불타는 사막 어디에서 물을 찾는단 말인가? 나는 모두의 안녕을 위해 헌신했다. 두 동무가 나와 동행하여 결국 샘을 하나 발견했다.

우리가 그 샘을 찾기까지 족히 몇 시간이 흘렀다. 그 광경에 우리는 기쁨으로 들떴다.

나를 **괴롭히던**_dévorée_ 끔찍한 갈증을 진정시키기 위해 나는 그 샘을 가리고 있던 식물들을 옆으로 치운 다음 배를 대고 엎드렸다. 급한 불을 끄자 돌아가야겠다는 생각이 들었다. 사람들은 우리의 귀환을 열렬히 고대하고 있었고, 진정한 승리의 함성들이 우리를 맞았다. 우리에게 감사할 새도 없이 성급한 손들이 우리에게서 소중한 물그릇들을 빼앗아 갔다.

알렉시나의 《회상록》

한 학생이 해변으로 나아가 두 다리를 물에 담갔다.

그것은 갑작스러운 영감이었다!

모든 학생들이 곧바로 겉옷을 벗더니 속치마를 허리에 둘둘 말고 몸에 좋은 그 파도에 허리까지 잠기도록 뛰어 들어갔다.

우리 선생님들도 학생들 옆에서 똑같이 하셨다.

바다가 빠르게 올라왔다. 경망스러운 파도는 자꾸만 물에 젖지 않게 하고 싶었던 **높이**까지 오고 있었다. 그럴 때면 웃음은 광란이 되었다! 이 물놀이터에서 나만이 **홀로**seule 관객으로 앉아 있었다. 나는 왜 함께하지 못했을까? 나는 그 이유를 말할 수 없었다. 아무것도 하지 말라고 강요하는 어떤 부끄러움의 감정에 나는 거의 억지로 따르고 있었는데, 마치 내가 거기 껴서 놀게 되면 나를 그들의 동무, 그들의 자매라 부르는 그들의 시선에 상처를 줄까 두렵기라도 한 것처럼 말이다!

그 거침없는 모습 앞에서, 그러나 또래 여자애들끼리라면 너무나도 자연스러운 그 모습 앞에서, 내가 어떤 격렬한 감정들에 **동요되고**agitée 있는지 그녀들은 전혀 짐작조차 못 하고 있는 게 분명했다! 맏언니들은 스물네 살쯤 되었을 것이다. 나는 열아홉이었고 많은 친구들이 나보다 어렸다. 뛰어난 아름다움을 타고나지는 않았지만 그래도 예쁜 친구들이 몇 명 있었다.

이 단체 여행객들은 4시 즈음 T…로 돌아왔다. 저녁 식사가 기다리고 있었다. 우리는 너무 피곤했고 우리의 예쁜 별장으로 돌아가기까지 긴 여정이 남아 있었다.

푹 자고 기력을 회복하고 싶은 마음 덕분에 돌아오는 길은 꽤나 신속했다. 숙면과 기력 회복은 내게도 너무나 절실했는데, 짐작하듯이, 나를 고문했던 **감정**들은 내 기력을 북돋워 주는 그런 성격의 것이 아니었다.

누가 내게 그런 말을 한 건 아니었지만, 난 내 몸 상태가 사람들을 걱정시킨다는 것을 알아차렸다. 과학은 **어떤 결여**를 해명하지 못했고, 나를 좀먹는 그것을, 너무나 자연스럽게 어떤 종류의 쇠약으로 간주했다.

더욱이 과학에는 기적의 은사가 없고, 예언의 은사는 더더욱 없는 것이다. … 나는, 특히 얼마 전부터는 아주 특별한 식이 요법을 **따르고**soumise 있었다. 약국을 담당하는 가엾은 수녀님께서 거기에 불굴의 의지를 보이고 계셨지만, 완전한 실패의 영광을 누리게 되실 뿐이었다.

바캉스의 계절이 왔다. 시험의 계절이기도 했다. 나는 그해 시험에 참가했다. 내가 D…에 온 지 2년 만이었다. 야심찬 젊은 여성들에게는 만만치 않은 시기였다. 그 시기가 닥쳐오는 것에

알렉시나의 《회상록》

나는 완전히 무관심했다. 내 인생 전체가 관련되어 있었는데도 말이다.

우리는 B…로 출발했다. 수녀원장님이 우리와 동행해 주셨다. 수녀원장님은 우리를 학무국 장학관 사무실로 인도해 가셨고, 장학관은 아주 시의적절한 훈화 말씀을 해 주셨다. 시험은 도청의 청사에서 실시되었다. 이튿날 8시, 그 장소는 꽉 차 버렸고 필기 시험이 시작되었다.

정오가 되어서야 결과가 발표됐다.

자격증 지망생 18명 중에 내가 **수석**_première_으로 합격했다. 마지막까지 1등을 지킨 것인데, 자화자찬을 좀 하자면, 아무도 그걸 질투하거나 하지 않았던 까닭은 다들 그럴 거라고 예상하고 있었기 때문이다.

엄마도 엄청 기뻐하셨지만, 존경하는 나의 은인이신 드생-M… 주인어른께서는 그 누구보다도 더 그 사실에 행복해하셨다. 그분은 내 성공을 당신 자녀분들 중 한 명에게 일어난 일인 것처럼 느끼셨다.

내 훌륭한 동지들과 헤어지는 것은 정말로 심장을 옥죄는 고통이 아닐 수 없었다. D…의 작은 집을 두고 떠나면서 나는 찢어지는 듯한 괴로움을 느꼈다.

그것은 마치 장차 나를 기다리고 있던 어떤 것에 대한 어렴 풋하고 막연한 예감과도 같은 것이었다.

그 성벽 안에 평화를 두고 나온 건 아닐까, 평온한 의식이 주는 한결같은 고요함을 그곳에 두고 나와 버린 것은 아닐까?

세상 속에서는 온갖 종류의 적들과 맞서 싸울 수밖에 없었던 것 아닐까? 그리고 그 투쟁에서 나는 어떻게 벗어나야 했을까?

B…에서 나는 내 수수한 방으로 돌아갔고, 드생-M… 주인 어른 곁에서 내가 예전에 하던 일들을 다시 하면서, 장학관님 께서 내게 어떤 자리를 배정해 주시기를 기다리고 있었다. 나 는 장학관님과 최상의 관계를 유지하고 있었다.

그분의 자비로움은 내게 결코 부족함이 없었다. 흔치 않은 남자들 중 한 명으로, 공교육의 명예를 위해 그가 완수하는 섬 세한 활동들에 정말로 어울리는 분이었다.

그렇게 몇 달이 흘렀고, 학무국 사무실로 오라는 초대장이 도청에서 도착했다. "우리 딸", 장학관님이 쾌활하게 말했다, "선생이 기뻐할 거라고 믿어요. 내가 아는 기숙학교에 자리를 하나 주려고 해요. 선생이 훌륭히 해내리라는 걸 의심치 않습 니다. A… 부인은 보기 드문 인재시고 또 동시에 신망이 두터운 분이랍니다. 이 편지에 쓴 조건들을 받아들일 만하다면 즉시

   알렉시 나의 《회상록》

그분께 답장을 보내세요. 그분께도 선생에 대해 말해 놓겠어
요.”

이 제안은 처음부터 내 마음에 들었다. 나는 엄마랑, 또 드
생-M… 주인어른과 의논했고 두 분은 모두 크게 찬성해 주셨
다. 두 분은 그 편지에서 바람직한 행복을 보증하기에 충분한
모든 것을 보셨던 것이다.

나는 그 부인께 편지를 썼고, 그분은 나를 두 팔 벌려 기다
리고 있노라 답장해 주셨다. 나는 열아홉 살이었고, 스물한 살
까지는 보조교사직만 수행할 수 있다는 것을 알아야 한다. 그
것은 법령에 따른 것이다.[2]

휴가가 끝나고 나는 우리 지역 끝부분에 자리한 도청 소재
지 L…로 떠났다. 그곳에 도착하니 밤이 깊어 있었다.

내가 마차에서 내리자 A… 부인의 어머니께서 기다리고 계
시다가 진심으로 나를 안아 주셨는데, 그분의 외향적이고 솔직
한 면모를 볼 수 있었다.

이분을 좀 소개해야 할 것 같다.

---

2 〔옮긴이 주〕 영어판에서는 이 문단 아래 한 줄 공백이 있다.

몇 년 전부터 과부인 P… 부인[3]께는 딸이 넷 있는데, 맏이는 사크레-쾨르Sacré-Cœur의 수녀가 되었고, 둘째인 A… 부인은 막냇동생인 사라 아기씨와 함께 L… 기숙학교에서 교육과 경영에 헌신하고 있었다.

A… 부인의 결혼 때문에 내가 필요해진 것이었다. 그분은 그 즈음 그 지역의 또 다른 기숙학교 교장을 지내던 전직 선생과 결혼하셨다. 남편 곁에 붙어 있다시피 해야 했던 이 젊은 여인은 자기 대신 동생 사라 곁에 있을 사람을 생각해야 했다. 사라는 자격증을 받지 못했기 때문에, 그 어떤 사립학교에서도 단독으로는 교장 자리에 앉을 수 없었기 때문이다. 그 건물에는 대략 70명 정도 되는 학생들이 있었고, 그중 서른 명 정도는 기숙생이었다. 내부의 세부 사항은, 늘 그렇듯, 능숙한 관리자의 솜씨로 일을 해내는 P… 부인에게 위임되어 있었다. 우리, 그러니까 사라와 나는 수업만 열심히 하면 되었다.

자기에게 전권을 위임한 자매를 지휘하는 데 익숙해져 있던 A… 부인[4]은, 내가 오는 것을 상당히 근심스럽게 바라보지

3　영어판은 P…부인, 프랑스어판은 A…부인.
4　이 문단의 내용으로 보아 여기에는 논리상 사라의 언니이자 P…부인의 딸인 A…부인

알렉시나의 《회상록》

않을 수 없었다. 그래서 그녀의 어머니와 달리 그녀의 반응은 어쩐지 좀 차갑고 어색했다. 나는 그녀가 나를 신중하게 관찰하고 있음을 느꼈다. 내 작은 몸짓까지도 모두 그녀에게는 검토해야 할 주제였다. 저녁 식사가 끝나자 우리 셋 간의 완벽한 신뢰 관계가 형성되었다.

내 병적인 창백함이 눈에 띄었던지 그들은 친절하게 내 건강에 대해 물었고, P… 부인은, 완전히 사적인 자질구레한 것들에 파고들면서, 앞으로 자신을 두 번째 어머니로 여기겠다고 약속하라고 내게 말했다. 그분의 소중한 바람은, 그분의 말씀에 따르면, 내가 사라와 자매의 정을 나누는 모습을 보는 것이었다.

내가 아주 **피곤해했기**très-fatiguée 때문에, 사라는 그녀의 방과 이웃한 내 방으로 나를 직접 데려다주었다. 거기서 그녀는 대담하게 나를 껴안았고, 나의 우정을 얻기에 이르렀다.

혼자seule 있게 되자마자 나는 이 넝쿨째 굴러 들어온 행복을 진심으로 자축했다. 모든 것이 내가 앞으로 이 훌륭한 가정

이 나와야 할 텐데, 그러나 타르디유가 간행한 판본에서도, 그리고 푸코가 이어 받은 판본에서도 이미 P…부인이 나온다. (편집자 주)

에서, 이미 나를 그들 중 하나처럼 대해 주는 이 가정에서 **행복해질**heureuse 것임을 예상하게 했다.

개학까지는 아직 여드레나 남아 있었다. 사라에게는 내가 말하지 않은 또 한 명의 자매가 있었는데, 이튿날 그 사람을 볼 기회가 있었다. 상인과 결혼한 그녀는 같은 거리에 살면서 어머니 계신 곳에 자주 얼굴을 비쳤다.

그녀를 내 새 친구와 비교하면서, 신체적으로는 그녀가 내 친구보다 훨씬 뛰어나다는 것을 알아차렸다. 흑단처럼 검은 머리카락이, 좀 창백하긴 하지만 살짝 장밋빛을 띤 얼굴을 감싸고 있었다. 넓은 이마 밑으로 두 눈썹이 완벽하게 휘어져 있고 그 아래에는 놀라운 눈이 유독 아름다운 활기로 빛나고 있었다. 진주 같은 치아들로 장식되어 있는 작은 입술은 그녀를, 완벽하게 하지는 않을지라도, 적어도 아주 매력적으로 만들었다. 거기다 가장 풍부한 몸매, 힘과 건강과 여전히 꽃밭인 듯 결혼의 행복이 읽히는 분위기를 더하시길. 그러면 이 젊은 여성이 자기 주위에 미치는 그 힘에 대해 어렴풋하나마 알게 될 것이다. 그녀의 모습은 내게 결코 지워지지 않는 인상을 남겼다.

사라의 얼굴은 그렇게 우아하지도 않았고 고귀해 보이지도 않았다. 그녀의 그 어떤 것도 시선을 끌 만큼 뛰어나지 않았다.

입가에 노상 떠 있는 어떤 빈정거림 때문에 그녀의 이목구비는 다소 딱딱해 보였다. 이따금씩 그녀의 놀랍도록 감미로운 눈길이 그 딱딱함을 누그러뜨리곤 했는데, 그 눈길에서는 그녀 자신은 알지 못하는 천사의 천진함이 읽혔다. 그녀는 평균 이상의 체격에, 보기에 따라서는 좀 두드러진다 싶을 정도로 튼튼했다. 머리를 좀 굴려 보자면, 질투 때문에 지나치게 격렬하고 불타오르는 성정을 갖게 되었으리라 짐작할 수 있다.

종교적 원칙들을 가장 엄숙한 완고함으로까지 밀어붙인 어머니 손에 자라서 그런지 사라는 정말 독실하면서도 계몽된 경건함을 지녔으며, 과도한 엄격주의도 아니어서 타인에 대해 안타까워하는 것을 자제할 정도는 아니었다.

그녀는 그때 열여덟이었다. 그 어떤 나쁜 생각의 그림자도 그녀의 천진한 영혼에 깃든 평온을 깨뜨릴 수 없었다. 그날 우리의 관계가 시작되었고, 그것이 진정한 애정이 되기까지 그리 오랜 시간이 걸리지 않았다.

천성이 착한 사라는 아주 섬세하고 세심하게 나를 돌보면서 너그러움을 보여 주었다. 나는 그녀가 속내를 털어놓을 수 있는 사람, 그녀가 처음으로 사귄 **친구**amie였다.

우리는 함께 A… 부인을 보러 갔다. 사실 그분은 아주 덕이 높은 분이었다.

겉모습으로 판단하자면, 그녀는 많은 고생을 겪고 있는 듯했다. 기껏해야 서른일 텐데 마흔처럼 보였다. 마치 어떤 지속적인 고통이 그녀를 안에서부터 위태롭게 하고 있는 것처럼 등이 살짝 굽어 있었다. 그녀의 야윈 두 뺨은 이따금씩 시체처럼 창백해지며, 지친 표정 위에 흐르는 체념한 듯한 평온함과 유난히 대조를 이루었다. 그녀의 다정함은 어떤 상황에서도 결코 변하지 않았다. 그녀의 기분은 늘 한결같았다. 그녀가 갖고 있던 극도로 근엄한 위엄과 사근사근한 상냥함이 결합하여 그녀를 학생들의 우상으로 만들었다.

P… 부인은 눈에 띄게 그녀를 편애했다. 이 따님은 그 아버지의 살아 있는 초상이었고 P… 부인은 그를 열렬히 사랑했었다. 지성과 학식이라는 이중의 관점에서 A… 부인은 그녀의 자매들보다 뛰어났다. 그러니까 그녀의 어머니가 틀림없이 그녀를 자랑스럽게 생각했고, 또 그녀와 의논하지 않고서는 중요한 결정을 내리지 않았다는 걸 알 수 있다.

A… 부인은 나를 전적으로 신뢰하였기 때문에 학업 운영과 관련해 그 어떤 지침도 주지 않았다. 그 점에서 나는 완전한 활동의 자유를 누렸다.

그때까지 내가 L…에서 본 모든 것은 분명 호감 가는 것들이었다. 주임신부님은 예외였지만 말이다. 종작Jonzac에서의 내 위치 때문에 취임 전 인사를 드리러 가야 했다.

P… 부인과 함께 그곳에 갔다. 신부님과 면담하는 몇 분 동안 나는 그 남자에게서 미래의 위험한 적을 꿰뚫어 보았다. 내 착각이 아니었다. 이 자그마한 노인네는 겉모습이 상당히 왜소하고 말라서 뼈가 다 드러나 보일 정도였는데, 움푹 패인 두 눈에서는 공포와 혐오를 불러일으키는 음침한 불꽃이 쏟아져 나오고 있었다. 그의 말은 짧고, 날카로웠으며, 어느 의미에서는 조롱조였고, 설득력을 주기에 적합하지 않았다. 그의 미소는 거짓되고 악의적이었다. 기이하게도 그곳 여성들이 그를 어떤 식으로 숭배하고 있었는데, 그건 아마도 그가 성스러운 주님의 도덕과는 정반대되는 비정하고 비통한 도덕의 멍에 아래 그 소심한 본성들에 행사할 수 있었던 무시무시한 지배력에서 기인했을 것이다.

반면에 그는 남성들 전체에게 진심으로 혐오의 대상이었고, 그도 그걸 잘 알고 있었다.

다행히 그런 사제는 드물고, 이러한 사실에 대해 아무리 기뻐해도 지나치지 않다. 사랑과 용서로 가득한 종교인 그리스도교의 영광을 위해서 말이다.

집에 돌아오고 나서 사라에게 내 느낌을 이야기했는데, 그녀는 별로 놀라지 않았다.

"까미유", 내 친구가 내게 말했다. "엄마 앞에서는 그렇게 말하지 마요, 굉장히 기분 상해하실 거예요. 엄마 눈에 H… 신부님은 성인인걸요. 우리 언니들은 애저녁에 그분의 영적 인도를 떠났고 형부들이 아주 좋아했죠. 언니들은 우리 옆 마을의 주임신부님한테서 영적 인도를 받아요. 엄마한테 혼나는 게 겁나지만 않았어도 나도 망설임 없이 언니들처럼 했을 거예요. 하지만 이 문제에 관해서라면 엄만 고집이 있죠."

그 후로 며칠동안 난 그 근처들을 방문했다. P… 부인은 거기서 가장 상태가 좋은 농지를 상당히 넓게 갖고 있었다. 지치지 않는 일벌처럼 그녀는 사위들의 도움 없이 혼자서 모든 것을 살폈다.

햇살이 침대 속의 그녀를 엄습하는 일은 거의 일어나지 않았다.

정원 가꾸기, 수많은 가금류와 가축들 돌보기에 그녀는 몰두했다. 극히 힘든 일들을 돌보는 것도 하녀에게 의지하는 법이 없었다. 그것이 그녀의 인생이었다. 고된 일들이 없었다면

알렉시나의 《회상록》

그녀는 살 수 없었을 것이다.

채소가 필요하다? 날이 좋으면 그녀는 사라와 나를 불렀다. "애들아, 게레gueret 한 바퀴 돌아보고 그것들 좀 가져와라." 그러면 우리는 팔짱을 끼고 기쁘게 나섰다. 게레는 그녀 소유의 드넓은 정원으로 집에서 15분 정도 떨어져 있었고, 그 입구에는 예쁜 정자가 있었다. 우리가 가장 좋아하는 산책 코스였다. 그곳에서 우리는 얼마나 감미로운 시간들을 보냈던가!

이 시골에서의 삶은 내게 비할 바 없이 매력적이었다! 울창한 식물들 한가운데서 기운을 북돋워 주는 순수한 공기를 폐속 가득 들이마시면서 나는 다시 살아나는 것을 느꼈다.

영원히 사라져 버린 행복한 때여!

185…년 11월 1일은 기숙학교의 연례 개학 날이었다.

이튿날 나는 사라와 함께 모든 학생들을 성령미사에 데리고 갔다.

L…의 교회에는 누대가 있었는데, 그 가운데 부분은 남자들을 위한 것이었고 오른쪽 부분은 우리를 위한 것이었다.

그 누대는 모든 의사소통을 금하기 위해 상당히 높게 세워진 널빤지로 구분되어 있었다.

내 직무가 시작되었다. 특별히 내게는 제일 상급반 학생들이 **맡겨졌다**chargée. 사라는 가장 어린 학생들을 돌봤다. A… 부인은 내가 학생들을 돌보는 것을 약간 도와주셨다. 그녀는 매일 아침저녁으로 한 시간씩 일정하게 기숙학교에 왔다. 사실 난, 적어도 학업과 관련된 부분에서만큼은 그 기관의 꼭대기에 있었는데, 왜냐하면 난 나머지는 거의 돌보지 않았기 때문이다. 사라와 사라 어머님은 학부모들을 접견했고 모든 종류의 조건을 그들과 조정했다. 그 일은 내가 면할 수 있어서 **행복했던**hereuse 일 중 하나였다.

우리 기숙생들은 맞붙어 있는 두 개의 공동침실에 머물렀는데, 거기서도 나는 나이 많은 학생들을 감시해야 했다. 개중엔 열너덧 살 먹은 아이들도 있었다.

내 침대와 사라의 침대 사이엔 얇은 칸막이뿐이었다. 우리 발치에는 절대로 닫히지 않는 소통의 문이 있었다.

그러니까 하나의 야등이 두 개의 공동침실을 비추고 있던 것이다.

일단 기도를 올리고 학생들이 잠들면 내 친구와 나는 종종 몇 시간이고 이야기를 했다. 자리에 든 그녀를 찾아가 어머니가 자식에게 쏟는 그런 작은 정성들을 베푸는 것이 내 행복이었다. 점차 그녀가 옷 벗는 걸 도와주는 습관까지 생겼다. 그

녀가 내 도움 없이 핀 하나라도 뽑으면 거의 **질투가 나기까지**
jalouse 했다! 이런 세세한 묘사들은 아마도 하찮을 테지만 그래
도 필요한 것들이다.

그녀를 침상에 눕힌 뒤, 그녀 곁에 무릎을 꿇고 내 이마가
그녀의 이마를 스치게 했다. 내 입맞춤 아래 그녀의 두 눈은 곧
감겼다. 그녀는 잠들었다. 나는 그 자리를 떠날 결단을 내리지
못한 채 그 모습을 사랑스럽게 바라보았다. 내가 그녀의 잠을
깨웠다. "까미유", 그녀가 내게 말했다, "부디 가서 주무세요, 추
우시겠어요, 시간도 늦었고요."

그녀의 부탁에 결국 **지고**_{vaincue} 말았지만, 다시 한 번 그녀
를 내 품에 꼭 안고 나서야 나는 조용히 자리를 떠났다. 내가 사
라에게 느꼈던 것은 우정이 아닌 진정한 열정이었다!

나는 그녀를 사랑했던 것이 아니었다. 나는 그녀를 숭배하
고 있었다!

이 장면들은 매일매일 되풀이되었다.

나는 종종 한밤중에 깨어났다. 그러면 나는 내 친구 곁으로
슬그머니 미끄러져 가면서 그녀의 천사와도 같은 잠을 방해하
지 않겠다고 굳게 다짐하지만, 어떻게 입술을 가까이 가져가지
않은 채로 그 감미로운 얼굴을 바라볼 수 있었을까?

그 결과 들뜬 밤을 지새고 나면 아침 종소리에도 제대로 일어나지 못했다. 언제나 가장 먼저 준비되어 있던 사라가 작별 인사를 하러 내 침대로 오곤 했다!

사라는 늦은 아이들을 재촉하고 기도한 다음에 학생들의 머리 손질을 돌보았다. 나도 그 일을 돕긴 했지만, 애석하도다! 난 그녀와 같은 솜씨나 세심한 정성을 갖지 못했고, 아이들도 가능한 한 내 곁에 있는 것을 조심스럽게 피하곤 했다.

이 작업이 끝나면 각자 몸단장을 끝마쳤다. 그동안 나는 사라와 함께 P… 부인께 아침 인사를 드리러 갔다. 이 훌륭한 여인께서는 그분의 따님과 나 사이에 넘치는 친밀함을 아주 기쁘게 바라보셨고, 그에 대해 엄청난 친절로 보답해 주셨다. 우리의 식욕을 자극할 수 있는 모든 것을 깜짝선물로 마련해 놓으셨던 것이다.

때로는 정원에서 처음 딴 과일이었고, 때로는 그분의 특기인 달콤한 과자였다!

8시가 되기 조금 전에 사라는 실내복을 다른 옷들로 갈아입기 위해 공동침실로 올라갔다. 나는 그녀가 나 없이 옷을 갈아입도록 내버려두지 않았다. 그러니까 우리 둘뿐이었다. 나는 말로 다 할 수 없는 행복을 느끼며, 날 때부터 물결 진 머리카락이

귀엽게 꼬여 있는 것들을 펴고 옷의 끈을 조이고 때로는 그녀의 목에, 또 때로는 그녀의 아름다운 맨가슴에 입을 맞추었다!

가련하고도 사랑스러운 아이여! 나 때문에 그 얼굴이 놀람과 부끄러움으로 붉어졌던 적이 얼마나 많았던가! 그녀의 손이 내 손을 떼어 놓을 때 그 맑고 투명한 눈은, 그녀가 보기에는 일탈의 극치인, 그리고 실제로 그렇기도 했던 그 행동의 이유를 간파하려는 듯 나를 뚫어지게 바라보곤 했다.

이따금씩 그녀는 깜짝 놀라 어안이 벙벙한 채로 있기도 했다.

사실 그녀로서는 그러지 않기도 어려웠다.

내가 L…에 머문 지도 이미 꽤 된 어느 빛나는 겨울날, 우리는 2킬로미터 정도 떨어진 작은 촌락을 방문하기로 계획했다. 하루의 휴가를 이런 목적으로 쓰고 싶었던 우리는 점심을 먹고 나서 출발했다. 사라는 내게 한쪽 팔을 내주었다. 우리 앞쪽에서는 학생들이 즐거운 시간을 보내고 있었다. 우리는 조그마한 떡갈나무 숲에 당도했는데, 그 가장자리에 있는 수량이 풍부한 샘은 최근에 내린 비 때문에 아직도 물이 불어난 상태로 조약돌층 위를 흘러가고 있었다.

내 어린 벗은 동에 번쩍 서에 번쩍하는 무리들 모두를 쉽게 감시할 수 있도록 높은 곳에 앉았다. 그 곁에 **자리를 잡고**placée

책을 손에 든 내 시선은 우리가 이미 지나온 길들 위를 되는대로 이리저리 옮겨 다니다가 마침내는 내 벗에게로 향하는 것이었다. 그날 아침부터 그녀는 내게 약간 앙심을 품고 있었다. 그녀의 모든 노력에도 불구하고 나는 그녀에게서 막 미소를 끌어낸 참이었고, 난 그 답례로 입맞춤을 퍼부어 주었다. 내가 그렇게 몸을 움직이는 바람에, 그녀의 머리모양이 흐트러졌고, 그 머리카락이 펼쳐지면서 내 양어깨와 얼굴의 일부를 잠식해 왔다. 나는 내 불타는 입술을 그녀의 머리카락에 갖다 댔다!

나는 격하게 **흥분해 있었다**émue. 사라가 그걸 알아차렸다. "제발, 까미유", 그녀가 내게 말했다, "무슨 일 있어요? 그러니까 당신 친구를 더 이상 믿지 않는 건가요? 당신은 내가 세상에서 가장 사랑하는 사람 아닌가요?" — "사라", 그녀에게 내가 외쳤다, "내 영혼 밑바닥에서부터 너를 사랑해, 한 번도 사랑해 본 적 없는 방식으로 말이야. 하지만 내 안에서 무슨 일이 일어나는 건지 모르겠어. 이젠 이 애정으로 만족할 수 없을 것 같아! 내게는 네 삶 전부가 필요한 것 같아!!! 가끔은 네 남편 될 사람의 운명이 부러워."

내 말의 기이함에 충격을 받은 사라는 두려워했고, 그것은 그녀의 창백함이 충분히 말해 주고 있었다.

알렉시나의 《회상록》

하지만 내 애정의 증거였던 말들을 다만 과장된 질투심 탓으로 돌릴 수밖에 없었던 그녀는 그 말들에 터무니없는 의미를 부여하지 않으려 했다. 게다가 그녀는 내가 우리 학생들의 관심을 불러일으킬 수 있다는 것을 알아차리게끔 했고, 나는 그걸 즉시 이해했다. 그녀는 손을 꽉 쥐어서 내가 **용서받았다**pardonnée는 걸 이해시켰 주었다. 그럼에도 불구하고 이제까지는 너무나 순수했던 이 삶의 평온은 방금 끔찍한 충격을 받고 말았다!

우리는 아무 말 없이 집으로 돌아왔다.

슬프고 당혹스러웠다. … 내 친구의 위안을 주는 미소는 때로 내 영혼의 찢어지는 고통을 잊게 해 주었다! …

그때부터 끔찍한 신체적 고통들이 내 안의 고뇌들에 더해지게 되었다. 그 고통들은 몇 번이고 내가 내 삶의 끝에 **이르렀다**arrivée고 믿게 만든 그런 것이었다.

그것은 이름 없는, 참을 수 없는 아픔들이었고, 후에 알게 되었지만, 어떤 임박한 위험을 이루는 것이었다. 미증유의 기적으로 나는 거기서 벗어났다! 나는 그걸 사라에게 고백했는데, 사라는 그걸 엄마한테 알리겠다고 위협하면서 의사를 찾아가 보라고 강력하게 권했다. 나는 완강히 거부했다.

그 고통들은 특히 밤에 나타났기 때문에, 나는 작은 비명조차 지를 수 없었다. 나의 두려움이 어떠했겠는가! 나는 그렇게 신음 소리 한 번 내지 못하고 죽을 수도 있었다!!

너무도 사실인 이 구실에 **행복해하면서**heureuse 나는 어느 저녁 내 친구에게 내 침대에 함께 있어 달라고 간청했다. 그녀는 기꺼이 받아들였다. 그녀가 내 곁에 있음으로써 내가 느꼈던 행복은 말로 다 할 수 없을 것이다! 나는 너무 기뻐 **미칠 지경**folle이었다! 우리는 잠들기 전까지 오래도록 이야기했는데, 내 두 팔은 그녀의 허리에 둘려 있었고 그녀의 머리는 내 머리 곁에 둔 채 쉬고 있었다! 하느님! 제가 잘못한 걸까요? 그러니 여기서 제 죄를 물어야 하는 걸까요? 아뇨, 아뇨! … 그건 제 잘못이 아니라, 거스를 수 없는 전대미문의 숙명이었습니다! 사라는 이제 **내게 속했다!!** … **그녀는 내 것이었다!!!** … 자연스러운 질서 속에서, 이 세상에서 우리를 갈라놓아야 했을 것들이 우리를 결합시켰다!!! 가능하다면 우리 둘이 처한 상황에 대해 생각해 보라!

영원히 두 자매의 친밀함 속에 지낼 운명이었던 우리는 이제 우리를 서로에게 **연결시킨** 기절초풍할 비밀을 아무도 모르게 해야 했다!!! 그것은 도저히 이해될 수 없는 삶이다! 우리가 누리려 했던 그 행복은 어떤 뜻밖의 사건 때문에 백주 대낮에 산산조각이 나 버리고, 우리에게는 공공연한 지탄의 낙인이 찍히고 만다! 가련한 사라! 그녀가 나 때문에 얼마나 지독하게 불안해했던가!

그날 밤이 지나고 보니 그녀는 지쳐 쓰러져 있었다!!! 눈물로 벌개진 그녀의 두 눈에는 혹독한 번뇌로 잠을 이루지 못한 흔적이 남아 있었다.

그렇게 해서 어머니의 예리한 시선을 감히 마주할 수 없었던 그녀는 아침 식사 때까지도 어머니를 보지 않았다. 나는 분명 덜 동요하고 있었지만 눈을 들어 P… 부인을 바라볼 힘은 없었고, 그 가여운 여인께서는 내게서 당신 딸의 **친구**amie만을 볼 뿐이었다. 나는 그녀의 연인이었는데 말이다! …

1년이 그런 식으로 흘러갔다! …

확실히 나는 미래가 어둡다는 걸 잘 알 수 있었다! 조만간 난 더 이상 내 것이 아닌 종류의 삶과 절연해야 할 것이다. 하지만, 슬프도다! 이 끔찍한 미로에서 어떻게 나간단 말인가? 신의 법과 인간의 법이 내게 금지한 어떤 자리, 어떤 지위를 내가 찬탈하고 있다고 세상에 외칠 힘이 어디에 있단 말인가? 내 마음보다 더 단단한 마음도 뒤흔들 만한 일이었다. 그때부터 나는 낮이고 밤이고 사라를 떠나지 않았다! … 우리는 하늘을 바라보며 영원히 함께하는 감미로운 꿈을, 그러니까 결혼이라는 꿈을 꾸었다.

하지만 그 계획을 실행에 옮기는 건 너무 아득한 것이었다.

온갖 종류의 계획, 점점 더 괴상한 계획들이 우리의 열광적인 상상 속에서 태어났다. 유일한 해결 방법으로 도망치는 것을 몇 번이나 떠올렸다. 사라는 제안을 받아들였지만 곧바로 두려워하며 그 제안을 거절했다. 엄마한테 보내는 내 편지들은, 분명히, 내 끊임없는 근심의 흔적을 드러냈다. 나는 그녀에게 아무것도 고백하지는 않았지만, 피할 수 없는 재앙에 대한 준비를 차근차근 시켜 드리고 있었다. 엄마가 보기엔 풀리지 않는 수수께끼투성이였다. 엄마는 마침내 내가 미쳤다고 믿을 지경이었고, 잔인한 불확실성을 끝내 달라고 애원하셨다. 나는 엄마를 진정시키려고 애썼지만, 새로운 혼란에 빠뜨릴 뿐이었다. 무엇보다 두려웠던 건, 아무것도 모르는 엄마가 P… 부인께 설명을 요구하는 것이었다. 그러면 우린 정말 모든 것을 잃을 수도 있었다.

당연히 나와 사라의 관계는 우리 학생들과 관련해 끊임없는 위험으로 가득했다.

우리 관계가 의심받을 리 없음에도 불구하고 우리는 지키기 어려운 자제의 한계를 벗어나지 않도록 머물러야 했는데, 특히나 내가 그랬다!!! …

수업 도중 사라가 종종 짓는 미소에 나는 전기가 올랐다. 내 두 팔로 그녀를 껴안고 싶었지만 참아야 했다.

그녀 곁을 지날 때면 언제나 그녀에게 입을 맞추거나 의미심장하게 손을 잡았다.

여름에 우리는 매일 저녁 학생들과 함께 근처를 산책했다.

내 **친구**amie는 내게 팔을 내주었다. 들판에 도착했다. 풀 위 그녀의 무릎 위에서 나는 그녀에게 가장 부드러운 이름들과 가장 열정적인 애무들을 아끼지 않으면서 그녀를 끊임없이 바라보았다. …

그 장면에 있었을 수 있는 보이지 않는 목격자는, 확실히 내 말에, 더 나아가 내 행동들을 기이해하며 놀랐을 것이다!

거기서 몇 발자국 떨어진 곳에서는 우리 학생들이 뛰어 노는 데 정신이 팔려 있었다. 그들의 모든 움직임을 감시하기 위해 자리한 곳에서 우리는 그들의 시선으로부터 안전하기도 했다! 되돌아가는 방식은 언제나 똑같았다. 몇 번인가는 돌아가는 길에 시장님이나 의사 선생님을 만나기도 했는데, 의사 선생님은 집안끼리 아는 친한 분으로, 사라가 태어날 때부터 알면서 그녀를 진심으로 좋아하고 계셨다. 그가 우리에게 건네는 친절한 인사를 받으면 우린 매우 기뻤다. 상상에 맡기겠다!!!

L…에서의 내 특이한 입장을 고려하면, 나와 주임신부(H…신부)의 관계가 어떠했을지 짐작할 수 있을 것이다. 정말 끔찍한 입장이었다!!

지역에서 가장 존경 받는 그 가족 안에서 나는 극도로 섬세한 신임을 받는 입장이었다. 내겐 온전하고 절대적인 권한이 있었고, 게다가 그 가족 구성원들 모두가 내게 주는 신실한 애정의 증거를 날마다 새롭게 받고 있었다! 그리고 그러는 동안 난 그들의 애정을 배신하고 있었다. 이 다정한 젊은 아기씨는 나의 동료, 나의 자매가 되었고, 나는 그녀를 나의 **애인**maîtresse 으로 만들어 버렸다!!! …

아아! 난 여기서 이걸 읽을 후대 사람들의 판단에 호소한다. 모든 아담의 아들들의 가슴속에 자리하고 있는 이 감정에 호소한다. 어떤 터무니없는 오류가 내게, 이 세계에서 내 것이 아니어야 했던 자리를 할당했다는 이유로 내가 죄를 지었다고 할 수 있을까? 내가 범죄를 저지른 것이었을까?

자기에게 가능했던 모든 격정으로 날 사랑했던 아이를 나는 불타오르는 신실한 사랑으로 사랑했다! 하지만 사람들은, 설령 오해가 있었다 한들 그런 식으로 남용하지 말고 드러내야 했다고 말하겠지. 그런 식으로 생각하는 사람들에게 나는 그 상황의 난해함을 잘 숙고해 보시라 권하고 싶다.

곧장 고백을 했더라도, 나를 둘러싼 모든 것들에 필연적으로 치명타를 날리게 된 어떤 스캔들로부터 나를 지켜 낼 수는 없었을 것이다. 설령 체면을 상당 기간 지킬 수 있었다 해도, 지상에서 신의 자리를 차지하는 고해신부에게까지 그것을 숨길 수는 없었고, 그는 자신의 성스러움이 부과하는 엄격한 침묵을 깨뜨리지 않으면서 이 터무니없는 일들을 들어야 했다. 나는 분명 세상에서 가장 편협한 남자를 상대하고 있었던 것이다! 그의 분노와 마주한다는 생각만으로도 나는 격렬한 공포에 사로잡혔다. 그에게 고백한 내 약점들에 대해 그가 얼마나 폭력적으로 빈정거렸는지 상상할 수 있을 것이다.

내가 그에게 불러일으킨 것은 연민이 아닌 혐오, 원한에 찬 혐오였다.

평화의 말 대신 경멸과 모욕이 내게 쏟아졌다! 그 남자에게는 무정함밖에 없었다. 우리에게 복음을 보여 주시는 영혼으로부터의 크나큰 애덕, 죄를 짓고 뉘우치는 여인을 먼지구덩이에서 일으켜 세운 바 있는 이 그리스도의 애덕의 마르지 않는 자비를 세차게 뿜어 내기 위해 만들어진 입술이건만, 그 입술에서는 억지용서만이 마지못해 흘러나왔다!

나는 깊은 굴욕감을 안고 그곳에 갔으며, 쓰라린 마음을 안고 그곳을 떠났다. 기껏해야 약하고 무지한 사람을 선함에서 멀어지게 할 뿐인 말도 안 되는 도덕을 내세우는 이런 인도자와는 이제 관계를 끊겠다고 결심했다!

내가 말한 것은 불행히도 너무나 진실이다. 하지만 성직자의 명예를 위해, 이 경우는 아마도 성직자들 중 특이한 예외일 거라고 단언할 수 있다.

내가 처한 이 예외적으로 잘못된 상황 때문에, 내가 면죄를 필요로 했던 만큼 더욱더 가혹한 엄격함이 느껴졌다.

사실 P… 부인은 많이 놀라셨지만, 나는 갑작스럽게 H… 신부를 떠났다. 그리고 사라 역시 그러는 것을 본 그녀의 놀라움은 이내 불만이 되었다. 그러나 나 때문이라고 생각하여 P… 부인은 그 일을 보다 쉽게 받아들였다.

세상 사람들은, 사라와 나 사이에 자리 잡은 친밀함에 대해 처음에는 감탄했고 이어서는 수상쩍다고까지는 아니더라도 약간 지나치다고 비판했다. 확실한 건 그들이 진실에서 한참 멀리 떨어져 있었다는 것이다.

그들은 잘 알지도 못하면서 온갖 종류의 논평을 쏟아 냈고, 결국 몇몇 수다스런 여자들은 늘 그렇듯, 우리가 우리 학생들 앞에서 위반한 도덕의 이름으로 P… 부인에게 알려야 한다고 믿게 되었다. 특히 나는 심각하게 **비난받고**inculpée 있었다. 그들은 내가 사라에게 너무 자주 입 맞춘 것을 범죄로 여겼다.

실은 우리가, 개중 상당히 나이 든 친구들도 섞여 있는 아이들의 진지한 검토 대상이었다는 사실을 우리는 눈치챘다.

그들은 내가 친구에게 기대어 두 팔로 그녀를 안는 것을 보고는, 우리의 얼굴이 붉어지는 것을 볼까 두렵기라도 하다는 듯 당혹스러워하면서 고개를 돌렸던 것이다. 특히 우리가 자리에서 일어나고 또 잠에 들 때 함께 있었던 기숙생들은, 그들에게 충격을 주었음이 틀림없는 특정한 세부 사항들에 대해 몇 번이나 경악하는 모습을 보였다. 그들은 분명 그에 관해 수다를 떨었다. 그리하여 대중 속에 떠도는 소문들이 생겨났다. 무엇보다도 당신의 집안을 걱정했던 P… 부인은 그로 인해 심각하게 상심했다.

그분은 내게는 차마 말할 엄두를 내지 못하시고 당신 딸을 부르셨다. "사라", 그녀가 말했다. "까미유 양과의 관계에서 앞으로는 좀 더 신중했으면 좋겠다. 너희가 서로를 좋아한다는 건 나한테도 아주 기쁜 일이지만, **아가씨들**jeunes filles 간에도 지켜야 할 예법이 있단다." 이 공격의 시작은 우리로 하여금 미래에 대한 불안에 떨게 만들었다. 진실이 알려지면 어떻게 될까!!!

그럼에도 우라는 여전히 한 침대를 썼다!!! 그것은 아무것도 모르는 P… 부인의 권고 사항에 들어 있지 않은 것이었다. 게다가 그녀는 우리를 의심하고 있지 않았다. 이 훌륭한 여인은 너무나 진심으로 후덕하셨고, 우리에 대한 그분의 신뢰는 그런 생각들을 하지 않으실 정도로 너무나도 맹목적인 것이었다. 어머니보다는 더 감각이 예리한, 그녀의 결혼한 두 언니들은 내 생각에 우리에 대해 어머니만큼 관대하지는 않았다. 그렇지만 그들 쪽에서 나를 비난한 적은 전혀 없었고, 그들과 나의 관계는 언제나 다정하고 예의를 갖춘 것이었다. 하지만 그럼에도 불구하고, 나는 그들의 호기심이 깨어나 있는 것을 본 것 같다.

P… 부인의 집에서 이따금씩 열리는 가족 모임에는 나도 꾸준히 **초대받고**invitée 있었다. "얘들아", P… 부인이 말했다, "기숙생들은 오늘 저녁을 조금 일찍 먹을 테니 너희들은 위에서 먹거라."

   알렉시나의 《회상록》

내가 거절했다면 사라도 거절했을 것이다. P… 부인은 그걸 아주 잘 알고 계셨다. 이 모임들은 내 친구의 언니들과 형부들만으로 이루어졌다. 형부들은 사라를 아주 좋아했던 반면 나는 좀 껄끄럽게 여기는 것 같았다. 그걸 어떻게 설명해야 할까? … 이 거북함은 겨우 느낄 수 있는 정도였는데, 내가 그걸 간파해야 했다! 그들은 늘 끝없이 예의를 차렸고, 젊은 처제의 결혼에 대해 넌지시 말하기를 멈추지 않았다. 그들의 처제는 겉으로는 즐거워하며 그 모든 것을 받아 주었지만, **나만**seule은 그 모습의 비밀을 알고 있었다! …

그녀는 줄곧 내 곁에 앉아 은밀히 내게 눈길을 던졌는데, 나를 제외한 모든 사람들은 거기에 무관심했다!!! 나는 언제나 거기에 응할 방도를 궁리했다! 말하자면 이러한 속박은 우리를 끔찍하게 짓눌렀고, 우리의 행복을 망치고 있었다!

필연이 내게 부과한 그 역할은 때때로 가책 같은 것들을 불러일으켰다. 나는 수치심의 무게에 으스러져 버린 가엾은 사라를 지지하기 위해 그 가책을 내색하지 않았다! 소중하고 천진한 아이! 그녀의 행실이 변명을 필요로 하는가! … 연인이 **친구**amie에게, **자매**soeur에게 바치는 이 다정한 감정들을 그녀가 거부할 수 있었을까? 그리고 이 순진한 사랑이 열정이 되었다면,

운명 외에 그 누구를 탓해야 할까?

감미로운 둘만의 대화에서 그녀는 남자를 부르는 호칭으로 날 부르기를 좋아했는데, 호적상으로는 나중에야 그 호칭이 내게 인정되었다. 내 사랑하는[5] 까미유, 정말 많이 좋아해!!! 이 사랑이 내 모든 삶의 불행을 만들 거였다면, 왜 나는 당신을 알게 되었을까요!!!

한 학년도가 끝나 가고 있었다.

방학과 더불어 이별의 시간을 알리는 종이 울렸다! 사라와 떨어져 지낸 두 달은 너무나 길었다!!! 게다가 나는 개학 보름 전에 L…로 돌아오기로 정해져 있었다. P… 부인이 직접 내게 약속하라고 했다. 가여운 어머님!!! …

그분도 내가 떠나는 것을 아쉬워하셨다! 나는 그녀의 두 번째 딸이었다! 어느 날 그녀가 내게 말하길, "사라는 당신이 없으면 무척 외로울 거예요!! 이번 방학은 우리와 함께 보내요. 고맘때 전원에 머무는 건 너무나 매력적이죠! 포도 수확철이 되면 둘한테 더 기분 전환이 될 거예요." 내 거절이 그분의 마음

---

5 명사와 형용사의 성과 수를 일치시키는 프랑스어에서는 이 부분에서 '한 명의 남자'에게 하는 말임이 드러난다.

알렉시나의 《회상록》

을 상하게 하지는 않았는데, 왜냐하면 그분도 내가 우선 엄마한테 가야 한다는 걸 알고 계셨기 때문이다. 그분은 당신의 제안이 얼마나 매력적이었는지, 또 내가 얼마나 간신히 그 제안을 거절했는지를 모르신다!!!

8월 20일, 종업식이 있었다. 그 이튿날에는 기숙생이 한 명도 남아 있지 않았다. 그래서 우리는 공동침실을 떠나 P… 부인이 1층에 살고 계신 그 건물에서 사라를 위한 작은 방을 차지하게 되었다.

이별에 앞선 행복의 마지막 순간들을 완전한 자유 속에서 누릴 수 있게 되었다는 것이 우리에게는 거대한 축제였다.

아아, 그 순간들은 너무나 빨리 지나갔다.

우리 방은 보잘것없었지만, 우리 눈에는 이 세상의 어떤 보물하고도 바꿀 수 없는 궁궐 같았다! 밤의 달콤한 꿈을 방해하는 기상 종소리도 더 이상 없었다!!! 우린 늦잠을 잤다!

사라는 아침에 내 팔을 베고 잠들어 있었다! 아름다운 머리칼이 그녀의 벗은 두 어깨 위에서 우아하게 물결쳤다! 나는 숨을 참고 그걸 바라보면서 기쁨으로 가득한 명상 속으로 빠져들었다!!!

신이시여! 당신은 제게 엄청난 행복을 주셨나이다! 나를 감싸는 깊은 밤 한가운데서 내 기나긴 불행에 위안을 가져다주는 것이 저 빛나는 과거의 섬광뿐이라면 한스러워해야 할까요!

27일이 되었다. 내가 떠나기로 정해져 있는 날이었다. 우리는 아침 일찍 일어났다. P… 부인이 우리를 깨우러 오셨다.

내려가며 보니 그녀가 준비해 놓으신 아침 식사가 있었지만 손을 댈 수가 없었다.

사라는 남몰래 눈물을 훔치면서 이리저리 왔다 갔다 했고 희미한 미소로 나를 격려해 주었다. P… 부인은 나의 반대에도 불구하고 내 여행을 위해 온 가족에게도 충분할 만한 양의 양식을 마련해 주셨다.

난 그냥 그녀가 좋을 대로 하게 내버려 두었다!

처음으로 내가 떠나게 될 이 환대 넘치는 집을 보며 나는 심장이 끔찍하게 조여 오는 것을 느꼈다!

길어지면 내가 무너져 내릴 것 같아서 짧게 해야 했다. 내가 다가가자 그 훌륭한 분이 내게 말씀하셨다. "그만 가자, **딸래미 fille**. 우리 잊지 말고, 어여 돌아오렴." 나는 답하지 않은 채로 그녀에게 작별의 입맞춤을 할 수밖에 없었다.

도중에 마차를 타기 위해 큰길로 나가려면 들판을 한참이나 가로질러야 했다. 사라가 날 따라왔고, 고통이 넘쳐흘렀다.

내 팔 아래로 들어온 그녀의 팔을 잡아 가슴으로 꼭 안았다!!! 매주 어김없이 서로에게 편지를 쓰기로 적어도 스무 번쯤 약속했다.

도착한 마차가 출발하니, 뒤에서 점점 더 멀어지는 작은 언덕이 내 여자친구의 모습을 집어삼켰다!!! 마치 내 고향을 영원히 떠나는 것만 같았다!!![6] 그날 저녁 나는 B⋯에 있었다. 나를 너무나도 사랑하시는 두 마음인 내 어머니와 고귀한 은인이 나를 기다리고 있는 그 집을 보면서 서럽다시피 한 기분이 들었던 것은 그때가 처음이었다! 바뀐 내 얼굴에 충격을 받으신 드생 M⋯ 주인어른께 나는 언제나처럼 키스로 인사했다. 나의 모든 존재 속에서 눈에 띄는 호전이 감지되었던 것이다. 나는 그보다 먼저 그것을 알아차렸고, 그 이유들은 나 혼자만 알고 있었다. ⋯

B⋯에는 나를 즐겁게 해 줄 거리들은 부족하지 않았다.

많은 사람들을 만나야 했다.

그 모든 것들이 이제는 무의미해 보였다.

---

6 〔옮긴이 주〕 영어판에서는 줄바꿈 후 한 줄 공백이 있다.

변하지 않는 생각 하나가 나를 **따라다녔다**poursuivie.

머지않은 미래에 새로운 지평이 열리고 있었다!!!

L…을 떠나오기 전 나는 마리데장주 수녀님으로부터 편지 한 통을 받았다. 내 옛 스승님께서 사범학교 졸업생들에게 권장되는 연례 피정 때 D…에서 보좌하면 어떻겠냐고 권유하신 것이다. 절대 놓치지 말아야겠다고 결심했다. 거기에는 진지한 동기가 있었다. 내가 오래도록 살아온 이 축복받은 성역의 문턱을 다시 밟았을 때 내가 가졌던 느낌을 어떤 표현으로 진실되게 설명할 수 있었을까! 나는 겨우 18개월 만에 다시 돌아온 것이다! 하지만 그 짧은 시간 동안 얼마나 많은 사건들이 일어났던가! … 결백과 순결이 머무는 이 집에 내가 들어가는 것을 막는 듯한 것들이 얼마나 많던지!

내가 본 첫 번째 얼굴은 훌륭하신 선생님의 얼굴이었다. 그분의 얼굴은 전혀 변하지 않은 채였다. 언제나 그랬던 것처럼 똑같은 평온함, 똑같이 순결하고 담담한 웅장함을 표현하는 얼굴이었다. 누군가 내 이름을 불렀다. 그분께서 자신의 기쁨을 증거하는 신성한 미소를 머금은 채 달려오고 계셨다. 그분은 자연스럽게 내 쪽으로 두 손을 내미셨다. 나는 그분의 두 손에 내 입술을 가까이 가져갔다!!!

알렉시나의 《회상록》

이 고귀한 여인께서는 내가 그분의 부름에 응답한 데 대해 간결하고 다정한 말로 고마움을 표하셨다.

40명이 넘는 교사들, 그녀의 모든 학생들이 며칠 동안의 경건한 고독으로 각자의 기력을 북돋우기 위해 여러 곳에서 달려왔다. 휴가기간이었기 때문에 우리는 집 전체를 마음대로 사용할 수 있었다. 상당수는 내가 모르는 여성들이었지만 나와 동갑인 아이들은 나와 함께 공부한 동무들이었다.

나는 무한한 기쁨으로 그들과 재회했다.

어떤 선교 사제가, 신성한 피난처인 수녀원 예배당에서 이루어질 피정과 그 훈련들에 관해 설교했다. 그 수녀원을 앞으로 다시 볼 일은 분명 없을 것이었다!!! …

계속해서 늘어만 가는 삶의 혼란 한가운데서 내게는 그 종교적 평온이 필요했다!

그때는 아마도 과거와 미래 사이에 넘어설 수 없는 장벽을 세우려는 바로 그 순간에 하느님 앞에서 묵상해야 했던 것 같다!!!

내 계획은 이 낯선 고해신부에게 기탄없이 나를 열어 보여주고 그의 판결을 기다리는 것이었다! 나의 이상한 고백이 그에게 불러일으켰을 놀라움과 경악을 상상할 수 있을 것이다!!! …

나는 그 일을 끝냈다! 그는 가장 사려 깊은 침묵을 지키고 있었다. 나의 추락, 나의 비참은 그에게서 가장 온화한 연민을 불러일으켰을 뿐이다.

말하자면 나는 내 운명을 그의 손에 맡기고 그를 내 판사로 세웠던 것이다! "내 자녀여," 그가 말했다. "아주 심각하고 진지한 성찰이 필요한 상황이로군요. 지금은 당신을 위한 행동 지침을 줄 수가 없습니다. 내일 다시 오세요. 이틀 후에는 내 의견을 말해 줄 수 있을 겁니다."

너무 불안했다. 그분이 약속하신 말들에 내 존재가 매달려 있는 것 같은 느낌이었다! 나는 잠을 자지 않았다, 아니, 잠을 설쳤다. 유예 기간이 지나갔다. 신부님이 주신 조언은 이러했다. "당신은 이제 남성의 일원이니 이 세상에서 남성의 칭호를 가질 수 있다는 식으로는 말씀드리지 않겠습니다. 그대도 이미 알고 있을 겁니다. 물론 그렇게 할 수도 있겠죠. 하지만 남성의 칭호를 어떻게 얻어 낼 생각입니까? 엄청난 스캔들을 감수해야 할 겁니다. 그러는 동안 당신은 현재의 당신 위치를 유지할 수 없을 거고, 너무 위험합니다. 제가 드리는 조언은 이렇습니다. 세상에서 벗어나 종교로 귀의하세요. 하지만 내게 한 고백을 다시 하지 않도록 주의하세요. 수녀원은 당신에게 허락되지 않습니다. 이것이 제가 당신에게 제안할 수 있는 유일한 방법입니다. 저를 믿고 받아들이세요.”

나는 아무것도 약속하지 않은 채 물러났다. 그런 식의 답변을 들을 각오는 되어 있지 않았기 때문이다.

한층 더 위험한 상황이 내게 닥칠 것을 피하기 위해, 피할 수 없는 스캔들에 이르기 전에 소동을 피하라고 제안하신 것이다. 한편, 나는 수도원 생활에 요만큼의 취미도 없었다. 다른 곳에서 너무나 강한 느낌이 나를 붙잡았다. 나는 그것을 깨뜨리기보다는 뭐든 하기로 결단했다. 이러한 상황 속에서 나는 사태의 전개를 기다리기로 결심했다.

그다음 날 나는 D…를 떠났다. 사랑하는 선생님과 헤어지면서 나는 그녀를 두 번 다시 뵐 수 없으리라는 것을, 적어도 동일한 상황에서는 다시 뵐 수 없으리라는 것을 확신했다! 이렇게 그분과 나 사이가 끝장나고 말았다! 심연이 우리를 갈라놓을 것이었다! 이런 생각이 특별히 나를 슬프게 했다.

그분의 두 손을 잡고 있는 동안 그분이 천사 같은 눈으로 내 눈을 가만히 들여다보시는 것을 다시 바라보았다!!!

오 하느님! 그분이 내 영혼을 읽을 수 있으셨더라면 좋았으련만!!

나는 내 이마를 그분의 너무나 순수한 입술 쪽으로 가져갔고, 내 입술을 그분의 뺨 가까이 댔다!!! 다 끝난 것이다! 내 과거와의 달콤한 관계들은 이제 아주 끊어져 버린 것이다!!!

B…에 도착해서 나는 엄마든 드생-M… 주인어른이든 간에, 나를 버려 두지 않으시고 가슴 뭉클할 정도로 챙겨 주시던 분들과 특별히 깊은 대화를 나누는 일이 없도록 각별히 노력했다.

아침진지를 자시고 난 주인어른께 신문을 읽어 드리고 그분의 업무용 서류들을 정리했다.

상호 존중과 신뢰에서 나오는 그 느긋함으로, 우리는 격의 없이 이야기를 나누곤 했다.

그러고 나서는 종이 위에 매일매일의 내 내밀한 생각들, 감상들, 아쉬움들을 털어놓았다. 이 모든 것은 사라를 위한 것이었다. 그녀 쪽에서는 내게 일주일에 한 번씩 일정하게 장문의 편지를 보내왔는데, 나는 밤마다 그 편지들을 은밀하게 탐독했다. 그 서신들 하나하나가 그녀에게서 멀리 떨어져 보내는 시간을 줄여 주었다! 10월 중순이었다. 이즈음 그녀에게 돌아가겠다고 P…부인께 약속했었고, 무슨 일이 있어도 나는 내 약속을 지키고 싶었다. 그녀의 집에 더 오랫동안 머물러야 할 시간이 얼마나 될까? 나는 알지 못했다. 언제라도 폭발이 일어날 수 있었다. 난 미리 그것을 각오하고 있었다. 위기가 다가올수록 내 힘이 더 커지는 것을 느꼈다! 하지만 사라![7]

역마차 운행이 변경되었다. 이번에는 한밤중 언저리가 되어서야 L…에 도착할 수 있었다. 그 시간까지 나를 기다리고 있는 이는 없었다. P…부인은 주무시고 계셨다. 그분의 반가운 입맞춤에는 진심이 담겨 있었고, 먹을 걸 좀 준비해 주신다며 일어나려 하셨지만 나는 단호히 사양했다.

"그렇다면," 그분이 말씀하셨다. "어서 가서 쉬렴. 사라는 자러 들어갔는데 아마 잠들었을 거다. 깜짝 놀래켜 주면 좋아하겠구나." 내가 그 말씀을 반복할 것도 없었다. 내 어린 여자친구가 내 목소리를 들었던 것이다.

그녀는 두 팔을 편 채 나를 기다리고 있었다!!!

그날 밤 우린 거의 잠들지 못했다!!!

행복은 오래도록 우리의 잠을 대신했다! 서로에게 할 말이 너무나 많았다!!! 그 결과, 한밤중이 훨씬 지나도록 우리는 꿈쩍도 하지 않았다!

P… 부인께서 우리 방 커튼을 반쯤 열고 우리의 게으름을

---

7 〔옮긴이 주〕 영어판에서는 이 문단 아래 한 줄 공백이 있다.

정겹게 꾸짖으셨다.

나도 같은 어조로 답하고 싶었지만 너무 고민이 됐다. 어머님이 나가시고 난 뒤 사라가 해 준 은밀한 이야기에 나는 망연자실하고 말았다! ─ 그녀는 눈물 때문에 숨이 막힐 지경이었다! 만일 그녀의 두려움이 근거 있는 것이라면 우리 둘 다 가망이 없어진 것이었다! 진짜로 다모클레스의 검이 우리 머리 위에 매달려 있는 것이었다.

사라는 어머니를 존경하는 만큼이나 두려워했다. 어머니 앞에서 얼굴을 붉혀야 한다는 생각만으로도 그녀는 견디지를 못했다. 때때로 나는 당신 따님의 치욕을 알게 되신 어머님의 분노, 격노, 격분을 마음속에 그려보곤 했다! 그것도 예측할 수 없는 상황에서! 고백컨대, 그런 사건을 너무나 두려워하면서도 내 온 마음을 다해 그런 일이 일어나기를 바랐다. 그런 일이 일어나기만 한다면, 그 무엇도 사라와의 결혼을 가로막지 못하리라! 하지만 내가 얼마나 많은 쓰라린 비난을 견뎌야 했겠는가. …

이 두 번째 해의 처음 몇 달간 눈에 띄는 특별한 일은 전혀 일어나지 않았다. L…에서 우리의 단조로운 삶을 무너뜨리는 것은, 인간의 모든 규정으로부터 벗어난, 모든 이들에게 숨겼던 사랑의 신비로운 고통뿐이었다.

주임신부와는 어떤 식으로도 교류하지 않고 있었다. 그 남자는 정말 불쾌했다!

그는 P… 부인을 빈번히 방문했음에도 교실에 들어오는 일은 삼가고 있었다.

그가 교실에 들어오지 않는 이유는 내가 있다는 것 그 하나뿐임을 의심할 여지는 없었다. 나에게 말을 걸 아주 사소한 기회조차 그는 피했다.

나는 그것을 다행으로 여겼다. 왜냐하면 나는 아마도 내 반감을 절제할 힘이 없었을지도 모르기 때문이다.

나는 그를 버렸고, 결국엔 사라도 나를 따라 하게 되었으니, 그의 깊은 악의를 내가 알아챌 정도였다.

그는 언제라도 돌연 끔찍한 적이 될 수 있었고, 내 경멸에 복수할 수 있었다. 그때 그가 기회를 엿보고 있다는 걸 난 알았다.

주임신부는 우리가 그에게 침묵한 대가를 치르게 하기 위해 가장 고통스러운 염탐을 꾸미고 있었다. 우리 학생들 중 대다수가 그자에게 고해하고 있었다. 그는 어린아이들한테 사적이고 제법 무례하기도 한 물음들을 쏟아 내는 데 만족하지 않고, 아이들이 우리의 모든 행동을 상세히 보고하도록 교묘한 수를 쓰기에 이르렀다. 이 취조에서 벗어나지 못한 가여운 아이들은 모든 것을 고백했고, 그러고 나서 그 사실을 알려 주었다. 그 따위 짓을 여기서 뭐라 규정하는 것은 삼가겠다!!! …

여기서 지적해야 할 어떤 사실 때문에 우리 집이 주목을 끌게 되었다. 어떤 은밀한 소문이 어느 날 아침 L…에 사는 사람들을 충격에 몰아넣었다. 겨우 열네 살밖에 되지 않은 어떤 아이의 임신과 출산 소식이 동시에 알려졌고, 그 놀라움은 절정에 달했다. 그 아이는 우리 학생이었다. 아이 아빠의 이름을 찾아낼 만한 그 어떤 종류의 관계도 그 아이에게서 알아낼 수 없었다.

그 아이가 살던 부모님 집은 우리 집과 거의 맞닿아 있었고, 그래서 우리는 그 아이를 자주 보곤 했다. 이 소식을 듣고 P…부인은 비명을 지르셨다. 그분은 이런 문제에 관해서는 치열하고 때로는 터무니없을 정도의 감수성을 갖고 있으셨다.

주임신부의 편협한 도덕으로 말라 버린 그분의 영혼 안에서는 이 정념의 탈선에 대한 변명거리가 찾아지지 않았다.

그 소동이 나로 하여금 사라와의 관계에 미칠 수 있을 일들에 대해 진지하게 고민하게 할 성질의 것임을 이해할 수 있을 것이다. 이 사건이 초래한 결과에 그 소녀의 행동까지 더해졌다. 소녀는 잘못을 저지른 자의 이름 대기를 일관되게 거부했고, 고집을 꺾지 않았다. 그 아이를 도와주던, 날 때부터 그 아이를 알던 의사가 고백을 받아 내려 해도 허사였다. 아무것도 소용이 없었다!!!

그 아이가 의사에게 말하기로, 아이의 아버지는 어떤 외판원이라고 했다. 그 단서는 상당히 애매했고, 아이의 가족은 거기에 만족해야 했다. 얼마 지나지 않아 그 아이는 아버지 어머니와 함께 그 지방을 떴다.

내 친구의 가족에게 변화가 일어나려 하고 있었다. 사라의 언니인 A… 부인이, 이웃 부서에서 새로운 업무를 맡게 된 남편과 함께 그곳을 떠날 참이었다. 그녀는 어머님의 우상이었기 때문에 어머님께는 정말 큰 슬픔이었다. 이러한 변화는 심각한 걱정거리의 원인이기도 했는데, 왜냐하면 내가 그 기숙학교의 실질적 우두머리였음에도 불구하고 A… 부인이 여전히 교육청을 상대하는 일을 책임지고 있었기 때문이다.

난 아직 **성년**majeure이 아니었고, 결국 특별 허가 없이는 그 기관을 실질적으로 운영할 수 없었다. P… 부인께서는 그 문제를 가지고 나와 오랫동안 의논했다. 그분은 그분의 시설을 언젠가 내게 넘길 꿈을 꾸고 계셨다. 이와 관련해 난 그분을 조금도 거역하지 않았다. 난 그분의 모든 계획이 저절로 무너질 날이 다가오고 있음을 보고 있었다!!! …

그럼에도 불구하고, 당분간 그분의 제안을 받아들여야 했다.

머지않아 내가 법적으로 기숙학교장 직함을 가질 수 있게 될 때까지 교장인 A… 부인의 뒤를 이어도 좋다는 허가를 학무국 장학관에게 요청하는 것이 문제였다. 나의 요청에 장학관은 완벽하게 내 편을 들어 주셨고, 따라서 그분이 거절하실 일은 없어 보였다. 다른 한편, 드생-M… 주인어른을 통해 나는 지사님의 지지를 **확신**sûre했다. 실제로 나는 그것을 얻었다. P… 부인께서는 내 요청이 승인된 데에 대해 가장 크게 기뻐해 주셨다.

A… 부인은 모든 아쉬움을 남긴 채, 한겨울에 남편분과 함께 떠나셨다.

그로부터 얼마나 시간이 지났을까, 이전에 겪어 본 적 있는 그 고통들이 더 자주, 더 강하게 느껴졌다. 사라는 의사를 보러 가라고 강하게 권하며 걱정스러워했다. 무슨 일이 있어도 난 동의하지 않으려 했지만, 그 아픔이 너무 심해 마침내 그것을 받아들일 수밖에 없었다.

그녀의 딸에게서 이야기를 들은 P… 부인은 T… 의사 선생님을 모셔 오게 했다. 그분이 오셨던 날을 잊지 않고 있다. 그때의 상황 하나하나가 아직도 다 뇌리에 떠오른다. 저녁 6시 즈음이었다. 아직 불을 켜지 않고 있었고. 의사와 내가 함께 있던 공간은 어슴푸레한 어둠 속에 잠겨 있었는데, 나는 그것에 대해 불평하지 않았다.

그분의 질문에 답했지만 그분께는 해명이 되기보다 수수께끼가 되었다. 그분은 나를 검진하고 싶어 하셨다. 주지의 사실이지만, 의사는 환자에 대해 아무도 이의를 제기할 수 없는 상당한 특권을 누린다. 그 작업이 진행되는 동안 나는, 검진이 성에 차지 않는다는 듯 그분이 한숨 쉬시는 것을 들었다. P… 부인은 거기서 그분이 말씀하시기를 기다리고 계셨다.

나도 기다리기는 마찬가지였지만 마음가짐은 완전히 달랐다.

의사 선생님은 내 침대 옆에 서서 아주 흥미로워하며 나를 주시하고 계셨다. 속삭이는 듯한 감탄이 튀어나왔는데, 이런 식이었다. "세상에! 이게 가능하단 말인가!"

그분의 몸짓들로 난 그분이 검사를 연장하고 싶어 하신다는 걸 알았다. 진실이 규명될 때까지 말이다!!! …

내 담요가 걷어 올려졌다. 내 몸의 상반신을 보기 위해 옷들이 헝클어졌다! 선생님 손이 내 상반신에서부터 갈팡질팡 떨며 내 고통이 자리하고 있는 복부로까지 이동했다. 선생님 손이 암중모색 중에 분명 그 자리를 누른 것 같다. 왜냐하면 내가 날카로운 비명을 지르며 선생님 손을 거칠게 밀쳤기 때문이다.

그러자 그분은 내 곁에 앉으시고는 용기를 잃지 말라고 부드럽게 말씀하셨는데, 그 용기는 아마 선생님께서도 필요로 하시는 것 같았다. 그분의 일그러진 얼굴은 엄청난 동요를 드러내고 있었다. "제발 저를 내버려 두세요. 저를 죽이실 건가요." 내가 그에게 말했다. "아씨, 금방 끝날 겁니다." 그분의 손은 이미 내 시트 아래로 들어가고 있었고 예민한 부분에서 멈췄다. 선생님 손은 어떤 어려운 문제의 해답을 거기서 찾기라도 하려는 듯 그곳을 재차 삼차 다시 눌렀다. 그 손은 거기서 멈추지 않았다!!! 그분은 자기가 찾던 원인을 찾았던 것이다! 하지만 그것이 그분의 모든 예상을 넘어서 버렸다는 것을 쉽게 알 수 있었다!

그 가여운 분은 어떤 무시무시한 감정에 휩싸여 계셨다! 중간중간 끊어진 문장들이 그분의 목에서 새어 나오는데, 그분은 그 문장들이 입 밖으로 나갈까 봐 두려우신 듯했다. 쥐구멍에라도 숨고 싶었다!!!

P… 부인께서는 이에 대해 전혀 이해하지 못하셨다. 그분은 나를 불쌍히 여기셨고, 의사 선생님을 모시고 나감으로써 이 피곤한 장면을 빨리 끝내고 싶어 하셨다.

"안녕히 계십시오, 아씨," 그분은 반쯤 웃으며 이렇게 말씀하셨다. "다시 뵐 날이 있을 겁니다!!!"

강의실에 일하고 있을 사라를 다시 만나러 가기 위해 나는 즉시 몸을 일으켰다. 그녀는 눈으로 내게 물었다. 나는 몇 마디 하지 않으면서 무슨 일이 있었는지 일러 주었다.

저녁 식사 시간에 난 P… 부인께서 평소보다 심각하시다는 걸 알아챘다. 그분께서는 당신의 인상, 걱정, 당혹스러움을 숨기지 못하고 계셨다. 식사를 마친 후 부엌에서 잠시 몸을 덥히려 할 때 부인이 말씀하셨다. "까미유 양, 의사 선생님이 처방해 주신 약을 찾으러 보냈어요. 하지만 선생님께서는 돌아오지 않으십니다. 내가 단호하게 반대했어요."

부인의 그 지시는 무슨 의미였을까? 부인은 뭔가를 아시고서, 더 많이 알게 될까 두려우셨던 걸까? 부인 말씀에는 아무 답도 하지 않은 채 속으로 이렇게 생각했다. 우리가 자리에 누웠을 때 사라는 의사 선생님과 어머님이 오래 이야기를 나누었다고 내게 알려 주었다. 하지만 그게 전부였다. 그것만으로도 내 친구와 내가 공유하는 두려움이 나를 사로잡기에 충분했다!!! 나도 그때 이후 알게 된 것인데, 그 의사 선생님은 P… 부인께 모든 걸 솔직하게 설명하지 않은 채 나에 관한 아주 예민한 것들을 잔뜩 물었고, 부인은 그런 질문들의 동기가 된 생각을 믿을 수 없어 하시며 의사 선생님의 질문들에 거의 답하지 않으셨다는 것이다. 의심은 그분의 영혼에 비집고 들어가지 못했다. 아주 끔찍한 의심이었으리라. 그분은 온 힘을 다해 의심을 떨쳐 내셨다. 너무나도 맹목적인 고집에 직면한 의사 선생님은 정직한 사람으로서 자신의 직함과 정직한 사람으로서의 양심이 그에게 명하는 주도권을 잡을 의무가 있다고는 생각하지 않았고, 모든 책임에서 벗어날 수 있다고 믿으며, 가능한 한 빨리 나를 그분 댁에서 멀리 떠나보내라고 권유하는 데 만족했다.

거듭 말하지만, 의사로서 그의 책임은 그가 실제로 한 것과는 다른 조치를 취하도록 요구하는 것이었다. 이런 상황에서 우유부단은 도덕의 관점에서뿐 아니라 법의 관점에서도 심각한 잘못이었기에 허용되지 않았다. 예상치 못한 비밀에 겁을 먹은 의사 선생님은 차라리 그것을 영원히 묻어 버리고 싶어 했다!

P… 부인은 의사 선생님만큼 교육을 받지는 못하셨으니 아마도 좀 더 변명의 여지가 있을지 모르지만 그래도 모든 책망에서 자유로운 건 아니었다. 조사해 볼 만한 가치는 있었다. 확실히 다른 여성분이었다면 그런 약점을 보이지 않았을 것이다. 의사를 비난할 것이 아니라 그분께 감사를 표하고 거기서 벗어

날 방법을 찾으셨어야 했다. 그분은 여러 이유로 그렇게 하지 않으셨는데, 그 이유들은 전부 틀린 것이었다.

우선 그분은 당신 집안의 명망을 훼손하고 당신의 이해관계들을 위태롭게 할 수 있는 소동이 일어날 것을 두려워하셨다. 그리고 나를 무한히 신뢰하셨다. 의사 선생님의 암시를 받아들인다는 것은 곧 당신 따님을 의심하는 것이기도 했기에, 당신의 자존심이 그런 생각을 거부하고 있었다. 그분은 내가 내 상황을 전혀 모르고 있다고 믿으시는 정도로까지 순진함을 밀고 나가셨다. … 그렇게까지 극단으로 밀고 나가는 건 사리에 맞지 않는 것이었다!!! 그 정도 나이에 그 정도 경험을 가지신 분이 어떻게 그런 환상을 유지하실 수 있었는지 난 결코 이해할 수 없었다! 사라가 내게 보여 준 애정이 그분의 눈을 뜨게 하지는 않았을까? 아니. 그분은 우리를 아주 약간만 의심해도 우리가 경계하게 될까 봐 두려워하셨던 것이다! 가여운 분!!!

이 사건은, 그것이 아무리 심각한 것이었더라도, 우리의 평소 생활 방식을 전혀 바꾸지 못했다. P… 부인은 평정을 되찾으셨고 우리도 다시 명랑해졌다. 나들이 갈 때 우리는 종종 T… 의사 선생님과 마주쳤다. 나는 팔꿈치로 사라를 툭 치곤 했다. 그분은 언제나 웃음으로 내게 인사하며 지나가셨다! 우리가 웃으며 함께 있는 것을 보고 그분은 어떻게 생각하셨을까!!! 기묘한 상황이었다! … 그분의 침묵, 나에 대한 그분의 태도가 내게는 무척이나 역겹게 느껴졌다!

몇 번이나 생각했었다. 내가 어떤 대가를 치르고서라도 탈출해야 할 이 상황이 얼마나 잘못된 것인지를 선생님께 지적하고 제대로 된 설명을 해 달라고 요구하겠다고 말이다. 사라는 그런 종류의 모든 결심을 단호히 거부했다. 그 아이에게 그건 회복이 아니라 평생을 따라다닐 수치, 구설수였다! 아아! 나도 그걸 이해했다!

겉으로 보기에 결백한 어떤 관계에 낙인을 찍은 후에도 세상이 사랑 이야기에 너그러울까? 물론 아니지, 세상은 무자비해질 것이다! 2년간의 조용한 행복에 대한 대가를 혹독하게 치르게 하려 들 것이다! 그 행복은 아주 비싼 값을 치르고 산 것이었다!

내 일이 중단되지는 않았다. 하루는, 사라가 있는 자리였는데, P… 부인께서 내 건강과 관련해 어머니처럼 조언해 주셨다. 아프지는 않았지만 정말로 피곤하고 허약해져 있었다. 심란한 밤들이었다.

많은 양은 아니었지만 땀이 계속 나서 점점 더 불편해졌다.

  알렉시나의 《회상록》

매일 저녁 자리에 들기 전 내게는 작은 전등의 불꽃으로 밤새 따스함이 유지되는 음료가 준비되었다. "이걸 드는 걸 거르지 않고 있죠, 까미유 양?" P… 부인께서 말씀하셨다. "안심해, 엄마, 내가 같이 자면서 챙길게." 어머님께서 갑자기 자세를 바로 하셨다. "그건 안 돼! 다 이유가 있단다. 한 마디 더 하자면, 만약 내 권위로 충분치 않을 땐 다른 분의 권위에 의지할 거야. 양심 껏 하게 해 주는 줄 알아." 우린 답하지 않았다. 그럴 만한 까닭 이 있었기 때문이다.

희한한 자가당착이었다! 그분은 우리의 친밀한 관계에 속 으로 얼굴을 붉히셨지만 그런 종류의 기관에 내가 있는 것은 용인해 주셨다. 그분은 당신 따님이 내 곁에서 밤을 보내는 것 은 위험하다고 생각하시면서도, 같은 집에 살며 같은 일상을 사는 것, 습관적으로 서로를 가족처럼 돌보고 어루만지며 키스 로 인사하는 것은 위험하다고 여기지 않으셨다! …

이 모든 것이 그분께는 분명 아주 순진한 것으로 보였다. 오 늘도 여전히 나는 이 수수께끼를 어떤 말로 표현해야 할지 찾 고 있다. 그것은 내 능력 밖이다.

그 순간부터 우리에게는 새로운 삶의 국면이 시작되었다. 우리의 삶이 야기할 수 있는 위험을 두려워해야 하는 것은 이제 우리 둘뿐만이 아니었다. 겉으로는 드러나지 않았지만, 우리의 일거수일투족이 끊임없이 감시당하고 있었다. . P… 부인께서는 겉으로는 평온한 모습이셨지만, 의사 선생님의 경고에도 흔들리지 않았던 그 꾸며 낸 평안을 잃어버리시고 말았다. 그분은 다시 한 번 당신 따님에게 나와 한 침대를 쓰는 것을 단호히 금하셨다. 그것은 뒤늦은 조치로, 도움이 되기보다는 오히려 위험한 것이 되었다.

사실 그 금지가 아무리 엄숙하다 한들, 어떻게 우리가 그 금지를 지킬 수 있을 거라 가정할 수 있을까? 자연으로서는 애초에 불가능한 영웅적 희생을 자연에 요구한 것은 아니었는지!!!

의심을 피하기 위해 저녁에는 각자 자기 침대에 따로 있기로 했다. 다만, 한밤중에 먼저 깬 사람이 다른 사람에게 가서 이튿날 아침까지 함께 있었다. 이런 식으로, 예기치 못한 일이 일어나지 않는 한 그 누구에게도 들킬 일은 없었는데, 왜냐하면 기숙사와 본관은 완전히 분리되어 있었고, P… 부인은 절대 그곳에 오지 않았기 때문이다.

그해 여름이 지나는 동안 나는 관할구 장학관의 방문을 받았다. 그분은 내가 바라던 바로 그런 분이었는데, 말하자면 정중하면서 친절하기도 하신 분이었다. 평소대로라면 주임신부가 그분을 모시고 왔는데, 이번에는 혼자 오셨다. 확실히 우리 존경하는 목자께서는 날 별로 달가워하지 않으셨고, 덕분에 그와의 동행을 면할 수 있었다. 솔직히 별로 아쉬울 것도 없었다! …

우리는 새로운 가족의 탄생을 기다리고 있었다. 사라의 막내 언니가 처음으로 엄마가 될 참이었다. 모두가 몹시 간절하고 초조하게 그 순간을 기다리고 있었음은 말할 것도 없다! 그 새댁은 매일 이 집에 왔다. 준비가 다 되어 있었다.

사람들은 사라의 **절친**amie intime인 내 앞에서 아무 거리낌이 없었다. 자연스럽게 나는, 여자들끼리 공유하는 시시콜콜한 비밀들을 모두 전수받게 되었다!!!

어느 날 밤, 내 친구와 내가 잠든 지 얼마 되지 않았을 때, 누군가 두 개의 방 쪽으로 열리는 계단의 문을 두드렸다. 하녀가 와서 따님이 태어났다고 알려 주었다. 자리에 누워 있던 참에 진통이 온 새댁이 남편의 팔을 붙잡고 서둘러 어머니 집으로 왔던 것이다. 두세 시간 후에 그녀는 딸을 낳았다.

진심 어린 관심 때문이기도 했지만 너무 궁금하기도 해서, 우린 뭘 제대로 걸치지도 못한 채 곧바로 아래층으로 내려갔다. P… 부인께서는 기쁨으로 빛나고 계셨다. 나는 젊은 엄마가 쉬고 있는 침대 곁으로 다가갔다. 그녀는 말로 다할 수 없는 황

홀한 표정으로 우리 둘에게 두 손을 내밀었다!

고통은 그녀의 용모를 한층 더 아름답게 만들었고, 모성의 모든 기쁨을 드러내는 특별한 매력을 그녀의 표정에 더해 주었다. 그녀는 옆에 놓인 요람을 손으로 가리켰다. 사라는 작은 생명체를 덮고 있던 천을 걷고 키스를 퍼부었다.

억누르기 힘든 어떤 감정 속에서 나는 이 장면을 바라봤다.

두 침대 사이에 서서 때로는 사라를, 때로는 그 아이를 바라보았다. 그 둘에게서 눈을 뗄 수가 없었다!!! …

P… 부인께서는 내 감정을 놓치지 않으셨다. 그분은 날 유심히 바라보셨다. 내가 빠져 있는 그 몽상이 뭔지도 모르시면서 말이다.… 그분의 두 눈을 가린 띠가 좀 덜 두터웠더라면, 틀림없이 그분 앞에서 진실이 광채 속에 드러나고 그분의 태연한 신뢰는 격렬한 공포로 바뀌었을 것이다!!! 그분은 이 무시무시한 불가사의에 다가서기보다는 차라리 의혹 속에 남기를 원하셨던 게 아닐까? 그럴 수 있다. …

매일 그 방에서 긴 시간을 보내게 되었다. G… 부인의 상태는 아주 양호했다.

자리에서 일어날 수 있게 되자 그녀는 쉬는 시간마다 우리를 찾아왔고, 우리가 보는 앞에서 아이에게 젖을 물리곤 했다!!!

사라는 꼬물이 조카를 우상처럼 숭배했다. 그녀는 아이를 낳은 언니를 질투하고 있었다! 누가 알겠는가!!!

나를 도취시키는 행복의 한복판에서 나는 소름 끼치는 고문을 당하고 있었다. 어떻게 해야 할까요, 하느님, 어떤 결단을 내려야 할까요!

내 가련한 머릿속은 내가 도저히 풀 수 없는 혼돈이었다. 엄마한테 털어놓아야 할까? 하지만 그러면 엄만 죽고 말 거야! 안 돼! 그 사실을 알리는 사람이 내가 되어서는 안 됐다!!

이 상황을 무기한 연장한다?

그것은 필연적으로 가장 큰 불행에 스스로를 내맡기는 것이었다! 그것은 도덕이 지닌 가장 침범 불가능하고 가장 성스러운 바를 모독하는 일이었다!

그리고 나중에는 내 침묵이 비난받아 마땅하다며 책임을 묻고, 다른 이들이 예상했어야 할 불행의 결과를 나 홀로 짊어지게 되지 않을까!…[8]

방학이 다가오고 있었다. 나는 다시 사랑하는 사라와 떨어

---

8 〔옮긴이 주〕 영어판에서는 이 문단 아래 한 줄 공백이 있다.

져 있게 될 것이었다. 우리의 작별 인사는 슬펐다. 내게는 특히 더 그랬다. 그녀를 다시 볼 수 있을지 확신이 없었기 때문이다. … 그녀에게는 내 계획을 알려 주지 않은 채로 떠났다.

나는 영혼이 죽어 버린 심정으로 B…에 도착했다.

그들은 내가 하지 않기로 각오한 설명을 요구할 것이었다. 드생-M… 주인어른께서는 어색하고 난처해하셨다. 내 편지들을 다 읽으셨던 게다.

주인어른께서는 그 편지들을 이해해 보려 하셨지만 허사였다. 내 슬픔이 그분의 마음을 아프게 해 드렸다. 내 슬픔을 이해하지는 못하셨어도 그분은 어떤 끔찍한 일이 다가오고 있음을 예감하고 계셨다. 그분의 두려움은 내가 완강히 침묵 속에 틀어박혀 있는 모습 때문에 더욱더 커져 가고 있었다.

주인어른과 엄마는 끝내 나오지 않을 고백을 기다리셨다. 이런 식으로 한 달이 지나갔고, 떠나야 할 순간이 다가오고 있었다.

내 기력은 한계에 다다라 있었다. 운명의 순간이 공포스럽게 다가오는 것이 보였다! … 엄마는 더 용감했다. 엄마 옆에 머물 수 있는 날이 며칠 남지 않았다!

어느 날 아침, 엄마가 내 방에 들어와 침대 곁에 앉으셨다.

알렉시나의 《회상록》

"까미유," 엄마가 말했다, "너도 잘 알고 있잖니, 이런 식으로 우릴 떠날 순 없어. 이해할 수 없는 네 말, 네 행동에 대해 설명을 해 줘야지. 제발, 부탁이다." 엄마는 더는 말을 잇지 못하셨다. 목소리가 떨리고 있었다. 나는 아무 말 없이 2~3분 동안 머리를 숙이고 있었다!

갑자기 한 줄기 빛이 내 정신을 가로질렀다. "좋아," 내가 말했다. "알고 싶다고 했지. 다 알게 될 거야. 하지만 오늘은 안 돼! 내일까지 기다려. 이것만 부탁할게." 엄마가 자리를 뜨셨다.

그날 밤 단 한 숨도 잠들지 못했다. 새벽 4시에 나는 벌떡 일어났다. 순식간에 옷을 입었다. 그 집에서 깨어 있는 사람은 아무도 없었다. 소리 없이 모든 문을 열고 길을 나섰다.

나는 일상적인 삶의 사소한 일들 앞에서는 종종 용기와 결단력이 부족했다.

하지만 위험에 직면하면 나는 일어난다. 불행할 때 힘이 넘친다. 내 온 삶의 미래를 걸었던 그 순간에도 그랬다. … 닥쳐올 투쟁이 내게 초자연적인 기운을 북돋워 주었다.

새벽 다섯 시, 나는 주교구 예배당에 무릎을 꿇고 있었다. 드 B 주교님께서 매일 그 시간에 미사를 집전하곤 하셨다. 미사가 끝난 후 그분은 고해실에서 사람들을 맞아 주셨다. 탁월하신 주교님의 명성은 널리 퍼져 있었다. 생트의 주교님께서는 탁월한 천재로서, 프랑스 주교단에서 부정할 수 없는 권위를 누리고 계셨다. 그분의 교구 신도분들은 비교할 수 없을 만큼 그분을 숭경하고 있었다. 우리는 그분을 자랑스럽게 여겼다. 그분만이 내게 조언과 보호를 주실 수 있음을 나는 알고 있었다.

미사가 끝나고 나는 미사에서 시중 드는 집사에게 신호를 보내 주교님께 귀띔해 달라고 청했다. 그는 곧 돌아와 제의실에 들어가라고 말했다. 나는 두려워하면서가 아니라, 절망에서 나오는 힘을 가지고 그곳으로 다가갔다.

주교님의 축복을 받고 나서 참회자들을 위해 마련된 기도대 위에 무릎을 꿇었다. 모든 것을 철저히 고해했다. 무척 길었다. 주교님께서는 어떤 경건한 놀라움으로 내게 귀를 기울이셨다. 그분의 너그러움에 대한 기대는 헛되지 않았다. 내 말들은 어떤 극한 비탄의 외침이었는데, 그분의 위대한 영혼은 거기에 무감각하지 않으셨고, 그분의 날카로운 눈길은 내 두 발 아래 입을 벌리고 있는 심연을 꿰뚫어 보셨다. … 너무나도 솔직한 내 고백 때문에 그분은 내게 호감을 갖게 되셨다.

그리스도교가 줄 수 있는 모든 격려와 위로를 거기서 느꼈

알렉시나의 《회상록》

다! ⋯ 이 위대하신 분 곁에서 보낸 순간들은 아마도 내 삶에서 가장 아름다운 순간들일 것이다. "가여운 아이여," 문답이 끝나자 그분이 말씀하셨다. "이 모든 일이 어떻게 마무리 될지 아직 잘 모르겠군요. 당신의 비밀을 활용하도록 허락해 주겠습니까? 난 당신에 대해 어떻게 생각해야 할지는 알지만, 이런 문제와 관련해 판단을 내릴 수는 없기 때문입니다. 오늘 바로 의사 선생님을 만나겠습니다. 어떤 조치를 취할지 선생님과 함께 이야기해 보겠습니다. 그러니 내일 아침에 다시 오고, 마음 편히 먹어요."

이튿날 같은 시각, 나는 주교관에 있었다. 주교님께서 기다리고 계셨다. 그분이 내게 말씀하셨다. "H⋯ 의사 선생님과 면담을 했답니다. 오늘 어머님 모시고 그분 집무실에 가 보세요." 나는 전날 밤, 엄마한테 이를 알려 놓았다. 엄마의 불안은 말로 다 할 수 없을 지경이었다. 알려 주신 시각에 그분 진료실에 갔다. 그분은 우리가 널리 의사라 부르는 그런 사람이 아니라 진정한 의미에서의 과학자였다.

그분은 자신에게 맡겨진 이 임무의 중대성을 완벽히 이해하고 계셨다. 그 임무의 중대성이 그분의 자존심을 세워 주었다. 이런 종류의 일이 그에게 온 것은 확실히 처음이었기 때문이다. 그리고 그분은 이런 일을 맡으실 만했다고 말해야겠다.

그럼에도 불구하고, 내가 그분에게 그렇게까지 진지한 조사를 기대한 건 아니었다.

나는 그분이 내 소중한 비밀들을 알게 되는 것을 지켜보는 게 썩 마음에 들지 않았고, 그분의 말씀 중 어떤 침해처럼 느껴지는 것들에 답할 땐 좀 발끈하고 말았다.

"여기서는," 그분이 말씀하셨다. "저를 의사로만 보지 마시고 고해신부로 보셔야 합니다. 볼 필요도 있지만 모든 것을 알 필요도 있거든요. 생각하시는 것보다 더 심각한 순간일 겁니다. 저는 당신에 관해 안심하고 답할 수 있어야 합니다. 우선은 주교님께 그럴 수 있어야 하고요, 그리고 분명 내 증언을 요청할 법 앞에서도 그럴 수 있어야 합니다." 이 검사를 세세하게 설명하지는 않겠지만, 그 검사 후에 과학은 확신으로 기울어졌다.

이제 그분께 남은 것은 모든 통상적인 규칙들 바깥에서 일어난 어떤 오류를 바로잡는 것이었다. 그러기 위해서는 호적 정정 판결을 받아 내야 했다.

"솔직히," 이 훌륭한 의사 선생님께서 말씀하셨다. "당신의 대모가 '까미유'라는 이름을 붙여 준 건 정말 운이 좋았어요. 악수하시죠, **아씨**mademoiselle. 머지않아 우리는 당신을 다르게 부를 겁니다. 저는 이제 주교관으로 돌아가겠습니다. 주교님께서 어떻게 결정하실지 저는 모르지만, L…로 돌아가는 것을 허락하실지는 잘 모르겠네요. 그쪽에서의 당신 위치는 사라집니다. 그것은 용납될 수 없어요. 제가 이해할 수 없는 건, L…의 내 동료가 당신이 어떤 상태인지 알면서도 그렇게 오래 거기에 머물게 한 겁니다. P… 부인의 순진함은 이해가 되지 않고 말입니다.” 그러고 나서 그분은 놀라움이 극에 달한 우리 가련한 엄마한테 격려의 말씀을 몇 마디 하셨다. “따님을 잃으신 건 사실입니다.” 그분이 말씀하셨다. “하지만 예상치 못한 아드님을 되찾으셨습니다.”

우리가 드생-M… 주인어른 댁에 들어섰을 때, 그것은 하나의 사건이었다. 이 고귀한 어르신께서는 달뜨고 초조한 마음을 숨기려 이리저리 왔다 갔다 하고 계셨다. 우리를 본 주인어른이 멈춰 서셨고, 우리 엄마가 주인어른을 그분의 안락의자로 모시고 가서는 그 발치에 앉으셨다. 나는 일어난 일에 대한 이야기를 시작하고 싶지 않아서 얼마간 떨어져 있었다. 드생-M… 주인어른은 때때로 나를 올려다보시며 엄마가 해 드리는 세세한 이야기에 어떤 감탄으로 답하셨다. 처음에는 깜짝 놀라셨지만 이 상황을 좀 더 침착하게 바라보셨고, 미래에는 이 상황이 내게 좀 더 유리한 입장을 제공해 줄 것이라고 예측하셨다. 좋은 후견인만 있다면 그런 희망을 가질 수 있었다. "그렇다 해도," 그분이 말씀하셨다. "이런 대단원의 현장에 있으려고 여든까지 살았나 보다. 그리고 그걸 보여 준 건 바로 너다, 까미유! 앞으로 행복하기를, 가련한 아가!" 난 너무 혼란스러워 답을 하지 못했고, 내 열광적인 상상력은 신중하고 사려 깊은 생각에서 멈추지 못했다.

때로 나는 내가 불가능한 꿈의 노리개가 아닌지 자문하곤 했다.

내가 예상했고 또 바라기도 했던 이 불가피한 결과가 이제는 도리어 끔찍스러운 불상사처럼 나를 두렵게 했다. 결국 내가 그것을 촉발시킨 것이다, 틀림없이. 하지만 누가 알랴? 내가 틀렸던 것도 같다. 그렇게나 예상치 못한 방식으로 나를 드러내게 된 이 갑작스러운 변화가 혹시 완전히 법도에 어긋나는 것은 아니었을까? …

세상의 판단이란 얼마나 가혹하고 맹목적인지. 그들은 어쩌면, 진실함에서 비롯된 내 행동을 존중하기보다는 오히려 왜곡하고 죄악으로 여기는 데 열중하지 않을까?

아아! 그때는 이런 생각을 다 할 수 없었다. 길이 열려 있었고, 의무를 완수해야 한다는 생각이 나를 떠밀고 있었다. 나는 따지지 않았다.

다음 날 주교관으로 갔다. 주교님께서 기다리고 계셨다. "의사 선생님을 뵈었어요," 그분이 말씀하셨다. "그리고 모든 걸 알고 있습니다. 신중하게 생각한 후에 이렇게 결정했습니다. 당신은 당신이 떠날 때 있을 수 있는 소동을 방지하기 위해 며칠 더 L…로 돌아가 계세요. 당신을 위해서도 그렇고, 당신이 지도하는 그 학교를 위해서도 말입니다. 내가 당신을 깊이 신뢰한다는 증거를 여기 당신께 드립니다. 남용하지 마세요. 가능한 한 빨리 후임자를 찾고 돌아오면 이 사회에서 당신에게 새로운 자리를 줄 수 있는 방도를 알아볼 것입니다."[9]

이틀 후 L…에 도착했다. 내가 올 줄 알고 사라가 기다리고 있었다. 키스로 먼저 인사를 나눈 후에 그녀는 내 얼굴에 드리워진 짙은 근심의 기색에 충격을 받았다. 그녀가 그걸 지적했기에 나는 그녀에게 고통스러운 눈길을 던지며 내 침대 가장자리에 앉았다. "내 사랑," 흔들리는 억양으로 내가 말했다. "이별

---

9 〔옮긴이 주〕 영어판에서는 이 문단 아래 한 줄 공백이 있다.

의 시간이 왔어." 그리고 B…에서 일어난 일에 대해 간략히 설명해 주었다. 난 여전히 그녀의 부드럽고 사랑스러운 얼굴을 보고 있었고, 그 얼굴이 슬픈 어둠으로 일그러지는 것을 보았다. 말을 하진 않았지만 그녀의 눈빛은, 중요한 결정을 그녀 없이 내려 버린 건 잘못이었다고 나를 비난하는 듯했다. 그 눈빛은 이렇게 말했다. 네가 원하기만 했더라면 우린 더 오랫동안 행복할 수 있었어. 하지만 나로는 분명 충분치 않았던 거지. 너는 자유롭고 독립적인 삶에 목말라 있고 그건 내가 줄 수 없는 것이니까.

사실 나를 사로잡은 일종의 환멸 속에는 그런 모든 것이 있었다. 나는 더 이상 살아 있지 않았다. 내 현재의 위치에서 느껴지는 수치심 하나만으로도, 부끄러운 과거와의 관계를 끊기에 충분했다.

미지의 것에 대한 이 광대한 욕망이 나를 이기적으로 만들었고, 내가 내 의지로 깨뜨리게 될 소중한 인연을 아쉬워하지 못하게 만들었다.

나중에 나는 그때 내가 절대적 의무로 여겼던 것에 대해 비통하게 뉘우쳐야 했다. 얼마 가지 않아 이 세상은 내가 얼마나 유약하고 멍청한 행동을 했는지 가르쳐 주고, 그에 대해 가차

알렉시나의 《회상록》

없는 대가를 치르게 할 것이었다.

L…에서의 며칠은 정말 힘들었다. 가련한 사라는 끝내 북받쳐 오르는 눈물을 감추지 못했다. 그녀는 어머님과 마주치는 것도 철저히 피했다. 놀라운 건, 어머님마저도 내가 아주 떠난다는 사실을 받아들이기 어려워하셨다는 것이다.

이 문제와 관련해 그분과 진지한 대화를 나눴다. 내가 왜 이런 결정을 내렸는지 상세히 설명하진 않았다. 다만 상황의 엄중함을 이해시켜 드리기 위해 나는 B… 주교님의 권위와 그분이 내게 더 이상 선택권을 주고 싶어 하지 않으신다는 걸 언급하지 않을 수 없었다.

맹목적인 어머님께는 분명 끔찍한 경고로 들려야 했을 이 모호한 근거들에 대해, 그분은 믿을 수 없을 정도의 진실된 혹은 가장된 의심을 보였다. 그렇지만 나는 그분을 이해한다. 내가 그분과 한 지붕 아래 있는 한, 그분은 내게 적대적인 입장을 취하지 않으셨고 내 행실에 대해 뚜렷한 이유를 댈 수 없으셨다. 내게 적대적인 입장을 취하신다면 당신 가족과 세간의 의심을 샀을 텐데, 그것만은 어떤 값을 치르더라도 피하고 싶으셨던 것이다. 그분이 내심으로는 나를 인정하고 계셨다고 확신한다. 그리고 그분이 겉으로 보여 주는 그 평온함은 당신 따님에 대한 끔찍한 불안들을 숨기고 있었다. 그때까지는 증거에도 귀를 닫고 의사 선생님의 제안도 들으려 하지 않으셨지만, 이제 더 이상 그렇게 할 수 없으셨기 때문이다. 진실이 온전히 그분 앞에 드러났으니, 그 잘못된 신뢰에 뒤따를 결과를 생각하며 얼마나 고통스러우셨을까! 그럼에도 그분은 말 한 마디, 몸짓 하나로도 티를 내지 않으셨다. 진정으로 강인한 여인이셨거나, 혹은 어리석고 무지한 분이셨다. 사라나 다른 자녀분들에 대해 그분은, 아주 사소한 비판의 꼬투리조차 잡을 수 없는, 그 어떤 가식도 없는 감동적인 순박성의 놀라운 배역을 완벽하게 연기하고 계셨다. 내게 보여 주신 그분의 자애로움은 가식이었을까? 모르겠다. 어느 경우든, 가장 선입견이 강한 사람조차도 그분께 속아 넘어갔을 것이다. 우리 모두는 세상에서 제일가는 믿음으로 서로 속고 속였다.

이보다 더 기묘하고 고통스러운 상황이, 세 사람으로 하여금 하나의 생각을 공유하도록 한 적도 없었을 것이다. 그 생각의 공동체에서 모든 것은 비열한 허위였고, 드러난 감정들의 믿을 수 없는 희극이 놀라운 침착함으로 펼쳐지고 있었다.

P… 부인의 눈에 나는 당신 따님의 선택을 받은 동반자였고, 언제까지나 그래야만 했다.

알렉시나의 《회상록》

사라의 어머니와 다른 사람들이 보기에 사라는〔애인이 아니라〕친구이자 자매일 뿐인 나를 잃은 것이었고, 그래서 사라는 남들 눈을 의식하지 않고 나와의 이별을 마음껏 슬퍼할 수 있었다. 이 모든 불가사의를 알고 있는 누군가가, 우리 셋이 모여서 내가 L…의 집에 며칠이나 더 머물지 이야기하는 걸 봤더라면 〈피가로〉나 떼아트르 뒤 짐나즈[10]에서 벌어지는 공연을 보고 있다고 믿었을 것이다. 그 어떤 숭배받는 배우라도 그렇게 터무니없는 배역에 그토록 진심을 담아낸 적은 없었을 것이다.

날마다 새로운 장이 열리는 바람에 얼이 빠지고 격분할 지경이었다.

어느 오후 학생들이 휴식하고 있을 때 나는 사라를 따라 그녀의 방에 들어갔다. … 대화의 주제는 언제나 우리의 이별이었고, 그러면 또 눈물 바람이었다. 내 여자친구가 창문가에 서서 한 손을 내 목덜미에 두르고 조용히 울고 있을 때 갑자기 어머님이 막내 언니와 함께 들어오셨다.

---

10 〔영어판 주〕 떼아트르 뒤 짐나즈, 혹은 떼아트르 뒤 짐나즈 마리 벨은 파리 10구 38길 본느 누벨에 있는 극장이다(지하철역: 본느 누벨Bonne Nouvelle). 〔옮긴이 주〕 희극 전문 극장이다.

두 분은 우리의 슬픔에 참여하려는 듯 자연스럽게 자리에 앉으셨다. P… 부인께서는 우리를 고요히 바라보셨다. "까미유 양mademoiselle," 그분이 말씀하셨다. "자기가 가는 걸 얼마나 섭섭해하는지 보세요, 그런데도 본인 결심을 고집할 건가요? 나와 사라의 옆자리를 당신 말고 누가 채워 줄 수 있을까요?" 그분 말씀이 내게 어떤 영향을 끼쳤는지는 말로 표현할 수 없다. 난 압도당하고 말았다. 천진난만한 대담성의 극치였다. 하느님을 시험하는 것이었다.

단도직입적으로 고백해 버리고, 그 향기에 내가 도취되기까지 했던 순결한 꽃을 치욕스럽게 해야 했을까? 그건 정말 안 된다. 자기 인생 전체와 맞바꾸는 일이 있더라도, 사라는 엄마와 언니 면전에서 얼굴 붉힐 일은 하지 않았을 것이다. 우리 사랑의 비밀은 하느님과 나만 아는 것으로 사라져야 했다.

그래서 나는, 내 의지와 무관한 어떤 힘이 내게, 뒤돌아보지 말고 어서 가라고 떠밀고 있다고 말했다. 그 자리에 함께한 새댁은 아무 말이 없으셨고 나는 본능적으로 내 비밀이 그분에게 더 이상 비밀이 아님을 알았다.

사라는 그분의 모든 관심을 사로잡고 있었는데, 그분은 동생의 일거수일투족을 살피고 계셨다. 이 가련한 아이는 완전히 슬픔에 잠겨서 그걸 알아차리지 못했다. 그녀는 나를 꼭 껴안았다. 눈물을 흘릴 때마다 그녀는 오열하며 감정을 표출했다. 고통스럽기 그지없는 이 장면은 수업 시작 시간 때문에 마무리되었다.

며칠 지나지 않아 P… 부인께서 집을 비웠다 돌아오신 후에 내게 알려 주시기를, 구역 장학관 덕분에 내 후임자를 찾으셨다는 것이다. 그래서 난, 크나큰 괴로움이 없지 않았지만, 떠날 채비를 했다. 마침내 그 젊은 아가씨가 도착했다는 기별이 왔고, 나는 그녀가 D… 사범학교 졸업생임을 알아보았다. 우리 관계는 상당히 냉랭했다. 그녀의 존재는 나를 끊임없이 불편하게 했고, 이별의 신호는 이제 피할 수 없는 것이었다.

나를 사라와 결속시켜 주던 친밀함은 물론이고 사라 어머님의 회한을 목격한 그녀는 내가 황급히 떠나는 이유를 찾으려 했지만 허사였다. 그녀는 곧 내가, 그녀와 함께 공부했던 우리 이모를 본받아 수녀가 되려는 것이라고 확신했다. 그녀의 추측은 나를 미소 짓게 했다. 하지만 진실을 알려 주어 실망시킬 필요까지는 없으리라고 생각했다.

나는 우리의 교육 방식과 관련한 인수인계를 위해 2,3일 더 머물러야 했는데, 내가 그래야 한다고 판단했기 때문이 아니라

P… 부인께서 내게 그렇게 청하셨기 때문이다.

사라는 내 후임자와 거의 말을 하지 않았다. 처음부터 그녀를 마음에 들어 하지 않았다. 그럴 수밖에 없었다! 그녀가 내 자리를 차지할 수는 있어도 나를 대체할 수는 없었던 것이다.

그녀가 도착하던 날 저녁, 이제 그녀 차지가 된 기숙사의 내 침대를 그녀에게 주고 나는 사라의 작은 방을 쓰겠다는 뜻을 비쳤다. 여자친구는 내 뜻을 꺾고 싶어 했지만, 어머님은 찬성하셨다. 그래서 첫날 우리는 떨어져 있게 되었지만, 이튿날 아침 사라는 매일 하는 아침 인사를 하러 와서는 내 곁에서 단장을 했다. 그 주 주말로 확정된 정해진 출발 전까지 그랬다.

대주교 드…님이 되신 드 B… 주교님의 서신을 통해 주임신부가 그 일을 미리 통지받아 알고 있었다. 나는 이에 대해 이야기하기 위해, 순수하게 예의상 그를 찾아갔다. 나는 그 짓을 뼈저리게 후회했다. 이 어이없는 인간은 내게 일어난 이 믿을 수 없는 상황과 관련해 격려의 말 한 마디조차 하지 않았다. 그 무엇도 이 인간의 흔들리지 않는 준엄함을 누그러뜨릴 수 없었다. 그는 나를 결코 용서하지 않았다. 내가 자기한테 무슨 짓을 했다고? 아무것도 없는데. P… 부인께서 애원하셨음에도 그에게 마지막 인사를 하러 되돌아가지 않았음은 말할 것도 없다.

L…에서는 아무도 만나지 않았다. 내가 떠난다는 사실이 이미 그곳에 알려져 있었음에도, 촌아낙들의 한담에서 안줏거리가 되는 불가피한 왈가왈부를 제외하면, 시끄러운 말들은 나오지 않았다.

마지막 날이 왔다. 나는 마침내 내 은밀한 기쁨들의 증인이었던 그 다정한 은거처를 떠나려 하고 있었다. 나는 이제껏 상상도 못했던 세계를 새로운 모습으로 마주하게 될 것이었다.

내 미숙함은 내게 슬픈 환멸들을 예비하고 있었다. 그때의 나는 모든 것을 찬란한 빛 아래, 구름 한 점 없이 맑게만 보고 있었다! 어리석은 나여! 나는 행복, 진정한 행복을 제 손에 쥐고 있었고, 이제 내 기쁨으로, 기꺼이, 그 모든 것을 무엇에, 한 가지 생각, 한낱 어리석은 두려움에 바치려 하고 있었다!!! 오! 난 정말 그 대가를 치른 것이다!! 하긴 이 불평과 후회가 다 무슨 소용이란 말인가? 난 내 운명을 감내했고, 내 상황의 고된 과제들을 아마도 용기 있게 완수한 것 같다. 비웃는 이들도 많겠지. 나는 그들을 용서하며, 또 나를 짓눌렀던 이 이름 없는 고통들을 그들이 결코 모르기를 바란다!!!

나의 떠날 준비는 끝났다. 나는 내 학생들에게 작별을 고했다. 가여운 아이들! 얼마나 절절하게 그 어린 이마들에 입을 맞추었던가! 나는 사랑으로 그들을 바라보았고, 위대하고도 너무나 긴밀했던 내밀함 속에서 그녀들과 함께 보낸 날들을 거의 자책하며 되새겼다!

아침 7시였다. 사라는 마차가 다니는 큰길까지 나를 바래다주기로 되어 있었다. 작별 인사를 위해 P… 부인에게 다가갔을 땐 내 가슴이 지독하게 조여 왔다. 그분도 몹시 아파하셨다. 고통으로 일그러지는 표정이 그걸 잘 말해 주었다. 그 침묵 속에는 너무나도 많은 것들이 담겨 있었다. 무엇보다도 아쉬움이, 왜냐하면 그럼에도 불구하고 그분은 나를 진정으로, 충실하게 사랑하셨기 때문이다. 하지만 그 자연스러운 자애 곁에 앙금도 있었다는 것을 나는 더 이상 의심하지 않는다. 그녀는 그때 모든 것을 꿰뚫어 보고 있었다. 따님의 순결이 그토록 소중했는데, 그 따님 근처에서, 그녀의 집에서 내가 연기한 신비한 역할을 용서하실 수 있었을까? 그렇지만 나는 그분이 우리 사이의 **친밀한** 관계까지는 짐작하지 못하셨으리라 믿는다. 그렇다, 그분의 격렬한 감정으로 볼 때, 만약 그걸 아셨더라면 아연실색하셨을 것이기 때문이다. 내 성실함이 그분께는, 그분 자녀의 순결에 대한 확실한 보증이었다.

어머니로서는 드물기도 하고 비통하기도 한 순진함이다!

… 세상사에 대한 무지 속에서 그분은, 내가 내 성별에 적합한 이름과 신분을 가지고 이 세상에 다시 나타날 수 있다는 것을 인정할 수 없으셨다. "그러니까, 사랑하는 까미유," 그분이 말씀하셨다. "언젠가는 당신을 '**무슈**'라고 불러야 할지도 모른단 말인가요? 오! 아냐, 아닐 거라고 말해 주렴." "그렇게 될 거예요, 부인. 조만간, 반드시. 드 B… 주교님께 여쭤 보시지요?" "하지만 세상 사람들이 뭐라 할까? 소동이 나면 필시 우리 집안에도 불똥이 튈 텐데! 이런!"

그게 그분의 가장 큰 근심거리, 그분의 악몽이었다. 그분은 자신의 기숙학교를 잃고 자신에 대한 존경이 심각하게 훼손될 것으로 보고 계셨다. 그러한 관점 앞에서 그분은 자기 딸을 잊어버렸고, 과거가 어떠했는지보다 미래가 어떠할지에 마음을 쏟고 계셨다.

"잘 가요, 영원히 안녕, 사랑하는 **딸**fille!" 훌륭한 여인께서는 더 이상의 말씀을 하지 않으셨다. 사라는 눈물을 참으며 고개를 돌렸다. 나는 그녀에게 표시를 보냈고 우리는 그 마을을 가로지르지 않기 위해 두름길을 따라 출발했다. 난 그녀의 팔을 잡고 내 가슴 쪽으로 꽉 껴안았다. 그녀는 때때로 내 손을 꼭 쥐었다. 그때마다 우린 눈을 마주쳤다. 입술 끝에서 사라져 가는 문장들을 대신해 눈빛들이 많은 것들을 말하고 있었다.

우리가 이렇게 얼싸안고 있는 걸 본 어느 누가, 겉보기에는 이토록 차분하고 온화한 두 젊은이의 삶 속에 숨겨진 그 신비한 드라마를 발견할 수 있었을까?

진실은 때로, 아무리 과장된 것처럼 보여도, 모든 관념적 이해를 넘어서지 않던가? 오비디우스의 《변신 이야기》조차 이보다 멀리 나간 적이 있었던가?

마지막으로 나는 내가 내 자매라 불렀던 이를, 스무 살 열정의 모든 격정으로 사랑했던 이를 품에 꼭 안았다. 내 입술이 그녀의 입술에 스쳤다. 우린 할 말을 다 했다. 이번에는 그 몇 년간 누렸던 모든 행복, 내 인생의 첫사랑이자 유일한 사랑을 영혼에 담고 떠났다. 마차가 멀어짐에 따라 내 사랑하는 이가 시야에서 사라져 갔다. 모든 것이 끝났다.

내 소녀 시절에 관해서는 다 말한 것 같다. 인생의 아름다운 시절이었다. 이제 그 인생은 차가운 고독 속에 내버려질 운명이지만. 신이시여! 내 운명은 얼마나 가혹한지요! 하지만 그건 분명 당신 뜻이었을 테니, 나는 침묵할 따름입니다. B…로 돌아가서는, 남성 주체로서 시민사회에 등장하기 위한 절차들에 전념해야 했다.

H… 박사님은 이미 의학적 문체의 걸작이라 할 수 있는 방대한 보고서를 작성해 놓고 계셨다. 이는 내 출생지인 S…의 법원에서 심리될 예정인 호적 정정 신청을 위한 것이었다. 나는 이 서류를 들고, 법원장 및 검찰총장을 위한 특별 추천장까지 갖추고 그 도시로 향했다. 엄마가 함께 가 주셨다. 우리가 처음으로 방문한 사람은 우리 가족과 오랫동안 알고 지낸 연로하신 주임신부님이었다. 이 문제와 관련해 드 B… 주교님께서 주임신부님께 보낸 편지를 읽고 보여 준 그 순박한 놀람에 대해서는 굳이 설명하지 않겠다. 쉽게 이해할 수 있으리라. 그런 유의 일들은 매우 드물기 때문에 호기심을 자극하기 마련이다. V… 드 L… 법원장님은 우리를 친절히 맞아 주셨다. 사실관계 확인 후 몇 가지를 묻고 말씀하시길, "내가 보냈다 하고 내 소송 대리인 D… 선생을 찾아가 이 서류를 모두 넘겨 드리세요. 그다음 일은 여러분이 관여하지 않아도 진행될 거예요. 나중에 혹시 여러분의 출석이 필요해지면 알려 드리죠." 우리는 이튿날 바로 떠났다. 우리 가족은 내게 무슨 일이 닥칠지 알지 못했다. 나는 일이 다 마무리지어질 때까지 비밀로 하고 싶었다. 딱 한 사람, 우리 외할아버지만 빼고 말이다. 할아버지는 겁에 질리셨다. 우리 모두의 평안을 위협할 수도 있는 결말을 예상하셨기

때문이다. 난 최선을 다해 할아버지를 진정시켜 드렸고, 모든 것이 합법적이고 합당하게 이루어질 거라고 안심시켜 드렸다.

그러니까 외할아버지밖엔 아무도 우리 여행의 이유를 알지 못했다. 하지만 나중에 알게 되기로, 내 용모에 대해 이상한 말들이 오갔었다고는 한다. 엄마의 절친이 내 걸음걸이, 외모, 그리고 어딘지 모르게 기마병 같은 태도에 몹시 충격을 받았었다는 것이다.

다른 곳에서도 마찬가지였다. 내가 3년간, 그러니까 열 살 때까지 내 또래의 부모 잃은 소녀들 틈에서 머물렀던 병원에서도. 거기서 무한한 기쁨으로 원목 신부님을 다시 뵈었다. 수녀 원장님은 여전히 나를 **사랑하는 딸**chère fille이라 부르셨다. 그분은 말씀을 계속하시며 우리를 문까지 바래다 주셨다. 그러는 동안 내가 가장 좋아했던 친구인 그 집의 한 소녀가 창문으로 우리를 지켜보고 있었다. 그 눈치 빠른 친구는 내가 우산을 왼팔 아래 끼고 오른손은 장갑을 벗은 채 등 뒤로 돌리고 있다는 걸 눈여겨보았다. 그게 **여선생**institutrice으로서는 퍽 우아하지 않아 보였던가 보다. 더욱이 내 움직임들은 내 얼굴, 그러니까 심하게 강조된 딱딱한 이목구비와 조화를 이루고 있었다고 했다.

B…로 돌아오고 보름쯤 지났을 때 청원 담당 소송 대리인이

알려 주길, 법원이 첫 심리에서, 최종 판결 전에 새로운 검진을 수행하도록 G… 박사를 지정했으며 내가 그 의사 선생님 사무실에 출석해야 한다고 했다.

감수할 수밖에 없었다. 실은 그럴 줄 알고 있었다.

말할 것도 없이 2차 검진에서도 1차 때와 동일한 결과가 나왔고, 그 보고서에 따라 S… 민사 법원은 호적 정정을 명령했다. 그런 의미에서 나는 출생 당시 부여받은 여성의 이름을 남성의 이름으로 대체해 호적에 남성에 속하는 자로 기재되어야 했다.

이 판결이 내려졌을 때 난 B…에 있었다. 판결문 원본이 내게 전달되었고, 그것은 이후《법의학 연보》에 실렸다.

그 책자를 보고 똑같은 일이 1813년 프랑스 남부의 한 지역에서 일어났었다는 걸 발견했다. 동일한 상황은 아니었지만 적어도 결과는 동일했다.

이로써 모든 것이 결정되었다. 호적은 내게 이제 이른바 강한 성이라 불리는 인류의 절반에 속할 것을 요구하고 있었다. 수줍어하는 여자 친구들과 함께 스물한 살까지 수녀원에서 자란 나는, 아킬레우스처럼, 달콤했던 과거를 모두 뒤에 남겨 둔 채, 오직 내 연약함과 인간 및 사물에 대한 경험 부족만을 갑옷 삼아 세상이라는 경기장에 들어가려 하고 있었다.

더 이상은 숨을 수도 없었다. 사람들은 이미 그에 대해 수군 거리고 있었다. 소도시 S…는 비상한 이 사건으로 떠들썩했다. 비방과 중상이 뒤따르기에 딱 좋은 사건이었다. 늘 그랬듯 사 람들은 이야기를 어마어마하게 부풀려 댔다. 어떤 사람들은 우 리 엄마를 비난하기까지 했다. 내가 징집당하지 않게 하려고 내 진짜 성을 숨겼다는 것이다. 또 다른 사람들은 나를, 도처에 서 수치와 불명예를 불러일으킨 진정한 돈 후안이라고 주장했 다. 주께 헌신하는 여인들과 은밀하게 놀아나기 위해 뻔뻔스럽 게도 내 상황을 이용했다는 것이다. 난 이 모든 것을 알고 있었 지만, 전혀 동요하지 않았다.

B…에서는 훨씬 더 큰 소동이 벌어졌다. 어느 화창한 아침, 나는 남자 옷을 입고 미사에 참석해 드생-M… 주인어른의 따 님인 R… 부인 옆에 앉았고 사람들은 날 보았다. 나를 알아본 건 한두 사람뿐이었지만 그걸로 충분했다. 온 도시에 소문이 퍼졌다.

일간지들이 가세했다. 이튿날 모든 일간지들이 그 사건에 대해 떠들어 댔다. 그들 중 한 명은 신중하게, 나를 옴팔레 여왕 〔헤라클레스에게 여인의 옷을 입힌 리디아의 여왕〕의 발치에서 실을 찻 는 아킬레우스에 비유하기도 했다. 하지만 그 미사여구들 사

　　　　　　　　　　　　　　알렉시나의 《회상록》

이사이에는 나와 다른 사람들에 대한 중상모략이 뒤섞여 있었다. 그 이름도 잊혀지지 않는 몇몇 지역 언론 편집자들이 다소간 자극적인 기사들을 내보낸 후, 파리의 몇몇 일간지들도 즉각 기사를 베껴 실었다. 이에 대해 도시 상류층의 여론이 들끓었다. 해수욕장의 모든 대화 주제가 나에 관한 것이었다. 그날 그곳에서 저명인사들과 함께 계셨던 도지사님도 크게 놀라셨다. 다행히 드 B… 주교님의 명성이 나를 지켜 주었다. 사람들은 저명한 성직자가 이 사건에 힘을 기울였다는 걸 알고 있었기 때문에 고개를 숙일 수밖에 없었다. 바로 그 다음 날, 나는 새 옷을 입고 그분을 뵈러 갔다. 그 옷 덕분에 그분은 더 허심탄회하게 당신의 모든 애정 어린 자비를 내게 보여 주실 수 있었다. 이 위대한 분은 나를 당신의 친구라 부르시며 내 손을 따뜻하게 잡아 주셨다! 이 장면에 대한 기억은 아직도 내 마음에 선명하다.

오! 복음대로 사신 그분께, 그리고 영혼의 드넓은 관대함만큼이나 흔치 않은 천재성의 고상함으로 당신의 높은 지위에 참으로 합당했던 그분께, 내가 진 모든 빚을 결코 잊지 못할 것이다. 나는 H… 박사님도 뵈었다. 그분은 말씀하시길, "당신이 나를 믿는다면, 나를 따라 도청 소재지에 갑시다. 도지사님이 뵙고 싶어 해요. 당신을 도와줄 준비가 되어 있는 게 틀림없습니다. 특히 지금이라면 그분은 당신을 위해 뭐든 할 수 있습니다."

그래서 나는 내가 온 걸 기뻐하시는 것처럼 보이는 도지사님 집무실에 박사님과 함께 들어갔다. 그분은 아버지처럼 나를 맞아 주셨고, 내 과거와 미래 계획들에 대해 친절히 물어봐 주셨다. 그분은 내 난처한 입장에 관심을 보이셨다. 왜 철도 회사에 들어가겠다는 생각이 들었는지는 잘 모르겠다. 도지사님께 말씀드렸더니 반대하지 않으셨고, …의 회사에 요청해 보겠다고 약속하셨다. 그분 말씀은 이랬다. "당신이 어떤 폭풍우를 일으켰는지 알고 있겠죠? 당신이 악행을 저질렀다고 사람들이 비난한다는 것도 잘 알고 있을 겁니다. 거기에 신경 쓰지 마세요. 고개 들고 걸으세요. 당신에겐 그럴 권리가 있어요. 아마 쉽지 않겠죠. 누가 그걸 이해 못 하겠어요? 그래서 드리는 조언인데, 좀 내려놓고 잠시 동안 이 지방을 떠나 있도록 해요. 내가 뒤를 봐줄 테니." 이 적확한 조언에 누구보다도 감사를 드렸다. 나는 잠시 떠나 있어야 할 필요성을 느꼈고, 간절하게 그걸 원했다.

내가 두려워했던 것처럼, 나와 사라 P··· 양이 맺었던 친밀한 관계에 대한 끔찍한 소문이 퍼지고 있었다. 어떤 이들은 그녀가 진정으로 더럽혀졌다고 말하고 다녔다. 오! 고백컨대 그 일

　　　　　　　　　　　　　　　　알렉시나의 《회상록》

격만큼 내게 깊게 와 닿은 것은 없었다. 나를 짓누른 운명의 희생자가 되어 버린 그 가련한 아이를 상상하는 것만으로도 견딜 수가 없었다. 신의를 지켰던 두 영혼의 거룩한 애정을 말려 죽이면서도 이 무자비한 심판자들인 세상 사람들에게는 별 탈이 없었다. 우리 둘은 은밀한 심연의 가장자리에 함께 내던져져 있었고, 우리의 피할 수 없는 추락은 신비로운 연결 고리였다. 용서해야 할 때 단죄하는 군중의 어리석은 맹목이라니!

난 그녀를 잘 알고 있었기 때문에 그녀가 나를 저주하지 않고 침묵과 용기로 고통받고 있을 것을 완벽히 확신하고 있었다. 아마 그녀만이 나를 이해했을 것이다. 그녀만이 나를 사랑했다! 나를 지탱해 주고 내게 살아갈 힘을 준 것은 아주 오래전부터 그녀에 대한 사랑에 찬 추억이었다!! 오늘도 여전히 모두가 날 버린 것 같고, 내 주위에서는 끔찍한 외로움이 자라난다. 마치 내 불행이 내게 닿는 모든 것들에 치명적이기라도 한 듯하다. 이 세상의 어떤 존재가 내 비참한 실존과 함께해 주었고, 또 버림받은 비참한 자에게 다정한 연민을 남겨 주었다는 것을 생각하면 약간의 감미로운 기쁨을 느낀다. 어쩌면 환상이 아닐까? 어쩌면 이걸 쓰고 있는 지금 이 순간, 그녀는 그녀의 유일한 행복이었던 것을 마음에서 영원히 쫓아냈을지 모른다. 맙소사! 내게 남은 게 뭐란 말인가? 아무것도 없다. 차가운 고독, 지독한 고립뿐! 오! 나를 둘러싼 군중 속에서 늘 홀로, 내 영혼을 기쁘게 하는 사랑의 말도, 내게 내미는 다정한 손길도 없이, 홀로 살아가는 것! 이름 붙일 수조차 없는 이 끔찍한 처벌! 누가 이 고통을 이해할 수 있을까? 말로 표현할 수 없는 사랑이라는 보물을 마음에 지니고 있으면서도 그것이 수치인 양, 범죄인 양 숨기도록 강요당하는 것! 불의 영혼을 가지고 생각한다. 내게 남편으로서의 신성한 권리를 줄 처녀는 어디에도 없을 것이다. 그것은 이승에서 인간이 누리는 최고의 위안이지만, 나는 그것을 맛보면 안 되는 것이다. 오! 죽음이여! 죽음만이 진정 내 해방의 시간이 되리라! 또 다른 방황하는 유대인인 나는 모든 고통 중 가장 끔찍한 고통의 끝을 기다리듯 죽음을 기다린다!!! 하지만 나와 함께하시는 내 하느님! 당신은 내가 그 어떤 지상의 인연에도 얽히지 않고, 그로 인해 그 어떤 이승의 인간에게도 속하지 않기를 원하셨나이다. 당신의 신성한 창조를 이어 감으로써 인간을 고양시키는 그 어떤 지상의 인연도 통하지 않음으로써 말입니다! 상속권을 빼앗긴 불행한 자이지만, 내가 여전히 당신을 올려다볼 수 있는 까닭은, 적어도 당신은 나를 밀어내지 않으실 것이기 때문입니다!

알렉시나의 《회상록》

도지사를 방문하고 5주인가 6주가 지났을 무렵, 초대장을 받았다. …의 철도 개발국장이 있는 파리로 오라는 것이었다. 이 편지에 나는 기쁨으로 가득 찼다. 파리 여행에 대한 생각은, 내가 미워했던 지역을 어서 버리고 나를 대상으로 했던 일종의 우스꽝스러운 심문을 마침내 벗어나게 되리라는 희망과 합쳐졌다. 얼마 지나지 않아 찾아뵌 도지사님은, 나와 함께 진심으로 만족스러워해 주셨고, 지체 없이 출발하라고 권하셨다. 엄마한테는 벌써부터 빛나는 미래의 여명처럼 보인 이 보상과 임박한 이별에 대한 생각이 슬프게 뒤섞였지만, 그래도 불쌍한 우리 엄마는 행복해하셨다.

늘 상냥하고 선견지명이 있는 드생-M… 주인어른은, 당신의 어린 조카들 중 파리에서 오래 산 한 명에게 나를 부탁하셨다. 그 사람은 나와 구면이었다. 그는 나를 알고 있었고, 우리 엄마도 알았으며, 그의 온 가족이 우리 엄마에게 갖고 있는 진실한 애정을 잘 알고 있었다. 그래서 그는 나를 형제로 맞아 주었다. 그 사람 덕분에 난 처음으로 이 파란만장한 파리의 회오리 바람에 홀로 던져진 시골뜨기의 끔찍한 당혹감은 느끼지 않을 수 있었다.

내가 도착한 그 이튿날, 그는 …정부 기관까지 나와 동행했다. 거기서 개발국장님을 뵈었는데, 너무 알려져 있는 분이니 성함은 여기 적지 않겠다. 그분과의 짧은 면담에서 나는 파리로 불러 주실 것을 간청드렸고, 그분은 그렇게 해 주시기로 약속하셨다. 그분의 마지막 말씀은 이랬다. "B…로 돌아가 대기하세요, 가까운 시일 내에 발령될 테니."

그래서 난 이틀 후 파리를 떠났다. 스치듯 도시를 봤을 뿐이었지만, 언젠가 다시 천천히 마주할 수 있으리라 기대했다. B…에서 보내는 동안 별다른 소동은 일지 않았다. 난 매일, 언제나 혼자서 외출하곤 했다. 내 사연의 소문이 잦아들기 시작하고 있었다. 상황이 백주에 드러나기 시작하자 사람들이 그것을 더 잘 이해하게 된 것이다. 더구나 나와 잘 아는 분들은 최근의 사건들이 터지고 나서 더 큰 공감을 내게 보여 주셨다고 말해야겠다. "불쌍하기도 하지." 내 친구이기도 했고 함께 공부하기도 했던 한 아이의 어머니는 이렇게 말씀하셨다. "이제 그 아이가 더 사랑스럽구나. 그 아이를 두 배는 더 잘 알게 되었으니 말이다. 얼마나 힘들었을꼬!"

사범학교의 훌륭하신 선생님들께서 얼마나 망연자실해 하실지 생각해 보라. 감히 상상조차 할 수 없을 것이다. 이 주제에 대해 존경하는 교목님은 내게 아주 인자하고 우정 어린 편지를

　알렉시나의 《회상록》

보내 오셨다. 내 사랑하는 아들이여, 이제는 내가 **예전의 내 딸** ancienne fille을 얼마나 사랑했는지 말할 수 있겠군요. 하지만 어떤 면에서는 당신을 가장 아끼는 학생으로 여겼던 우리 수녀님들께서 얼마나 순진하게 놀라셨는지 당신은 짐작도 못 할 것입니다. 마리데장주 수녀님께 당신의 변모에 관한 소식을 전해 드렸더니 두 손으로 얼굴을 감싸셨습니다. 당신과 그분을 하나로 묶어 주던 친밀함을 생각하시면서 말입니다. "세상에!" 순결한 피조물이 외쳤습니다. "내가 초청했던 피정 때 마지막으로 여기 머무는 동안 나는 그 아이를 그렇게나 좋은 마음으로 안아 줬는데! 그 아이는 나를 떠나면서 아무 거리낌 없이 내 손에 입을 맞추었습니다." 그러나 이 선하신 분은 그 일로 나를 비난하지 않으셨고, 그분들의 애정은, 비록 그 형태는 바뀌었을지라도, 내 마음속 깊은 곳에 간직되었다. 그분들의 애정은 가장 순결하고 가장 거룩한 주춧돌 위에 세워져 있기 때문에 결코 나를 저버리지 않을 것임을 알고 있다.

이것은 내가 전에 이 지상의 천사분들과 맺었던 관계들에 대한 모든 상상이 거짓이라는 것, 완전히 거짓이라는 걸 말하는 것이다. 물론 어느 정도까지는 그런 추측이 허용될 수 있고, 내가 위험한 상황에 놓여 있었다는 것도 부인할 수 없다. 이해할 수 있는 일이다. 하지만 그 위험을 알고 있는 건 나밖에 없었다. 내가 고통당하고 분투했다 한들, 눈치 채는 사람은 아무도 없었다. 분명 나는 내 소싯적의 원칙들이 갖는 지속성과 그 극도의 순수성 덕을 보았다. 천진한 얼굴들의 부드러운 평온함이 나 때문에 동요되지 않도록 그 앞에서 얼굴을 붉히지 않아야 한다는 원칙 말이다.

이렇게 주저리주저리 이야기한 것은 나 자신을 정당화하기 위함이 아니다. 하느님 보시기에 가장 합당한 영혼을 가진 존재들에 대해 의심을 품도록 내버려둔다면 나는 그것을 하나의 범죄, 중대한 비겁함으로 여기고 자책할 것이다.

사라와는 계속 편지를 교환하고 있었다. 그녀는 내 편지에 정기적으로 답했지만 어머님은 그 사실을 모르시게 했다. 난 사라 어머님께는 더 이상 감히 편지를 쓸 수 없었다. 나는 잘못하고 있었지만, 나중에서야 내가 잘못하고 있었다는 걸 알았다. 내 겁먹은 침묵은, 그분 눈에는, 그분과 따님에 대한 차가운 무관심으로 보였거나, 아니면 그 댁에서 벌어진 비난받아 마땅한 행실에 대한 뒤늦은 해명으로 보였을 것임이 틀림없다.

여기서도 난 경험 부족으로 실패했다. 그 상황을 다루는 법을 알았더라면 내 미래가 바뀌었을 것이다. 아마 난 지금쯤 그

알렉시나의 《회상록》

분의 사위가 되어 있었을지 모른다.

그러나 아마도 하느님께서 그걸 원치 않으셨고, 결코 내 것이 될 수 없을 그 칭호를 넘봤던 것이 내 잘못이었다! P… 부인은 진실한 모성애로서 나를 사랑해 주고 계셨다. 내가 떠난 것이 그분께는 두 배의 상처가 되었는데, 그분의 가장 소중한 관심사들, 그러니까 심각하게 타격을 입은 따님의 평판은 물론이고, 그분 집안의 명성까지 위협했던 것이다. 그 두 가지가 훼손된 것은 어쩔 수 없는 일이었다. 사람들은 그분 주위에서 소리를 낮춰 수근거렸다. 이미 너무나도 모호한 과거를 현재가 설명하고 있었다. 학무국 장학관들은 이 매우 미묘한 주제에 관해 그분과 이야기하지 않을 수 없었다. 내 역할이 모두의 눈에 분명하게 드러났던 이 드라마의 모든 우여곡절을 그들은 알고 있었다. 그분께 그 사실을 어떤 식으로든 상기시키는 것은 그분을 모든 수치와 공포의 고문에 빠뜨리는 것이었고, 그분의 예민하고 긍지 높은 성격의 고결함을 의심하는 것이었다. 그런 상황에서 이 가련한 여인은 내게 방을 내주었던 그날을 분명 몇 번이고 저주했으리라. 머릿속에 떠오르는 끔찍한 생각들로 그분이 가진 어머니의 마음은 산산이 부서졌으리라. 그분의 양심이 그분을 꾸짖고 있었을지 모른다. 충직한 성품 때문에, 또 자기 아이를 의심한다는 것은 그분으로서는 도저히 할 수 없는 일이었기 때문에, 오랫동안 눈이 멀어 있었던 그 양심이. 하지만 오, 하느님! 그분도 여인이었기에, 인간의 힘의 한계를 알고 계셨을 것이다!

파리를 떠난 지 한 달 만에 …의 철도 개발국장 밑으로 가라는 명령을 받고 다시 파리로 떠나게 되었다. 출발 전 마지막으로 주교님을 뵈러 갔다. 그분을 한참 동안 뵐 수 없으리라는 생각에 괴로웠던 것이다. 영혼의 모든 덕성과 위대한 지성을 함께 지닌 그런 분들을 만나는 건 정말 드문 일이다. 그 위대하신 분이 나와 만나게 된 예외적 상황이 특별히 그분을 감동케 했다. 이렇게 말해도 괜찮다면 그분은 내게 애착을 갖게 되셨다. 선하신 주교님은 내 손을 잡으시고는 그분 품에 나를 따뜻하게 안아 주시고 축복해 주셨다. 난 너무나 감동을 받아 그저 말없이 고개를 숙일 수밖에 없었고, 몇 마디 감사의 말을 더듬거리며 물러났다.

가여운 우리 엄마는 나와 헤어지며 눈물을 쏟았고, 나 역시, 정말 애를 썼는데도 불구하고 엄마를 따라 울고 말았다고 고백하겠다. 만 하루면 200리 길이 우리를 갈라놓을 것이다. 처음이었다. 물론 회한의 눈물은 몇 방울쯤 허용될 만하다. 우리는 분명 서로를 다시 볼 수 있으리라는 희망을 품고 있었다. 고귀하고 존경해 마지않는 나의 은인 드생-M… 주인어른은 그렇지 않았다. 돌아가시기 일보 직전인 상황에서 그분은 더 이상 그런 희망을 가지실 수가 없었다. "가여운 까미유," 그분은 흐느끼는 목소리로 말씀하셨다. "더는 만날 수 없겠구나!" 내 손을 쥔 그분의 손이 떨리는 것이 느껴졌다.

연로하신 분의 눈물보다 슬픈 게 또 있을까. 오! 가장 깊고 가장 생생한 애정을 증언하는 이 고통을 마주하고 난 기운이 쭉 빠져 버렸다. 사실 거기서 아버지의 심장이 뛰는 것을 느꼈다. 나는 그걸 알았다. 얼마나 자랑스럽던지!

존경하는 나으리, 편히 쉬소서!! 당신의 죽음은 선한 사업과 너그러운 선행으로 가득했던 삶의 마침표였고, 당신의 위대한 영혼은 이미 그 보상을 받았을 것입니다. 미약한 내 목소리를 들어 주시기를! 내 목소리는 당신에 대한 기억으로 가득한 심장이 이승에 있다고 말할 것입니다.

그분은 이제 안 계시다! 이 죽음은 내 안에서, 이 세상 그 무엇도 대체할 수 없는 연결 고리를 깨뜨렸다!!! 나는 그분의 마지막 순간들을 함께하지 못했다. 그분은 그 순간들이 다가옴을 느끼셨다. 끔찍한 위기가 닥쳤음에도 그분은 자기가 사랑하는 모든 이들의 이름을 말씀하실 수 있었고, 우리 엄마한테 작별 인사를 하셨다. 엄마의 두 손을 따님의 두 손에 포개며 두 사람을 바라보시고는 내 이름을 부르며 눈을 감으셨다!

그날로부터 2년이 흘렀다. 하지만 그분은 여전히 내 마음속에 온전히 살아 계시다. 내가 그분께 바친 숭배는 내 삶의 마지막 기쁨이자 유일한 기쁨이다! 아! 그 후로 나를 적시는 혐오와 신산함의 한가운데서 나는 그분의 부재가 만들어 낸 무시무시한 공허를 어렴풋이 느낄 수 있었다!

그리고 지금은 나 혼자! … 혼자 … 영원히! 내 형제들 사이에서 버림받고 추방된 존재! 아! 내가 무슨 말을 하는 건지! 주변 사람들을 '형제'라 부를 자격이 내게 있을까? 아니, 전혀. 나는 혼자다! 파리에 도착하고 나서부터는 내 이중적이고 기묘한 삶의 새로운 국면이 시작되었다. 스무 해 동안을 여자아이들 사이에서 자랐고, 처음에는 길어야 2년 정도를 하녀로 일했다. 만 열여섯 살 반에 난 …의 사범학교에 교생 자격으로 들어갔다. 열아홉에는 교원자격증을 받았고, 몇 달 후에는 … 지역에서 꽤 유명한 기숙학교를 운영했으며, 스물하나일 때 그곳을 떠났다. 4월이었다. 그해 말 나는 파리의 …철도청에 근무하고

알렉시나의 《회상록》

있었다.[11]

가라, 저주받은 자여, 일하라고! 네가 간청했던 세상은 너를 위해 만들어진 게 아니었어. 너도 그 세상을 위해 만들어지지 않았어. 이 광활한 우주에서 모든 고통이 다 자기 자리를 갖더라도 네 고통이 쉴 구석은 찾아도 허사로구나. 여기서 네 고통은 얼룩이다. 그것은 자연과 인간성의 모든 법칙을 뒤집는다. 가족의 품은 네게 열려 있지 않아. 네 인생 자체가, 젊은 처녀, 수줍어하는 사춘기 소년이 얼굴을 붉힐 하나의 스캔들이라고.

나를 향해 미소 짓고 그 입술로 내 입술을 스치던 타락한 여인들 중, 수치스러워하며 내 품에서 물러서지 않은 이가 하나도 없다. 뱀에 닿기라도 한 듯. 좋다! 아무도 저주하지 않으련다. 그래, 나는 내 숨결의 그림자도 남기지 않은 채 당신들 사이를 지나갔다. 남자! 난 너희들의 거짓 서약들로 내 입술을 더럽히지도 않았고, 망측한 결합으로 내 몸을 더럽히지도 않았다. 부정한 아내 때문에 내 이름이 진흙탕 속으로 끌려 들어가는 것을 보지도 않았다. 난 너희들이 백주에 드러내는 그 모든 더

---

11 계속되는 되풀이는 여기서 중단된다. 이 다음 페이지부터는 앙브루아즈 타르디외A. Tardieu가 입수한 텍스트들에서 발췌된 것들이다(M.F.).

러운 염증들을 피했다.

난 이 황금 술잔에서 향기만을 들이마셨다. 너희는 찌꺼기까지 마셔 버렸지. 모든 수치, 모든 불명예까지도. 그런데도 여전히 만족하지 못해. 그러니 그대들의 연민을 거두시라.

그것은 아마 나보다도 너희에게 속하는 듯하다. 나는 너희의 무수한 비참 위로 활공하며 천사들의 본성에 참여한다. 왜냐하면 너희가 말했듯 내 자리는 너희의 좁은 영역 안에 있지 아니하므로. 너희에겐 땅, 내게는 무경계의 공간. 너희의 그 조악하고 저속한 감각의 끈 천 개로 이승에 묶여 있는 너희의 정신은 광대하고 투명한 이 대양에 잠기지 못한다. 내 길 잃은 영혼은 잠시 너희 메마른 해변에 있었지만, 이제 그 대양에서 목을 축이리.

순결한 육신의 껍질에서 일찌감치 벗어난 내 영혼은 황홀경에 빠져 어렴풋이 보았지, 빛나는 불멸의 세계의 빛나는 명료함을. 미래의 거처로 갈망되는 그곳을. 오! 누가 말할 수 있을까. 이 지상의 그 무엇으로도 인류에게 매어 둘 수 없는 한 영혼의 순결한 환희의 비상을. 그리고 그 영혼은 어떤 눈으로 관조하는가, 그렇게나 많은 정념, 증오에 찬 분노, 저속함이 요동치는 닫힌 지평을. 그리고 바로 나에게, 상속권을 박탈당한 자에

알렉시나의 《회상록》

게 하듯, 이름 없는 존재에게 하듯, 그렇게 너희는 모욕적인 경멸을 던지려는가!

너희에게 그런 권리가 있는가? 뭐라고, 질 떨어지는 자들, 천 번 타락했고 영원히 쓸모없는 것들이 바로 너희들이다. 너희는 너희가 정복했다고 꾸며 대는 여자들, 그 부패한 피조물들의 멸시당해 싸고 또 멸시받고 있는 노리개들일 뿐이다. 내 면전에서 비웃고 모욕하러 오는 것들이 너희들이렷다? 아! 그래, 너희의 권리에 긍지를 가져라!

너희에게 퍼부어지는 욕지거리가, 너희가 너희 권리들을 꽤나 고상하게 사용했음을 증언하는구나. 나야말로 너희 가련한 영혼, 전락한 영혼들을 불쌍히 여길 수 있으리라. 너희는 하찮은 만족을 위해 너희 마음의 맑은 샘들을 모두 고갈시켜 버렸고, 삶의 오솔길들에서 너희 이성을 인도하는 순수한 횃불인 너희 지성의 마지막 빛줄기까지 꺼뜨려 버렸다. 그래, 너희가 불쌍하다. 너희는 고통받지 않았기 때문이다. 고통을 받기에는 너희에게 고귀하고 위대한 마음과 관대한 영혼이 부족했다. 하지만 속죄의 시간이 오리라. 아직은 오지 않았을지라도, 그리고 너희는 너희 존재 전체의 끔찍한 공허를 두려워하게 되리라.

불행하도다! 너희는 그 공허를 채울 그 무엇도 찾지 못할 것이다. 너희는 영원의 문턱에 이르러 무엇을 그리워할 것인가? 삶을. 너희는 불멸을 마주하고서 먼지와 허무를 그리워하리라!

너희에게 말하겠다, 나, 너희가 짓밟은 나는 내 비물질적이고 순결한 본성과 내 오랜 고통의 모든 우월함으로 너희를 지배한다.

나는 내 오랜 고통을, 진실을 말하고 있다. 나 또한 이 망상에 시달리는 밤들, 이 불타는 열정들을 꿈꿨기 때문이다. 그것들은 직관을 통해서만 내게 드러나야 했다.

그날 저녁 샹들리에 아래로 지나가는, 진작 시들어 버린 매력 때문이 아니라 장신구 때문에 아름다운 그 여자들을 보면서 난 호랑이처럼 전율했다. 극장 1층 뒷좌석에 슬프게 앉아 둥그런 내부 전체를 우울한 눈으로 둘러보면서 난, 부채 아래 감춰진 말들에, 꼭 쥔 손 안의 행복을 약속하는 미소에 담긴 모든 기쁨들을 은밀하게 분석하고 있었다. 아! 믿지 마시라! 사방팔방에서 교차하는 이 모든 전류의 충격에 시달리며 내가 질투하지 않았다고는. 아니, 난 어렸다. 나도 이 사랑의 연회에 내 자리가 있기를 바랐다. 하지만 나는 아무에게도 속하지 않고 오직 신께만 속해야 했다. 바로 이, 오, 투쟁 끝에 쓰러진 영혼이 절대적 무관심에 이를 때까지, 믿어 주시라, 나는 잔인하게 고통을

알렉시나의 《회상록》

당했다!

내 여러 질병 한가운데서 나는 분명 온당치 못한 미친 환상을 품고 있었다. 하지만 누가 감히 날 비난할 것인가? 한 어린 소녀가 나를 사랑했다. 마치 처음으로 사랑에 빠진 것처럼. 적어도 그녀는 그렇게 믿고 있었다.

그녀의 천진한 무지는 내가 그 아이에게 보여 줬던 불완전한 기쁨 이상의 것을 전혀 꿈꾸지 않았다. 나중에는 그녀의 망각이 나를 으스러뜨렸다. 그 망각은 내가 잠시 잊고 있던 상황의 진실로 나를 되돌려 놓았다.

그 마지막, 그 유일한 행복마저 빼앗겼을 때, 나는 내 의무와 그 의무가 내게 부과하는 고통스러운 희생을 온전히 이해하게 됐다.

나는 내 과거의 모든 추억들과 즉각적으로, 아낌없이 단절했다. 어디서나 찾을 수 있는 이 영원한 고독 속에, 군중의 혼란 한가운데에, 다 자라지도 않은 나 자신을 산 채로 묻어 버렸다. 가장 눈에 안 띄는 은신처에 은둔하듯.

나가 있던 정신이 돌아왔다. 돌아온 정신으로 난 망각을 다시 발견했다. 평화나 행복은 아닐지라도.

아, 비통하구나! 행복은 단 한 번도 나를 위해 빛났던 적이 없다.

그로부터 많은 날들이 지났다. 모두 끝났다. 꺼져 버린 《사랑의 소중한 그림자와 아직도 대화하고 있지만, 그건 생각 속의 대화일 뿐이다. 때로 그날들로 돌아간다. 너무도 빨리 날아가 버린, 성스러운 부드러움과 순결한 환상의 날들. 거기서 나는 어린 소년이다. 어린 소녀들, 내 누이들, 동무들 사이에서 느꼈던 부드럽고 친밀한 동지애는 내 삶에 부족함이 없었고, 숨소리 하나조차 퇴색되지 않았다.

이런 추억들에서는 쓴맛이 나지 않는다. 수많은 낙심을 추억들이 위로한다. 치열한 투쟁으로 상처 입은 내 영혼의 도피처가 되어 주는 향기로운 오아시스. 이제 나는 내 냉혹한 운명의 암울한 전망에 대해 침착하게 생각한다.

모든 것과 모든 사람에게 깊은 혐오감을 느끼는 나는 인간들의 불의와 그들의 위선적인 증오를 견뎌 낸다. 그 불의와 증오는, 안전한 성채에 틀어박힌 나에게 닿을 수 없었다.

그것들과 나 사이에는 넘을 수 없는 심연, 장벽이 있다. … 나는 그 모든 것들에 저항한다.

186…년 5월 30일… 주여! 주여! 내 고통의 성배는 아직 비지 않았습니다. 그래서 당신의 고운 손은, 너무나도 깊이 상처

받아 기쁨을 위한 자리도 증오를 위한 자리도 더 이상 발견할 수 없는 이 마음을 때리고 부수기 위해서만 내 위로 펼쳐지나이다. 이보다 더 완벽하게 고립될 수 있겠습니까? 이보다 더 통절하게 버림받을 수 있겠습니까?

오! 자비를 베푸소서, 하느님! 자비를. 제가 이 느리고 무시무시한 단말마에 굴복하고 있으므로, 저의 힘들이 저를 버리고 있으므로, 물방울이 바다를 이루었으므로. 바다를 이룬 그 물방울은 내 존재의 모든 힘들을 침범했다.

그 물방울은 내 발밑에 언제나 훨씬 더 크고 더 깊은 심연을 파내려 갔고, 끔찍한 현기증을 느끼지 않고서는 그 안을 들여다볼 수 없다. 때로는 이 침식된 땅이 내 두 발 아래서 무너져 내려 영원히 나를 삼켜 버릴 것 같다!

이성과 본성의 이 끊임없는 투쟁은 하루하루 나를 더 지치게 하고 무덤 쪽으로 성큼 다가가게 한다.

내게는 이제 몇 년이 아니라 몇 달, 어쩌면 며칠밖엔 남아 있지 않다.

나는 그것을 명백하게, 또 끔찍하게 느끼고 있다. 이런 생각이 내 영혼에 얼마나 달콤한 위로가 되는지. 거기엔 죽음이, 망각이 있다. 이 세상으로부터 유배당한 불행한 이들은 분명 거기서 고향을, 형제들을, 친구들을 찾게 되리라. 거기엔 추방된 자를 위한 장소가 있을 것이다.

그날이 오면 의사 몇몇이 내 유해 주변에서 웅성거리겠지. 꺼져 버린 생명을 모두 부수고 거기서 새로운 지식들을 길어 내고, 단 하나의 존재 위로 켜켜이 쌓인 모든 신비로운 고통들을 분석하러 그들이 오겠지. 오, 과학의 제왕들이여, 깨달은 화학자들이여, 그들의 이름이 세계 중에 울려 퍼지고 있구나. 그러니 분석하라, 이 심장을 불태우고 뜯어먹은 이 모든 고통들을. 그 마지막 힘줄에 이르기까지, 그 심장을 익사시키고 야만적인 포옹으로 말려 버린 그 모든 불타는 눈물들에 이르기까지. 할 수 있으면 해보라!

얼마나 많은 맥박들이 피비린내 나는 경멸, 모욕, 야비한 조롱, 쓰디쓴 빈정거림을 이 심장에 새겨 넣었는지를 알라. 그러면 무덤의 돌이 무자비하게 지키고 있는 이 비밀을 발견하게 되리니! …

그러고 나면 우리는 이 불행한 자를 한 번쯤 생각하게 되겠지. 사람들은 이자를 평생토록 부당하게 내쫓았으며, 때로 얼굴을 붉히며 악수를 해 주기도 했지만 빵을 주는 것은 거부했고 삶의 권리까지도 주기를 거부했다.

지금 내가 이 지경이다. 현실은 나를 짓누르고 추격한다. 나는 어떻게 되려나? 모르겠다. 빵 한 조각 얻을 일거리를 내일은 어디서 구한단 말인가?

그렇다고 내가 동냥이나 범죄로 빵을 구해야 할 것인가! 나는 파리로 돌아왔다. 내가 이 도시를 사랑하는 까닭은 내가 이곳에서 잊혀져 있기 때문이다. 저녁에는 지나가는 어떤 행복한 남자를 염탐하다가 그가 경관에게 나를 손가락질해 보이는 모욕의 은총을 받아야 할 것인가! 내가 두드려 보지 않은 문이 대체 뭔가?

내가 아는 저명인사 몇 분을 찾아뵙고 도와주시기를 간청하고 애원했다. 그분들한테는 쉬운 일임이 분명했다. 파리에서 그분들의 영향력이면 단 한 마디 말만으로 내게 체면 차릴 수 있는 생계 수단을 제공해 주실 수 있었다.

오! 이 말은 해야겠다. 모든 곳에서 따뜻한 애정의 확언을 받았는데, 그 말들을 믿어 버릴 정도로 난 너무 어리석었다. 터무니없는 미친 짓이었지만, 나는 곧바로 제정신을 차렸다. 이제는 오직 나 자신에게만 의지해야 한다는 것을 마침내 깨달았던 것이다. 내 부족한 자원들은 고갈되어 버렸고, 나는 머지않아 빈곤의 신산스러움과 굶주림의 고통을 알게 되었다. 그렇게 간청하고 기다렸지만, 교섭에 대한 부정적 답변만을 받은 채로 꼬박 한 달이 지나가 버렸다.

마지막 방책이 남아 있었다. 이번에는 구원을 찾을 수 있으리라 믿고 거기에 따르기로 했다.

파리에 즐비한 수많은 피난처들 중 하나에 시종으로, 그러니까 인력사무소에 하인으로, 단호하게 등록하기로 한 것이다. 이 일 해 본 적 있어요? 나한테 처음으로 묻는 게 이런 것이었다.

그리고 내가 없다고 하면 이렇게 답하는 것이다. "일 찾기 힘드실 텐데…. 어쨌든 다시 와 보세요, 알아보죠, 뭐."

슬프도다! 매일 들렀지만 참담한 답만 들을 뿐이었다.

내 주위의 모든 이들에게 내가 특이한 경악의 대상임을 모르지 않는다.

자기 나이대의 기쁨을 발산하는 이 젊은 얼굴들은 내 얼굴에서, 자기들이 포착하지 못하는 비밀을 간직한 어떤 무서운 진실을 읽어 내는 듯하다.

차갑게 응시하는 내 시선은 그들의 얼굴을 얼어붙게 하고 거의 존경에 가까운 태도를 억지로라도 끌어낸다.

내 존재가 그들에게 불러일으키는 그 기이한 인상을 어떻게 정의할 수 있을까? 모르겠다. 하지만 내 눈에는 그것이 이론의 여지 없이 아주 잘 보인다.

그들 역시 그 기이한 인상을 감내하고 있지만, 그걸 구태여 설명하지는 않는다.

입맞춤과 드미타스 잔 사이에서 자신들의 성공을 준비하는 명랑한 좌안左岸〔잘사는 동네〕의 아이들, 장래의 위대한 학자들을 나는 매일 만나지만, 그것은 음식점에서뿐이고, 그들 또한 스물여덟 살에 어울리지 않는 나의 우울한 은둔 습성 같은 것을 도무지 이해하지 못한다. 사실 그것은 이해시킬 수 없는 일이기도 하다. 가끔씩 테이블 옆자리의 귀여운 아가씨들에게 미소를 지어 보이기도 했지만, 그녀들 중 그 누구도 내 룸메이트가 누군지 말할 수 없었다. 그녀들이 이 구역의 이런저런 남학생들에 관해 확신을 갖고 알려 줄 수 있는 정보라는 게 그런 것이다. 그녀들은 언제나 서로를 좋아하는 건 아니어도 서로를 다 알고 있기 때문이다. 그녀들은 서로의 가정에서 차례로 일어나는 변화들에 관해, 또 지난 밤 자기들을 쫓아다녔던 자들과 다음 날 자기들을 쫓아다닐 자들 간에 이루어지는 교류에 관해서도 훤히 알고 있다.

이 지역의 풍습들에 관해 해야 할 정말로 흥미로운 연구가 있다. 그 어떤 음모에도 휘말리지 않고 희극 배우 노릇도 하지 않으면서 나는 종종 연인들 간에 벌어지는 기이한 장면들을 목격하곤 한다. 단순한 관객으로서 나는 양심적으로 관찰하고, 거의 언제나 내 역할이 가장 낫다고 생각하기에 이르는 것이다.

내 자랑스러운 자주독립의 정상에서 내려다보며 판관을 자처한다. 여자의 마음으로부터 내가 얻은 진정한 경험은, 말하건대, 그 평가의 거짓됨으로 나를 수차례 후려쳤던 몇몇 유명 비평가들보다 내가 한참 더 위에 자리할 수 있게 한다.

그들 중에서도 뒤마 피스는 이 베일을 벗기려 헛되이 애쓴 바 있다. 속인들의 눈에 그러하듯, 반밖에는 열리지 않아서 불가해한 그 베일을 말이다.

그대 더 이상은 갈 수 없어, 그가 답했다.

그는 사실 경이로운 도약의 와중에 가로막혔다. 왜냐? 성역에 들어갈 암호가 없었기 때문이다. 그는 출구 없는 미로에서 길을 잃었고, 진이 빠져 패배한 채 떠났다. 그가 알고 있는 척하던 그 학문에 들어서지조차 못했던 것이다. 인간은 절대 그 학문을 갖지 못할 것이다.

우리가 이 일을 안타까워해야 할까? 아니. 오! 아니.

내 입장에서 말하거니와, 내가 심증적으로 확신하는바, 여기에는 어떤 불가능성뿐 아니라 필수적 필연성이 있으며, 인간

알렉시나의 《회상록》

이 극복하기에는 위험한 어떤 한계가 있다. 인간의 능력은 거기에 저항하고 인간의 행복은 그것에 의존한다.

내가 별로 자랑스럽게 여기지 않는 어떤 이례적인 상황 때문에, 남자라 불리는 내가, 여자의 모든 능력과 모든 성격의 비밀에 관한 내밀하고 심층적인 지식을 얻을 수 있었다. 나는 여자의 마음을, 펼쳐진 책처럼 읽는다. 그 심장박동을 모두 헤아릴 수 있다. 한 마디로, 나는 여자의 힘과 비밀과 그 약함의 정도를 안다. 그러니 나는 형편없는 남편이 되었을 것이다. 내 결혼 생활에서 느낄 모든 기쁨에 독이 퍼지리라는 것을, 그리고 아마 내 것이 될 막대한 특권, 그리고 마침내 나를 배반하게 될 특권을 내가 잔인하게 남용하게 될 것을 나는 느낀다.

여러 번의 시도 끝에, 인력사무소에서 하인을 찾는 부인에게 소개장을 써 주기로 했다.

J… 백작 부인은 생토노레Saint-Honoré 교외의 작은 저택에 살고 있었다.

나는 넓은 거실에서 홀로 글을 쓰는 그분을 발견했다. 그분은 내 편지를 가져다가 불 옆에 앉으시고 내가 예상했던 몇 가지 질문을 하셨다. 내가 그 일을 해 본 적 없다는 것이 언제나 넘을 수 없는 장애물이었다.

물론 이렇게 말할 수 있었다. 하녀 일을 했었습니다. 하지만 이런 터무니없는 방식으로 답하는 건 ….

그러나 이 중요한 지점에 대해서는 넘어갔다.

그분은 약간의 선의로 이렇게 말씀하셨다. "여기서는 짧은 시간 안에 일을 배울 수 있을 거예요. 하지만 내가 볼 때 당신은 약하고 섬세해서 이런 일에는 맞지 않을 것 같아요. 그러니 우리 집에 있을 수는 없겠어요."

그분은 나를 돌려보냈다.

불행히도 그분 말씀이 맞았다.

나는 약했고 아파 보인다. 이래 가지고서야 병원밖에는 묵을 곳을 찾을 수 없다. 그곳이 분명 내 종착지가 되겠지.

때로 난 우아한 젊은 여인을 만나러 갔다. 그 사람 남편은 팔레-루아얄에서 화려한 카페를 운영하고 있다.

그녀와의 관계는 아주 우호적이었다. 그녀는 우리 가족을 좀 알았고, 내 삶의 주요 사건들에 극도로 호기심을 느끼고 있었다. 그래서 그녀는 언제나 어떤 신비로운 비밀 이야기를 기대하며, 종종 여성 특유의 영리함으로 대화를 그쪽으로 끌고 갔지만, 난 그쪽으로는 늘 좀 인색했다. 그녀에게조차 말이다.

내 삶의 인상들을 사방팔방으로 뿌려 댈 수는 없다. 거기에

알렉시나의 《회상록》

는 거의 그 누구도 어림할 수 없는 상황들이 있다. 물론 우리 시대의 몇몇 무례한 인간들에게는 사건들과 사물들에 관한 여러 어리석은 해석의 여지가 있을 테지만, 그런 해석이 내게 늘 안전하지는 않을 것이다. 가끔은 내가 직접 판단해야 했다.

예를 하나 들어 보면 이렇다. …철도청에서의 일이다. 내 특이한 과거에 대해 부장과 이야기를 나누고 있었다. 그가 매우 단순하게 믿기로는, 어느 날 한 젊은 남자에게 **구애를 받아**recherchée 내가 그의 욕망에 **굴복했으며**rendue, 거기서 내 진짜 성을 발견했다는 것이다. 나에 대한 사람들의 판단이 어디까지 갈 수 있는지, 그리고 그것이 내게, 내 휴식에, 어떤 심각한 결과를 가져올 수 있는지 볼 수 있을 것이다.

임시로 금융기관에 들어가 한 점 구름도 없는 평온함 속에서 몇 달을 보냈다. 그래서 정규 채용을 기대할 수도 있겠다고 생각했다. 그러나 그렇게 되지 않았다. 회사에 갑작스런 변화가 발생한 것이다. 인원을 감축해야 했다. 사람들은 내게 감사 인사를 했고, 나중에 내 자리로 복직될 가능성을 막연히 느끼게 했다. 이건 사실이다. 하지만 그건 확실한 게 될 수 없었다.

그래서 나는 다시 생계 수단을 찾아야 했다. 남은 돈으로 한 달은 버틸 수 있고, 그런 조건에서 나는 내가 부자라고 믿어도 될는지도 모른다. 나에겐 아주 조금이면 된다. 내 하루 식사량은, 튼튼한 위장을 갖춘 또래의 남자에게는 점심 식사 한 끼에도 겨우 미칠까 말까 할 정도이다.

근심에 대해서라면 전혀 없었다고 단언할 수 있다.

내게 주어진 하루하루를 내 삶의 마지막으로 간주하고 있다. 그건 아주 자연스럽고, 조금의 두려움도 없다.

스물아홉 살에 그런 무관심을 이해하려면, 나처럼 모든 고문들 중 가장 가혹한 고문인 영원한 고립을 선고 받아야 할 것이다. 일반적으로 너무나 혐오감을 불러일으키는 죽음의 관념이 내 아픈 영혼에는 말로 표현할 수 없을 만큼 달콤하다.

무덤의 전경이 나를 삶과 화해시킨다. 거기서 난 내 두 발 아래의 해골들에 뭔지 모를 애정을 느낀다. 그 낯선 사람은 내 형제가 된다. 나는 지상의 사슬들로부터 해방된 이 영혼과 대화한다. 포로인 나는 그와 함께할 수 있게 될 그 순간을 위해 내 모든 소원을 담아 기원한다.

그 감정이 나를 너무 사로잡는 바람에 마음이 기쁨과 희망으로 부푸는 것을 느낀다. 나는 울겠지만 아주 달콤한 눈물이다.

내가 여기서 묘사하는 것을 나는 자주 경험했다. 파리에서 내가 가장 산책하기 좋아하는 곳이 몽마르트 공동묘지의 페

알렉시나의 《회상록》

르-라셰즈인 것이다. 사자死者 숭배는 내가 태어날 때부터 함께였다.

불행히도 임시직 기간이 너무 오래 지속될 기세였고, 고갈되고 있는 내 재정 상태가 슬픈 생각들을 떠올리게 했다.

복직에 대한 전망에도 불구하고 이러한 상황이 더 이상 지속되기는 힘들었다. 다음 날 점심을 어떻게 먹어야 할지를 고민하는 지경에 이르렀던 것이다.

이걸 읽는 그대들, 내가 말한 이 모든 끔찍함을 알게 되지 않기를.

이러한 상황이 장기화되면 안 그래도 그런 상황에 짓눌리고 있는 이 불행한 자는 더 끔찍한 극한으로 끌려들어갈 수 있다. 마침내 그날부터 나는 자살을 이해하고 정당화하기에 이르렀다.

덧붙일 말은 필요 없다.

튈르리의 벤치에 슬프게 앉아, 겁에 질려 낙심하고 정신이 흐트러질 뿐인 이 가혹한 비탈 위로 조금씩 나를 놓아 버렸던 것이 몇 번이던가, 슬프도다!

오! 그땐 인간 본성의 마지막 피난처인 무덤에서의 잠이 얼마나 부러웠던지! 그렇다면 주님, 당신은 왜 지금껏, 아무한테도 쓸모가 없으면서 나를 내리누르는 이 삶을 연장시켜 오셨습니까? 이는 인간이 헤아릴 수 없는 신비들 중 하나다.

나 자신에게조차 짐이 되고, 누구에게도 사랑받지 못하는, 심지어 고통받는 자의 근심 어린 이마를 한 줄기 순수한 빛으로 잠시나마 비춰 줄 희망조차 없는 인생. 아무것도 없다. 버려짐과 고립, 그리고 모욕적인 멸시뿐이다.

바로 며칠 전에는 도저히 견딜 수 없어져서 착하고 가련한 우리 엄마한테 도움을 청해야 했다.

날 재정적으로 도와주면 엄마가 어떤 궁핍에 처하게 될지 뻔히 알면서도 손을 내밀 수밖에 없는 아들의 이 심정을 온전히 이해할 수 있겠는가?

이렇게 나는, 내게 모든 걸 주신 그분의 마지막 날들을 더 행복하게 해 드릴 수 없다는 걸 알았음은 물론이고, 이미 넉넉지 않은 엄마의 재산을 축내야 했다.

나는 이 궁핍이 내게 선고될 수 있는 가장 고통스러운 형벌임을 확실히 단언할 수 있다.

최근의 깊은 낙담으로부터 영감 받은 운명적 결의를 여기서 말하도록 하겠다. 어느 날 아침 튈르리 정원 앞에서 나는, 몇 년 전 브르타뉴에서 알게 된 잘나가는 해운회사 직원을 마주쳤

알렉시나의 《회상록》

다. 난 그가 여전히 브르타뉴 구석에 있다고 믿고 있었는데 말이다.

그가 나를 알아보지 못했기 때문에 그냥 말을 걸지 않고 지나쳤다. 후에 이 우연한 만남의 기이함을 곱씹어 보며, 거기서 새로운 미래를 위한 행복의 확신을 봤다고 생각했다.

그와의 관계를 좋은 추억으로 간직하고 있었기 때문에, 그가 현 상황에 대해서도 호의를 보여 주리라 믿었다.

이틀 뒤 난 그의 회사 본사로 그를 보러 갔고, 내 상황이 갖는 여러 어려움을 숨김없이 털어놓았다. 그와 관련해 그가 흥미로워했다는 것을 고백해야겠다. 그는 내가 기대했던 것보다 훨씬 더 다정하게 나를 맞아 주었다.

난 그저 그에게 대형 여객선에 곁꾼으로 탈 수 있게 해 달라고 부탁했다. 내 제안에 그는 적잖이 놀랐다.

그는 나를 위해 더 나은 것을 해 주고 싶어 했다.

다른 한편으로 그는 내 계획을 실행에 옮기는 것이 실질적으로 불가능하다고 지적했다.

우선 그 회사는 이미 항해에 이골이 나 있는 사람들만을 그 직책에 채용하고 싶어 했다. "그리고…" 그가 말하길, "당신이 살아온 종류의 삶이 그런 일을 하기에 적합할지 확신할 수가 없네요. 정 원하신다면 기꺼이 도와드리겠습니다. 내 친구 중에 유럽호 사무장이 있는데, 그 친구한테 당신을 추천하면 아마 선상 생활이 좀 덜 팍팍할 수도 있을 겁니다."

주저 없이 받아들였다. 그는 말했다. "좋아요, 이사님을 만나 보겠습니다. 그나저나 하원의원 추천서 같은 게 있으면 좋을 텐데요."

나는 내 지역구 하원의원인 드 V… 씨로부터 어렵잖게 얻은 편지를 가지고 이튿날 다시 그를 찾아갔다.

그 시점에 이르자 더는 물러설 수 없었다. 그렇게 느꼈다. 너무 빨리 뛰어들었기 때문에 되돌아갈 수 없었다.

이 모든 절차가 끝날 때까지 아무하고도 의논하지 않았다. 내가 떠나는 그 순간까지도 엄마와 친구들에게 알리고 싶지 않았다. 내가 어떤 직책으로 떠나는지 안다면 그들은 분명 나를 외면했을 것이다. 그들은 영원히 알지 못했다.

유럽호가 르 아브르에 도착하자마자 바로 답을 받을 예정이었다.

그러던 중, 그날부로 회사로 돌아와 복직하라는 통지를 받았다. 분명 행복해야 했는데 절망하고 말았다. 나는 기이한 곤경에 빠졌다. 어떻게 해야 하나? 아주 단순했다. 두 길을 모두

   알렉시나의 《회상록》

갈 수는 없었다. 내 훌륭하신 후원자와 상의하고 내가 한 모든 일들을 솔직히 고백한 뒤 그분의 조언을 따라야 했지만, 나는 그렇게 하지 않았다.

불행히도 내 경우, 첫 충동이 옳았던 경우는 거의 없다. 서둘러서 좋았던 적도 없다. 지금의 상황이 그 새로운 증거다. 나는 침묵을 지킨 채 사건들이 전개되도록 두기로 결심했다.

한 달 내에는 미국으로 출국할 수 없었기 때문에 내게 주어진 자리에 일시적으로 복귀하지 못할 것도 없었다. 나는 실제로 그렇게 했다.

나를 다시 불러들인 이유를 들었을 때, 이번 일자리는 꽤 오래갈 수도 있겠다는 희망이 생겼다. 실제로 그런 뉘앙스를 곧 느낄 수 있었다. 하지만 나는 그 가능성을 애써 외면하고, 오히려 막연한 기대만으로 붙잡고 있던 무모한 계획에 더 깊이 매달렸다.

그렇게 한 달이 지났다.

결정의 순간이 다가올수록 알 수 없는 불안이 밀려왔다. 지금의 삶이 너무 행복했다. 왜 굳이 불확실한 미래에 뛰어들어야 하나? 내가 이미 약속했다는 믿음, 그 이유 하나뿐이었다. 진지한 이해관계가 걸려 있다는 것은 좋은 구실이 된다.

이러한 두려움에다 그때까지 내게 그렇게나 잘해 주던 사람들을 떠나야 한다는 근심이 더해졌다. 이러한 생각은 가슴을 에는 고통으로 다가왔다. 한 마디로, 내게는 거절하지 않는 것이 내 의무라는 어리석은 믿음을 단호히 포기함으로써 이 잔인한 동요를 끝내 버릴 여지가 남아 있었다. 이 망할 고집에는 어처구니없는 자존심의 문제가 있었다. 처음에는 낙담한 가운데 내린 결정이었지만, 처음의 단호한 결심 앞에서 물러나는 걸 인정하고 싶지 않았던 것이다. 이제 주사위는 던져졌고, 나는 그 결과를 감당해야 했다.

유럽호 사무장이 자기 친구에게 답하길, 나를 자기 배에 태우긴 하겠지만 그냥 곁꾼으로 데리고 간다고 했다. 규정상 나는 간헐적으로도 정식으로는 고용될 수 없었던 것이다. 이 차갑고 의미심장한 편지는 나를 다시 우유부단하게 만들었다. M… 씨도 내게 그 조건을 받아들이라고 종용하지 않았다. 그는 내게, 내가 이런 조건에서 떠나야 한다는 것이 자기를 슬프게 한다고 말했고, 내 위치가 앞으로 나아질 수 있고 또 자기가 전력으로 나를 돕겠다며 희망고문 같은 말을 했다.

나는 내 약점이라 간주되는 것과, 마치 뭔가를 예감하기라도 하듯 죄어드는 심장을 다잡고, 떨리는 목소리로 최종 동의

 알렉시나의 《회상록》

의사를 표시했다. 그날은 목요일이었고 돌아오는 월요일에 출발하기로 결정되었다.

이를 알리기 위해 곧바로 엄마한테 편지를 쓰면서도 내가 앞으로 어떤 일을 하게 될지는 모르시게 하려고 주의를 기울였다. 엄마는 마음을 가라앉히지 못했을 것이다.

엄마한테는 이 여행에 대한 생각도 이미 너무 고통스러운 것이었고, 그런 고백까지 하게 된다면 엄마의 슬픔을 가중시키게 될 것이었다.

내 후원자들 앞에서도 난 마찬가지로 조심스러운 태도를 유지했다.

이제 와서 내게 충고하거나 나를 비난하는 것은 이미 늦은 일이었다. 그들은 내가 좋은 자리를 제안받았기 때문에 떠나는 거라 믿으며 나를 내버려두었다. 나는 그 믿음을 굳이 깨뜨리지 않았다. 어느 정도는 내 행동을 정당화해 줄 수도 있는 생각이었으니.

도대체 어떤 기이한 맹목 때문에 나는 이 부조리한 역할을 끝까지 고수했을까? 나 자신에게도 납득시킬 수가 없다. 어쩌면 인간에게는 너무나 자연스러운, 미지의 것에 대한 갈망 때문이었을지 모른다.

◆◆◇◇◆◆

1868년 2월, 오데옹 구역의 한 방에서 아벨 바르뱅_{Abel Barbin}의 시신이 발견되었다. 풍로를 이용해 스스로 목숨을 끊은 상태였다. 여기까지의 텍스트는 그가 남긴 원고다(M.F.).

알렉시나의 《회상록》

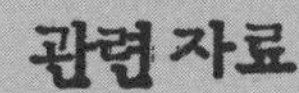

관련 자료

나는 아델라이드 에르퀼린 바르뱅과 관련된 몇 가지 중요한 자료들을 한데 모았을 뿐이다. 그녀와 유사한 기이한 운명들, 특히 16세기 이후 의학과 법률에 많은 문제를 제기해 온 그러한 운명들과 관련된 문제는 양성구유자들에게 할애할 《성의 역사》 중 한 권에서 다루도록 하겠다. 여기서는 피에르 리비에르의 경우와 같은 포괄적인 자료 수집은 없을 것이다.

① 우선 그리고 특히 알렉시나의 《회상록》 중 일부가 빠져 있다. 타르디외는 알렉시나의 사망을 공식 확인하고 부검을 실시한 의사 레니에로부터 수고手稿 전체를 직접 건네받은 것으로 추정된다. 타르디외는 이 수고를 간직하고 있다가 자신이 중요하다고 여긴 일부만을 출간하였다. 타르디외는 알렉시나의 최후 시기의 《회상록》을 간과해 버렸다. 그는 이 시기의 《회상록》 전체가 불평과 불만, 그리고 비논리적 표현에 지나지 않는다고 생각했다. 찾으려고 노력했지만, 타르디외가 가지고 있던 《회상록》을 찾을 수 없었다. 따라서 이 책에 실린 텍스트는 타르디외가 그의 저서 《정체성의 문제》[1] 제2부에 출판된 내용을 재수록한 것이다.

---

[1] *Questions médico-légale de l'identité dans ses rapports avec les vices de conformation des organes sexuels* (Paris, 1874). 이 책의 제1부는 1872년에 《공중보건위생연감 Annales d'hygiène publique》에 게재되었다.

② 샤랑트-마리팀Charente-Maritime 지역 사료고에는 아델라이드 바르뱅Adélaïde Barbin의 이름이 언급된 몇몇 자료들이 존재하는데, 그중 일부는 교육청 감사국에서 나온 것이다. 그 가운데 가장 중요한 자료들을 게재하는 것으로 충분하다고 생각했다.

③ 19세기 후반과 20세기 초반의 의료 문헌[문학]들은 상당히 빈번하게 알렉시나를 언급하고 있다. 타르디외가 출간한 텍스트에서 단순한 인용문들을 제외하고 원본 보고서들만 재수록했다.

④ 19세기 말의 몇 해 동안, "의학과 자유연애" 관련 문학이 얼마나 풍부했었는지는 잘 알려진 사실이다. 임상 관찰들이 종종 이 문학에 영감을 주곤 했다. 알렉시나 이야기는 1899년 뒤바리Dubarry라는 작가가 서명한 '양성구유자'라는 제목의 이상한 소설의 한 장 전체에서 쉽게 확인된다.

명칭, 연대, 장소

아델라이드 에르퀼린 바르뱅은 1838년 11월 8일 생장당젤리Saint-Jean-d'Angély에서 태어났다. 그녀는 통상 알렉시나라 불렸다. 카미유라는 이름은 타르디외가 알렉시나의 《회상록》을 게재할 때 만들어 낸 이름일 수도 있고, 더 가능성 있는 추정으로는, 알렉시나 자신이 만들어 낸 것인 듯하다. 이는 그녀가 잠재적인 독자들을 의식하고 있었음을 암시한다.

일부 다른 약호들은 비교적 쉽게 해독이 가능하다.

   관련 자료

1838~1853

L…, 다시 말해 생장당젤리에서의 어린 시절(부주의 때문이 건, 수고에 대한 독서 오류로 인해서건 생장당젤리는 191쪽과 193~194쪽에 S…로 지칭되어 있다.)

1845년에서 1853년까지 알렉시나는 처음에는 병원에, 나중에는 위르쉴린 드 샤바뉴의 수녀원에 체류한다.

1853~1856

B…, 다시 말해 라로셸La Rochelle에 체류.

1856~1858

지혜의 딸 수녀회가 운영하는 올레롱Oléron 사범학교에 체류. 이 학교는 D…, 즉 르 샤토Le Château에 위치해 있다. 알렉시나가 마리데장주Sœur Marie-des-Anges 수녀라고 부르는 교장은 본래 마리 오귀스틴Marie-Augustine이라는 이름을 가진 수녀였다. 110~111쪽에서 얘기되는 T…로 가는 산책의 목적지는 생트로앙Saint-Trojan이었다.

1858~1860

L…이라는 곳에서 초등학교 교사 역임. 도의 "경계 지대"에 있는 "면 소재지"는 확인이 불가능했다.

1860

라로셸로 돌아옴.

알렉시나가 방문한 주교는 J.-F. 랑드리오Mgr. J.-F. Landriot 추기경이었다. 1856년 7월 20일 라로셸 주교로 서임되었고, 이후 그는 랭스Reims의 대주교가 되었다.

당시 도지사는 1856년 12월 24일 부임한 J-B. 보팽통Boffinton 이었다.

최초의 보고서를 작성한 라로셸의 의사는 셰네Chesnet 박사였다. 1860년에 《공중보건위생연감》에 게재된 그의 보고서〔〈정체성의 문제; 외부 생식기 구조의 결함; 요도하열; 성별에 대한 착오〉〕는 이 책 239~243쪽에 재수록하였다.

1860년 7월 22일에 호적 변경을 결정한 생장당젤리 법원의 재판장은 드 본느장de Bonnegens 판사라 불렸다.

타르디외의 보고서

《성기 구조의 결함과 관련된 법의학적 정체성의 문제》에서 A. 타르디외는 알렉시나 B.의《회상록》을 다음과 같이 설명한다.

내가 이제 보고하려고 하는 이 기상천외한 사실은, 출생 시의 실수로 인해 민법상 신분이 잘못 규정됨으로써 초래될 수 있는 치명적 결과 중에서도 가장 참혹하고 고통스러운 사례를 제공한다. 우리는 이와 같은 오류의 희생자가, 자신에게 속하지 않는 성 속에서 20년을 보내고 자신도 모르는 열정에 사로잡혀 있다가 감정의 폭발로 인해 결국 경고를 받고, 그의 신체적 결함에 대한 자각과 동시에 자신의 진정한 성으로 되돌려지게 된 뒤, 삶에 환멸을 느껴 자살로 생을 마감하는 모습을 보게 될 것이다.

이 가련한 불운아는 22세까지 수녀원과 여학생 기숙사에서 자랐고 사범학교에 입학해 초등학교 교사자격증을 따게 된다. 이후 그는 가장 드라마틱하고 정서적으로 가장 격렬한 정황들로 인해 자신의 호적이 라로셸[2] 법

---

2 이것은 오류이다. 호적 변경 결정은 실제로는 생장당젤리 민사 법원에서 내려졌다.
   이 책 268쪽 참조(M. F.)

원의 결정으로 변경되는 체험을 한다. 그 이후 그는 자신의 변경된 불완전한 성이 그에게 강제하는 비참한 삶을 견디지 못한다. 분명히 이 경우, 여성의 외형적 특징은 상당히 뚜렷하게 드러났지만 그럼에도 불구하고 과학과 사법은 그 오류를 인정하지 않을 수 없었고 이 젊은이에게 그의 본래의 성을 회복시켜야만 했다. 이 가련한 젊은이는 자신이 사로잡혔던 투쟁과 격동을, 그 어떤 소설적 허구도 넘어설 수 없는 흥미진진한 텍스트에서 직접 세심하게 묘사하였다. 이보다 더 가슴 아픈 이야기를, 더 진실된 어조로 읽기는 쉽지 않을 것이다. 그의 이야기가 그 자체로 생생한 진실을 담고 있지 않다고 해도 나는 그의 이야기에 첨부할 진실된 공문서와 공식 자료들을 통해 그것이 완벽히 사실임을 입증할 수 있다.

나는 알렉시나의 《회상록》을 거의 전면적으로 출판하는 데 주저함이 없다. 이 《회상록》이 담고 있는 소중한 두 가지 교훈이 잊혀지지 않기를 바라기 때문이다. 한편으로는 성기의 기형이 정서적 능력과 도덕적 성향에 미치는 영향이라는 측면에서이고, 다른 한편으로는 신생아의 성별을 잘못 판정하는 것이 발생시킬 수 있는 개인적이고 사회적인 결과의 심각성 측면에서 말이다.

정체성의 문제; 외부 생식기 구조의 결함; 요도하열; 성별에 대한 착오[3]

셰네

아래 서명한 샤랑트-앵페리외르Charente-Inférieure 지역 라로셸에 거주하는 의사는 담당자에게 다음과 같은 사실을 보고하는 바입니다.

생장당젤리에 사는 B 부부 사이에서 1838년 11월 8일에 태어난 한 아이가 호적에 여자로 신고되었고, 아델라이드-에르퀼린이라는 이름으로 등록되었으나 부모는 그녀를 알렉시나라 불렀고, 그녀는 지금까지 이 이름을 계속 간직했습니다. 알렉시나는 여학교에 취학하고 나중에는 샤랑트 엥페리외르 지역 사범학교에 진학해 2년 전에 초등학교 교사자격증을 취득하여 한 기숙학교에서 교사로 재직 중입니다.

왼쪽 사타구니 부위에 느껴지는 심각한 통증을 호소해 의사의 검진을 받도록 했는데, 검진 의사는 그녀의 성기를 보고 놀라움을 감출 수 없었습니다. 의사는 자신의 관찰 소견을 기숙학교 교장에게 알렸고, 교장은 알렉시나가 체험하고 있는 것은 체질과 관련된 것이므로 염려할 것 없다면서 그녀를 진정시키려고 했습니다.

---

3   *Annales d'hygiène publique et de médecine légale*, 1860, t. XIV, pp. 170 sqq.

하지만 알렉시나는 자신이 미스터리의 대상이 되었다는 사실을 어렴풋이 짐작하고 불안해하고, 또 검진 동안 의사가 한 몇 마디 말에 불안해하며 이전에는 없었던 주의를 자기 자신에게 기울이기 시작했습니다. 매일 15~16세 사이의 다른 소녀들과 접촉하는 가운데 그녀는 참기 힘든 감정을 체험하였습니다. 밤이면 그녀의 꿈은 형언할 수 없는 감각들과 함께 찾아왔고, 축축한 느낌이 들었으며, 아침이면 속옷에 회색빛을 띠며 풀을 먹인 듯한 얼룩을 발견하곤 했습니다. 놀라고 불안해진 알렉시나는 최근에 자신의 영혼에 발생한 전례 없는 상태를 교구 성직자에게 고백하였고, 교구 성직자도 적잖이 놀라 그녀의 어머니가 사는 R지역에 가기로 되어 있으니 그 기회를 이용해 대주교와 상담하라고 권고합니다. 실제로 그녀는 자진해서 주교관에 갔습니다. 그리고 그 후 저는 알렉시나를 세밀하게 검진하여 그녀의 진정한 성이 무엇인지 밝히는 임무를 부여받았습니다. 이 검진을 통해 다음과 같은 결과가 도출되었습니다.

알렉시나는 현재 22세이며, 갈색 머리카락을 가졌고, 키는 1미터 59센티미터였습니다. 얼굴의 이목구비는 뚜렷하게 남성 혹은 여성 중 어느 쪽으로도 특정하기 어렵고 모호한 중간적 형태를 지니고 있었습니다. 목소리는 평상시에는 여성의 목소리였지만, 이따금씩 대화나 기침 시 굵고 남성적인 음성이 섞여 나옵니다. 윗입술에는 옅은 솜털이 있었고 뺨에, 특히 왼뺨에 수염이 약간 발견되었습니다. 가슴은 남자의 가슴이었습니다. 가슴은 평평했고, 유방의 모습을 하고 있지 않았습니다. 생리는 한 번도 있었던 적이 없으며, 이는 그녀의 어머니와 그녀를 문진하고 모든 수단을 동원했지만 주기적인 생리를 있게 하는 데 실패한 의사를 절망시켰습니다. 팔과 같은 상지는 정상적인 여성의 몸을 특징짓는 곡선 형태가 전혀 없었습니다. 피부색은 갈색이었고 가늘게 털이 나 있었습니다. 골반과 둔부는 남성의 그것과 같습니다.

　음부 윗부분은 검은 음모가 많이 나 있었습니다. 넓적다리를 벌리면 음부 상충부에서 항문 부근까지 수직적으로 펼쳐지는 갈라진 틈이 관찰됩니다. 그 상부에는 뿌리 부분에서 돌출된 부분에 이르는 길이 4~5센티미터의 음경 유사 기관이 있는데, 이 기관은 약간 밑부분이 평평하고 폐색閉塞〔막힘〕되어 있습니다. 크기로 보아 클리토리스와 다르고 정상 상태의 음경과도 다른 이 기관은, 알렉시나의 말에 따르면 부풀어 오르고 단단해지며 길어질 수 있다고 합니다. 하지만 정상적인 발기는 지극히 제한적이고, 이 불완전한 음경은 귀두만을 자유롭게 나오게 하는 일종의 말굴레 같은 것에 매달려 있습니다.

　갈라진 틈의 양옆에는 대음순처럼 보이는 것이 대단히 돌출되어 있는데, 특히 오른쪽이 그렇고 음모로 덮혀 있습니다. 이것들은 사실 갈라진 채로 남아 있는 음낭의 두 부분입니다. 이 부위를 촉진해 보면 정관 줄에 매달린 알 모양의 기관이 실제로 분명히 만져집니다. 성인 남성의 고환보다는 덜 발달되어 있지만, 이 기관은 분명 고환으로 보입니다. 이 기관의 오른쪽은 내려가 있고 왼쪽은 좀 올라가 있습니다. 하지만 이 기관은 유동적인데 누르면 약간 아래로 내려갑니다. 이 두 작은 구형의 기관은 좀 강하게 누르면 대단히 민감하게 반응합니다. 모든 외관을 통해 볼 때 알렉시나는 서혜륜을 뒤늦게 통과한 고환 때문에 고통을 호소하였고 의사의 왕진이 필요했습니다. 의사는 알렉시나가 생리를 한 적이 없다는 사실을 알고 "그럴 만도 하군요, 앞으로도 결코 없을 겁니다"라고 말했습니다.

　음경 아래 약 1센티미터 부근에 완전하게 여성적인 요도 입구가 있습니다. 저는 카테터(도뇨관)를 삽입하여 소량의 소변을 배출시켰고, 카테터를 빼내고 알렉시나에게 제가 보는 앞에서 소변을 보도록 권유했습니다. 그녀는 요도 출구 쪽으로 소변을 원기 왕성하게 수평으로 분출하였습니다. 정액 역시 이처럼 멀리 사출될 가능성이 매우 큽니다.

요도보다 밑부분에, 대략적으로 항문보다 2센티미터 아래쪽에 아주 좁은 관으로 된 구멍이 발견되는데, 알렉시나가 뒤로 물러서지 않고 고통을 느끼지 않았다면 제 새끼손가락 끝을 삽입할 수도 있었을 것입니다. 저는 거기에 카테터를 삽입하여 이 관이 약 5센티미터 정도의 길이이고 끝이 막혀 있다는 것을 확인하였습니다. 항문에 검지손가락을 삽입했을 때, 전 카테터의 끝부분을 촉지할 수 있었으며, 이는 직장과 질 사이의 벽이라 부를 수 있는 부위를 통해 확인되었습니다.

그러므로 이 관은 일종의 미완성의 질이라고 할 수 있는데, 그 끝부분에 어떤 자궁 경부의 흔적도 발견되지 않았습니다. 저는 손가락을 항문 깊숙이 넣어 장의 벽 너머로 자궁을 찾아보았지만 전혀 만져지지 않았습니다. 엉덩이와 넓적다리의 뒷부분은 털이 많은 남성에서 볼 수 있는 것처럼 많은 검은색 털로 덮여 있었습니다. 상기한 사실을 통해 우리는 어떤 결론을 내려야 할까요? 알렉시나는 여성일까요? 알렉시나는 외음부, 대음순, 여성형 요도가 있습니다. 그녀는 일종의 폐색된 페니스와는 별개의 여성 요도를 가지고 있는데, 이것은 기형적으로 발달된 클리토리스가 아닐까요? 사실 매우 짧고 좁긴 하지만 질 또한 존재하는데, 그것이 질이 아니라면 무엇이겠습니까? 이 모든 것은 여성의 〔해부학적〕 속성들입니다. 그렇지만 알렉시나는 단 한 번도 생리를 한 적이 없으며, 외형 전체는 남성의 것과 일치합니다. 제 진찰로도 자궁은 확인되지 않았습니다. 그녀의 성적 취향과 성향은 여성 쪽으로 향해 있습니다. 밤에는 성적 흥분을 불러일으키는 감각이 있으며 그다음 정액이 사출되어 속옷이 얼룩지고 풀 먹인 듯 굳습니다. 요컨대 달걀 모양의 기관과 정관 줄기는 촉진 결과 분할된 음낭에 존재합니다. 이것들이 바로 알렉시나의 성별의 증거입니다. 이제 우리는 결론을 내릴 수 있습니다. 알렉시나는 남성입니다. 양성구유자일수도 있지만 명백히 남성성이 우세한 그런 사람입니다. 그의 이야기는 대부분이 마르크 씨가 《의학사전》〈양성구유자〉 항목에서 언급하고 있는 사례와 오르페가 《법의학》 제1권에서 인용하는 사례의 거의 완벽한 재판입니다. 이 저자들이 언급한 마르그리트 마리Marguerite-Marie라는 여성도 호적상의 성을 드뢰Dreux 법원에 정정 요청했고 받아들여졌습니다.

남성의 불완전한 양성구유 사례 연구[4]

E. 구종

사전 정보

1868년 2월 어느 날, 철도청에서 근무하던 한 젊은 남성이 파리의 에콜드 메드신École-de Médecine 거리〔의과대학 거리〕의 한 건물 5층에 위치한 매우 초라한 방에서 일산화탄소 중독을 통한 자살로 생을 마감했다. 이 사실을 통보받은 검안의인 레니에Régnier 박사와 이 지역 경찰서장은 이 불행한 자의 거주지로 갔다가 탁자 위에서 그가 남긴 편지를 발견하였는데, 거기에는 그를 끊임없이 괴롭혀 온 고통에서 해방되기 위해 스스로 목숨을 끊는다고 적혀 있었다. 현장에서 시신의 외형을 살펴본 두 사람은, 매일 이 젊은이를 봐 온 건물 관리인에게 들은 정보에 비추어, 그가 언급한 고통들로 의심될 만한 단서를 전혀 찾지 못했다. 이에 그들은 그가 매독에 감염되었을 수 있다고 추정하고 생식기 검안을 실시하기로 했다. 주지하듯이, 매독은 감염된 개인들을 종종 심각한 우울과 무기력 상태에 빠지게 하여 원체 우울증에 빠져 있는 몇몇 사람들을 매우 자주 자살로 몰아

---

[4] *Journal de l' anatomie de la physiologie de l' homme*(인체 해부학 및 생리학 저널), 1869, pp. 609-639.

가는 경향이 있다.

레니에 박사는 이 검안에서 즉각적으로 젊은이의 외부 생식기에서 대단히 심각한 이상을 발견했고, 남성 양성구유의 전형적 사례임을 확인하였다. 뒤에 보게 되겠지만, 사실 외부 생식기와 관련해 두 성별이 이렇게 극단적으로 혼합된 경우는 좀체 보기 어렵다. 나는 이 사실을 의사 뒤플롱 박사에게서 전해들었다. 뒤플롱 박사와 나는 이러한 소견이 과학을 위해 묻힌다면 유감이라 생각하여, 힘을 합쳐 경찰서장에게 행사할 수 있는 모든 영향력을 행사하여 내가 부검을 맡아 이상이 있는 부위들을 떼어 낼 수 있게끔 승낙을 받아 달라고 레니에 박사에게 부탁하였다. 공식적인 지위를 가진 의사가 나의 보조의로 참여하는 조건으로 경찰서장의 허락이 떨어졌다. 우리는 의대 교수 자격을 가진 우엘Houel 박사에게 이 사실을 알렸다. 이 주목할 만한 사례 연구를 전적으로 나에게 맡긴 레니에 박사와 우엘 박사의 공평무사함에 감사한다.

내가 보고하는 소견은 이와 관련된 과학이 할 수 있는 가장 완벽한 소견들 가운데 하나라고 확신할 수 있다. 왜냐하면 이 소견의 대상이 되는 개인을, 말하자면 태어나서 죽을 때까지 추적 가능했고, 또 그 사체의 검안뿐만 아니라 부검도 최대한 세심한 주의 아래 수행되었기 때문이다. 문제의 인물이 남긴 긴 《회상록》을 통해, 그의 삶의 모든 세부 사항과 신체 및 지적 발달의 상이한 시기들에 그에게 발생한 모든 느낌들을 알 수 있게 된 덕분에, 이 소견은 특히 완벽할 수 있었다. 그의 《회상록》은 일정한 학식을 갖춘 개인(그는 초등학교 교사자격증이 있었고, 자격증을 따기 위해 치른 시험에서 수석으로 선발되었다)의 생산물으로서, 그가 체험한 다양

한 느낌들을 설명하고자 노력하였기에 더욱 가치가 있다.[5]

이 사람이 처했던 상황은 유례가 없는 것은 아니다. 사실, 조프루와 생틸레르Geoffroy Saint-Hilaire의 저작에서도 내가 보고하는 소견과 대단히 유사한 소견이 발견된다.[6]

우리의 관심 대상인 이 양성구유자는 여성으로 호적부에 기록되었으며, 소녀들과 함께 성장하며, 소녀들 사이에서 유년기와 청소년기를 보냈다. 그리고 이후에 발생한 신체 변화로 호적 변경을 요청할 수밖에 없었다. 호적은 마침내 그의 진정한 성인 남성성을 되돌려주었다. 비록 외부 생식기의 겉모습만 살피는 검진으로는 그를 여성으로 분류하려는 경향이 있었지만 말이다. 게다가 《회상록》의 한 구절에서 그는 자신의 다채로운 상황들을 다음과 같이 간략하게 토로했다. "파리에 도착하면서부터 나의 이중적이고 기이한 삶의 새로운 국면이 시작되었다."

"20여 년간 소녀들 사이에서 성장한 나는 우선 2년 남짓 하녀 생활을 했다. 나는 16세 반의 나이에 사범학교에 학생으로 입학하였고, 19세에 초등학교 교사자격증을 획득하였고, 몇 개월 후 …구에 있는 유명한 기숙학교를 관리하게 되었다. 거기에서 나온 것은 21세가 되던 해의 4월이었다. 이해 말에 나는 파리의 … 철도청에 근무하고 있었다."

시신에 대해 수행할 수 있었던 부검은, 그의 삶 대부분 동안 내려졌던 성별에 대한 최초의 판단을 바로잡을 수 있게 했으며, 결국 사회 내에서

---

[5] 이《회상록》의 소유자는 타르디외 교수인데, 친절하게도 내가 열람할 수 있게 해주었다.

[6] Geoffroy Saint-Hilaire, *Histoire des anormalies de l'organisation*(조직 이상의 역사), Paris, 1836, in-80, t. II, pp. 30 이하와 atlas, pl. VI 참조.

그의 진정한 위치를 되돌려 놓았던 그 진단의 정확성을 확인시켜 주었다.

앞선 진술에 따르면, 현재의 이 사례는 생리학적이고 법의학적인 몇 가지 문제를 발생시키는 것을 알 수 있다. 타고난 외부 생식기관의 구조 탓에 그는 명백히 남자임에도 불구하고 성교에서 남성과 여성의 역할을 구분 없이 수행할 수 있었다. 하지만 그는 양자 모두에서 불임이었다. 그는 정상적으로 발육된 성인의 성기 크기에 달하는 발기 가능한 폐색된 페니스를 이용해 성행위에서 남성의 역할을 할 수 있었다.

그 기관에 대해서는 뒤이어 더 자세히 설명하겠지만, 그의 생식기관은 음경이라기보다는 큰 클리토리스에 가까웠다. 실제로 어떤 여성들에게서 검지손가락 크기의 클리토리스가 발견되는 경우가 종종 있다. 그가 《회상록》에서 밝히듯, 발기 시에는 사정과 성적 쾌감이 수반되기도 했다. 앞서 내가 언급하였듯이, 이때의 사정은 막힌 페니스를 통해 일어나지 않았다. 검지손가락이 무리 없이 들어가는 끝이 막힌 질을 통해 그는 성행위에서 여성의 역할도 할 수 있었다. 그의 질은 정상적인 여성의 질이 위치한 곳에 있으며, 외음순 양쪽으로 열리는 두 개의 외음질선이 이 질에 붙어 있다. 이 두 외음질선은 정액을 방출하거나 사정하는 데 쓰이는 다른 두 관들 가까이에 있다.

나는 문제가 되는 이 인물에 대한 해부학적 기술을 이미 마쳤을 때, 타르디외 교수로부터 이 불행한 인물이 생전에 라로셸La Rochelle의 한 저명한 의사에 의해 법의학 보고의 대상이 되었다는 사실을 알게 되었다. 그 시점은 법원이 그의 호적을 변경하여 그를 본래의 성별로 되돌려야 했던 때이다. 이 보고서는 대단히 정확하고 적절하게 작성된 것이기에, 나는 그 전문을 인용하고 두 검진 사이에 일어난 몇 가지 수정 사항들을 제외하고는 이 사람의 외부 생식기의 특징들과 관련해 덧붙일 내용은 별로 없다.

해부학적 기술은 다음과 같다.[7]

내가 사체 부검을 시행하는 지금 시점 기준으로, 앞서 읽은 보고서는 8년 전에 작성되었고, 그 대상자는 당시 서른 살이었다. 이 불운한 인물은 파리에 여전히 존재하는 비참한 좁은 방에서 발견되었고, 이러한 환경은 향후 위생 제도의 꾸준한 발전을 통해 사라져야 할 것이다. 이 불행한 자가 당시 보여 준 상태는 다음과 같았다.

초라한 침대와 작은 탁자 그리고 의자가, 네 명의 사람이 가까스로 들어갈 수 있는 골방에 있던 가구의 전부였다. 한쪽 구석에는 재만 남은 토기 화로가 있었고, 그 옆에는 숯이 담긴 천 조각이 놓여 있었다. 침대 위 시신은 부분적으로 옷을 입은 채 등을 아래로 하고 누워 있었다. 그의 얼굴은 파랗게 변해 있었고, 입에서는 기포가 있는 검은 피가 흘러나와 있었다. 키는 세네 씨의 보고서가 적시한 대로였고, 머리카락 색깔은 검정색으로 가늘고 풍성했다. 수염 역시 검정색이었지만, 얼굴의 측면에는 그다지 많지 않았다. 턱과 입술 위쪽의 수염은 훨씬 더 짙었다. 목은 호리호리하고 길었으며, 후두는 거의 돌출되지 않았다. 그를 자주 봐 왔던 사람들에게 수집한 정보에 따르면, 그의 목소리는 그다지 낭랑한 편은 아니었다. 가슴은 그 정도 신장을 가진 남자의 보통 가슴 크기였고, 거의 돌출이 되지 않은 검은 유두 주변을 제외하고는 가슴에서 털은 발견할 수 없었다. 유방은 약간 살찐 남자에게서 발견할 수 있는 정도를 넘어서지 않았다. 팔다리는 아주 미세한 검은 털로 덮혀 있었고, 근육의 돌출은 여성에게서

7　구종Goujon은 여기서 239쪽에 재수록된 세네Chesnet의 보고서를 인용한다.

볼 수 있는 것보다 훨씬 더 뚜렷하였다. 무릎은 안쪽으로 모이지 않았고, 손과 발은 작은 편이었다. 골반도 평균 남성에게서 기대되는 정도 이상으로 발달되어 있지 않았다.

외부 생식기관의 상태

돌출된 음부 위에는 검고 곱슬곱슬한 긴 털들이 풍성하게 나 있었고, 이 털들은 대음순처럼 보이는 부위를 덮고 있었고 또 항문 주변도 완전히 덮고 있었다. 일반적으로 여성들에게 없는 털 분포였다. 그의 성기는 정상적인 위치에 자리한 음경으로, 길이 5센티미터, 직경 2.5센티미터 정도의 이완 상태로 정상적으로 뿌리내린 음경으로 보인다. 이 음경은 귀두가 막혀 있고, 양옆이 납작하며, 뿌리 부분이 왕관 형태를 한 포피로부터 완전히 돌출되어 있었다. 이 음경은 크기 면에서 일부 여성들의 (비대) 클리토리스보다 크지 않았으며, 약간 아래쪽으로 굽어 있었는데, 이는 음경의 아래쪽을 덮고 있는 포피의 하단 부분에 의해 그 위치에 고정되어 있었기 때문이다. 이 포피는 대음순과 소음순을 형성하는 피부 주름 속으로 이어지며 사라졌다.

이 음경의 약간 아래쪽에, 여성의 요도 위치와 유사한 위치에 요도가 존재했으며, 도뇨관을 무리없이 삽입하여 방광까지 도달했고, 방광을 쉽게 비울 수 있었다. 요도 아래쪽에 질 입구가 보였고, 사체 부검 중 외음부에서 약간의 출혈이 있었다. 레니에 박사도 이 점을 확인했고, 검진 과정에서 반복된 손가락 삽입으로 인해 출혈이 발생했다고 판단하였다.

사실 이것이 이 출혈에 적합한 유일한 설명이다. 앞에서 살펴보았듯이 이 문제의 인물은 성기를 통해 주기적으로 생리 출혈을 한 적이 없고, 내부 기관의 검진 결과는 이 점을 잘 설명해 주기 때문이다. 검진자가 질 속

전체에 검지손가락을 쉽게 삽입할 수 있었지만, 손가락 끝으로 자궁 경부와 같은 것을 연상하게 하는 그 어떤 것도 감지할 수 없었다.

질의 길이는 6.5센티미터에 달했다. 질의 측면부와 전체 길이를 따라 점막 아래에 위치한 두 개의 작고 단단한 선이 촉지되었다. 앞으로 보게 되겠지만 이것들은 외음부의 입구에서 각기 열리는 정액 배출관이었다. 질의 점막은 매끄러웠고 매우 충혈되어 있었으며, 전체가 여성의 질을 덮고 있는 편평상피로 덮여 있었다. 그리고 이 점막층에 작은 분비샘들이 산재해 있었다. 외음부 입구 근처에는 몇 개의 원형 주름이 있었지만, 배열 상태로 보아 처녀막의 존재를 떠올리게 하지는 않는다. 아래로 향한 귀두를 지탱하고 있는 포피의 주름들과 외음부 입구 사이에 있는 공간에는 여러 개의 작은 구멍들이 보였는데, 이는 피하에 위치한 분비샘들의 배출구였으며, 부근의 피부를 약간 압박하면 이 작은 구멍들을 통해 농축된 점액과 다를 바 없는 무색의 미끌미끌한 물질이 분비되었다.

항문은 외음부로부터 3.5센티미터 아래에 위치해 있었으며 비정상적인 부분은 없었다. 발기 기관(음경 혹은 음핵) 양쪽에는 그 기관이 놓여 있는 실제적인 도랑을 형성하는 피부의 큼직한 주름 두 개가 존재하는데, 이는 나뉜 상태로 남아 있는 음낭의 두 엽葉이다. 오른쪽 엽은 왼쪽보다 훨씬 더 컸고, 내부에 정상 크기의 고환 하나가 확연히 존재했으며, 피부를 통해 서혜륜〔아랫배 벽을 이루는 서혜관 근육층의 안쪽 구멍과 끝부분〕에 이르는 정삭〔고환과 서혜관을 잇는 끈 모양 조직〕의 줄기가 분명히 촉지되었다. 왼쪽 고환은 완전히 아래쪽으로 내려오지 않았다. 왼쪽 고환의 대부분은 서혜륜에 박혀 있었다.

사체 부검을 통해 우리는 왼쪽 고환의 부고환만 서혜부를 통과한 것을 확인했다. 왼쪽 부고환은 오른쪽 부고환보다 작았다. 정관은 방광의 뒤쪽 아래에서 서로 근접해 있었고 정낭과 정상적인 해부학적 위치 관계를 이루고 있었다. 정낭에서 정액 배출관이 양쪽으로 갈라져 질 점막 하층을 따라 외음부 쪽으로 주행하며 돌출되어 있었다. 오른쪽의 부피가 조금 더 큰 정낭은 정상적인 밀도와 색깔의 정액으로 팽창해 있었다. 이 정액을 현미경으로 검사해 본 결과, 정낭에서 채취한 것이든 고환에서 채취한 것이든 그 속에서 정자는 보이지 않았다. 하지만 서혜부와 정낭을 통과한 고환에서 정자 혹은 로뱅Charles-Philippe Robin이 기술한 바 있는 정자의 모세포 혹은 남성 난세포를 상기시키는 둥글고 부피가 큰 조직체가 보였다. 양쪽 고환 모두에 있는 관들은 펼쳐 보기가 용이했고, 현미경으로 보았을 때 오른쪽 고환의 관들은 어떤 이상도 없었다. 하지만 일부가 복강에 들어가 있는 왼쪽 고환은 관들에 지방이 끼어 있었고, 고환의 실질 조직도 오른쪽 것과 달리 누리끼리한 색을 띠고 있었다. 각각의 정낭에 작은 투관套管을 설치하여 우유를 주사해 사정관의 방향을 확인했더니, 외음부의 구멍, 앞서 언급하였듯이 양쪽으로 분출되어 나왔다. 정상적인 위치에 있는 방광은 부피가 컸고, 수분을 주입하면 치골 상부까지 팽창했다. 형태상으로 자궁과 난소를 연상시키는 어떤 것도 존재하지 않았다. 질을 이루고 있는 막힌 부분 위쪽에 두꺼운 섬유질 면만 발견될 뿐이고, 그 위에 정낭들이 접착되어 있었으며, 이 섬유층은 어느 정도 넓은 인대를 연상시키지만, 방광 뒤쪽까지 올라가 양쪽에서 고정된 질을 지탱하고 있었다. 하지만 정밀 해부 결과, 이 부분을 자궁이나 난소와 동일시할 수는 없었다. 게다가 질의 끝부분에서 어떠한 구멍도 발견할 수 없었다. 질은 끝이 완전히 막혀 있었다.

복막은 방광과 정상적인 관계로 연결되어 있지만, 막힌 질의 위쪽으로 지나가고 있어서 질의 끝부분을 촉지觸知하기는 어려웠다.

부검을 통해 통상적인 자리에 위치해 있고 통상적인 크기를 가진 음부-질의 두 분비선의 존재를 쉽게 확인할 수 있었으며, 정액 사정관보다 약간 아래로 나 있는 이 분비선의 배설관도 확인할 수 있었다. 이 분비선을 가볍게 압박하면 상당히 많은 양의 점액이 나왔다. 요도와 방광 경부에서도 작은 선 하나가 관찰되었는데, 이것은 거의 발달되지 않은 전립선임이 확실했다.

이상의 사실들에 대한 논의

한 개인의 성별에 대한 판단 착오가 이처럼 장시간 동안 지속될 수 있다는 사실은 놀랍지만, 과학에는 이런 유사 사례들이 상당히 많고 그중 몇몇 사례는 우리가 이번에 담당한 사례와 상당히 유사하다. 이러한 사례의 대부분이 의사들의 주의 깊은 검진 대상이 되지 못했고, 대개의 경우에는 우연한 계기로 진정한 성별을 생리학적으로 검증하게 됐다고 말해야 맞다. 남성으로 간주되었고, 동정 서약을 하고도 아이를 낳음으로써 자신의 성별이 수도원의 다른 동료들과 다르다는 사실이 드러나게 된 양성구유 수도사에 관한 조프루아 생틸레르의 논문에서 인용된 사례를 기억할 것이다(L. Le Fort, *Vices de conformation des organes génitaux*).

슈바이크하르트Schweikhard도 호적에 여성으로 기입되었다가 다른 여성을 임신시키고 그 여성에게 청혼하기 전까지 여성으로 여겨졌던 어떤 개인의 이야기를 보고하고 있다. 이 사람의 귀두는 폐색되어 있었고, 요도는 귀두 아래로 나 있었다. 소변은 음경의 수평 방향을 따라 나왔다. 보고자는 이 사례에서 정액의 사정 장소를 확인했는지는 말하지 않았다.

마르티니Martini가 분석한 루이 카스페Louis Casper는 다음과 같이 이야기한다. "어떤 임신한 여인이 자신에게 폭력을 행사하고 강간을 한 혐의로 산파를 고소했는데, 이 고소장에 따라 산파가 조사를 받았다. 산파의 음핵은 정상적인 음핵보다 더 발달되어 있었지만 성교를 할 수 있을 만한 크기는 아니었다. 그녀의 질은 너무나 좁아서 새끼손가락 끝을 가까스로 삽입할 수 있을 정도였고, 고환의 존재를 추정하게 하는 작은 종기가 한쪽에 있었다.”

이러한 종류의 사례들을 열거하는 것은 어렵지 않다. 그리고 이 문제와 관련하여 과학이 보유하고 있는 모든 자료들이 하나의 공동 작업 내에 집대성된다면 과학에 유익할 뿐만 아니라, 이런 종류의 비정상적인 상태에 있는 사람들에 대한 소견과 판단을 요청받은 의사들에게 소중한 지침서가 될 것이다. 이러한 작업과 우리가 보유하고 있는 관찰 기록에 입각해 볼 때, 한 개인의 진정한 성별을 출생 시에 식별하는 것은 종종 어렵고 심지어 불가능하기까지 하지만, 나이가 좀 든 후에, 특히 사춘기에 접어드는 시기에는 가능하다는 점이 분명하다. 사실 판단 착오의 희생자들은 바로 그 시점에 이르러 그들의 본래 성별에 부합하는 성적 성향과 습관이 발현된다. 이러한 성향들을 관찰하는 것은, 설령 그들의 성기 상태와 그 다양한 기능들이 사회에서 그들의 위치를 명확히 판단하기에 충분하지 못한 경우에도, 이 목적에 도달하는 데 매우 큰 도움을 줄 것이다.

이렇게 수집된 관찰을 종합해 보면, 비록 이를 증명할 필요가 있기는 하지만, 인간과 고등동물에게 양성구유는 존재하지 않는다는 사실이 분명해진다.

양성구유라는 용어로 지칭되는 인체 구조와 관련된 병을 치료하는 데 종종 외과 수술은 전능한 힘을 발휘한다. 대단히 괄목할 만한 성공 사례들이 레옹 르 포르Léon Le Fort의 논문에 보고되어 있다. 그 가운데 위지에Hugier 의사가 시술에서 원용한 루이즈 D의 사례에서는 수술로 인공 질을 만드는 데에 성공했다. 마리 마들렌 르포르Marie-Madeleine LeFort에 대한 관찰도 상기할 수 있다. 베클라르Béclard 의사는 1815년 이 여성에 대한 보고서를 담당했는데, 르포르는 1864년 오텔 디외Hôtel-Dieu 병원에서 사망했다. 르포르를 여성으로 결론 내린 베클라르 의사의 지극히 정확한 보고서에도 불구하고, 그녀가 입원했던 병원의 의사들과 수술의들 대부분은 그녀가 찾아간 다양한 의료 부서에서 그녀를 관찰할 기회가 있었는데도 40년 동안 그녀가 남성에 속한다고 간주했다. 마리-마들렌 르포르가 사망했을 때 담당 과의 인턴 다코로냐Dacoronga가 수행한 부검 결과, 베클라르가 옳았음이 증명되었다. 르포르는 베클라르가 판정한 성별에 부합하는 모든 속성을 다 가지고 있었다. 그녀가 다른 여성들과 다른 점은, 단지 그녀의 음핵이 다른 여성들의 그것보다 더 크고 질이 얇은 막으로 폐색되어 있다는 점뿐이었다. 그래서 이 사람의 본래 성별을 완벽하게 회복시키려면 간단히 이 막만 절개하면 되었다. 실제로 베클라르는 그녀를 검진할 때 이 수술을 제안한 바 있었다.

오랫동안 이러한 종류의 기형을 설명하기 위해 여러 다양한 원인들이 동원되어 왔다. 그 가운데 특히 비교해부학이 빈번히 원용되었다. 하지만 코스트Coste 박사와 현대의 다른 배아학자들의 훌륭한 연구 이후로는 이런 종류의 문제들을 해결하기 위해 필요한 규명을 특히 발달해부학이나 배아학에 요청하게 되었다. 실제로 배아학의 연구는, 배아가 발달 도중 겪게 되는 다양한 중단 시기가 자주 관찰되는 여러 기형들 혹은 기괴한 형태들의 원인이 된다는 것을 보여 주며, 이 연구가 대부분 병리해부학과 기형학 전체의 핵심 주제를 이룬다. 그러므로 나는 내 관찰 보고서의 대상이 되는 자의 외음부 상태를 설명하기 위해 배아형성 이론의 도움을 받을 것이다. 코스트 박사에 따르면, 외부 생식기는 배아가 형성된 지 40일에서 45일 사이에 출현하고, 반면에 해당 내부 생식기관들은 그보다 며칠 앞서 발달하기 시작한다. 이 태아기에 미아尾芽(척추동물의 배에서 꼬리 부분의 원기를 만드는 배아 구역)의 밑부분에서 차츰 깊게 파이고 머지않아 방광, 질, 직장과 연결되는 작은 틈 혹은 고랑의 상층부에서 두 개의 작고 둥근 물체가 발견되는데, 이것들이 남성에서는 음경의 해면체를 형성시키고 여성에서는 클리토리스와 소음순을 형성시킨다.

이 두 작은 돌기는 상부 가장자리를 통해 서로 합쳐지고 비어 있는 하부 가장자리 사이에 작은 홈을 형성하게 되는데, 이것이 여성에서는 존속하고 남성에서는 완전한 관으로 변형되어 요도를 형성한다. 남성에서 이 틈 혹은 홈의 빈 가장자리가 합체하지 않는 경우, 흔히 요도하열尿道下裂(요도의 구멍이 정상 위치보다 아래에서 열리는 발육 기형)로 지칭되는 구조 결함의 상태가 된다. 우리가 연구하는 환자의 사례가 이에 해당한다.

조금 전 언급한 작은 돌기들 하부에서 남성의 음낭, 여성의 대음순을 형성하는 두 개의 다른 돌기들이 발달하게 된다. 그러므로 내가 연구하는 환자와 관련해 대음순으로 지시된 것을 구성하는 것은 사실상 양쪽 음낭엽의 융합 실패이다. 여성의 질 내에 존재하는 여러 분비선들과 남성의 요도에서 발견되는 유사한 분비선들 간의 유사성에 비추어 보면, 우리는 우리 환자의 외음질선들이 요도구선이나 구요도선에 다름 아니라는 것을 완벽하게 확언할 수 있다. 또한, 질 맹관 내에서 발견되는 분비선들은 남성 요도에 존재하는 분비선에 해당하며, 이 질 맹관 자체도 사실상 정상적 상태에서 존재했어야 할 요도관이 변형된 것에 지나지 않는다.

상이한 기관들 사이에 존재하는 유기적 유사관계를 다수 연구한 쿠르티Courty 교수는, 남성 요도의 막상膜狀 부분과 여성의 질 사이에 자신이 설정한 유비 관계를 다음과 같이 매우 명확하고 설득력 있게 정당화하고 있다. "질은 실제로, 직장과 방광 사이에 위치한 중간 생육 조직 내에서 발달하며, 중간 회음막 바로 아래서 시작된다. 방광과 직장 사이의 격막 속에 하나의 관이 형성됨으로써, 그 관은 한쪽으로는 외음부 틈과, 다른 한쪽으로는 자궁 경부와 연결된다. 그리고 바로 이 동일한 위치, 동일한 방식으로 남성의 요도 막성부도 발달하는데, 이는 요도 융기 앞에서(두 개의 정관이 서로 밀착되는 지점) 그리고 음경 고랑 뒤쪽에서 생성되며, 이 고랑은 곧 아래쪽에서 융합되어 망울부까지 이어지는 완전한 관으로 전환된다.

내가 여기서 일일이 반복하고 싶지 않은 모든 종류의 증거들에 의해 입증되는 유사 관계로부터 처음 보기에는 역설적으로 보일 수 있는 결과가 도출된다. 요컨대, 엄밀히 말해서 남성에게는 고유한 요도관이 존재하지 않는 반면에, 여성에게는 그것이 실제로 존재한다는 것이다. 방광에서 소변을 밖으로 흘려 보내는 남성의 요도는, 이를테면 다른 용도에 맞춰 다른 방식으로 발달한 여성의 질-외음부 관이다. 남성의 경우 요로는 엄밀히 말해 방광 경부에서 끝난다. 요로에 이어지는 관은 그 시작부터 끝까지 성기에 속한다. 요로는 솔직히 말해, 무엇보다도 정액의 추진 기관이다. 단지 소변의 배설에 적합할 뿐이다. 관의 한쪽 끝에서 다른 한쪽을 횡단하여 고환 부위(자궁 경부), 막질 부위(질), 구근 부위(전정前庭 부위)로 소변이 나아간다. 이것은 근본적으로 동일한 기관에 자연이 각인할 수 있는 구조와 용도 차이를 입증하는 새로운 증거이다.[8]

내가 관찰 보고를 하는 이 환자의 사정관 상황은 쿠르티 교수의 이론에

----

8 A. Courty, *Maladie de l'utêrus et de ses annexes*, Paris, m1867, in-8o, p. 37.

정당성을 부여한다. 질로 변형된 요도의 정상적인 발달에서 실제로 목격되는바, 이 작은 관들의 외부 구멍이 정구精丘verumontanum〔요도의 정액구가 모이는 작은 융기〕의 상태와 일치하는 것으로 보인다.

알렉시나에 대한 진단 같은 소견이 제기할 수 있는 법의학적 문제들 중에는 전문가로서 진단 대상자의 결혼 및 생식능력을 판정하는 문제가 있다. 그러한 문제에 대해 소견을 내는 것에 분명 곤란을 느꼈을 것이다. 그러나 나는 성기를 면밀히 검사한 뒤라 할지라도, 어느 경우든지 부정적으로 판정할 만큼 충분히 정당화되지는 않았으리라 생각한다.

결혼의 자연적 목적은 생식이기 때문에, 알렉시나는 자신의 성에 특징적인 기관들을 갖고 있었고, 그 기능들이 작동하고 있었다. 비록 사정관의 배열 상태상 정액을 직접 질 안쪽으로 운반할 수는 없었겠지만, 정액이 질 입구를 적시기만 해도 임신이 된다는 것은 잘 알려진 사실이다. 의학에는 요도하열증 환자들에 대한 수많은 소견이 존재한다. 이 환자들의 외外요도구는 음낭 가까이에 있지만 그들은 여러 자식의 아버지가 될 수 있고, 이 경우 부성의 확실성은 그 자녀들에게 유전된 구조적 결함을 통해 증명되었다. 우리가 관찰한 환자의 처진 고환에 해당하는 소포小胞 내에서 추출한 정액에는 정자가 없었다. 더구나 고환이 음낭까지 완전히 내려오지 못하고 서혜관에 걸려 있던 쪽의 정낭에서 채취한 정액 역시 정자를 결여하고 있었을 것임은 당연하다.[9] 이는 완전히 하강하지 못한 고환에서 볼

---

9 폴랭은 또한 음낭에 고환이 하나밖에 없고 음낭 양쪽에서 정자가 전혀 발견되지 않는 개인들에 대한 관찰 소견을 보고한 바 있다. (고다르의 연구, *Sur la monarchie et la cryptorchidie*, I vol. in-8o, 1860과 도판을 포함한 *Compte rendus et mémoires de la Société du biologie*, 1859 참조)

수 있는 통상적 사례다. 하지만 알렉시나의 경우 완전히 하강한 고환과 관련해서라면 이 상태는 일시적인 것일 수 있었고, 다른 기회에 그의 정액에서 정자를 확인할 수도 있었을 것이다. 외관상 건강해 보이는 남성들에게 일정한 시기 동안 어떤 영향으로 정자가 부재했다가 다시 나타나는 것은 지극히 잘 알려진 사실이다. 우리가 연구한 환자가 그 사례일 수 있다. 폴랭의 사례와 정반대로, 고다르E. Godard가 보고한 고환에 대한 다수의 흥미로운 관찰 소견들은 지속적인 방식으로 음낭 내에 고환이 하나밖에 없는 사람들의 정액에 정자가 존재함을 증명한다.

신문 기사

《레코 로슐레L'Echo rochelais》

1860년 7월 18일

의학생리학 분야에서 나온 이상하고 놀라운 변신에 대한 소문이 도시에 파다하기 때문에 본보는 적절한 출처에서 추출한 정보들을 바탕으로 이에 대해 몇 마디 전하고자 한다.

마음의 고귀한 품성으로 보나 그녀가 받은 건실한 교육 정도로 보나 훌륭한 초등학교 교사인 21세의 젊은 여인은 지금까지 경건하고 겸손하게, 그리고 자신에 대해 무지한 상태로 살아왔다. 다시 말해 자신이 남들에게 보이는 그대로라고 믿으며 살아왔다. 물론 경험 있는 이들이 보기에는 놀라움과 의심을 불러일으킬 만한 해부학적 특징들이 있었으며, 그리한 의심은 결국 진실에 이르는 계기가 되었을 수도 있었겠지만 이 젊은 여인이 받은 그리스도교 교육은 그녀에게 진실을 은폐하던 순진한 눈가리개였다.

마침내, 최근에 우연한 계기 하나가 그녀의 마음속에 의심을 불러일으켰고, 과학에 의뢰한 끝에, 성별의 오류가 확인되었다. ⋯ 이 젊은 여성은, 단순히 말해, 한 젊은 남성이었던 것이다.

《앵데팡당 드 라 샤랑트-앵페리외르Indépendant de la Charente-Inférieure》

1860년 7월 21일

며칠 전부터 라로셸에 21세 여교사에게 일어난 특이한 변신에 대한 소문이 파다하다. 능력이 출중할 뿐만 아니라 겸손하기까지 한 이 젊은 여인은 지난주에 갑자기 남성의 복장을 하고 생 장 성당에 자신의 어머니와 도시에서 가장 존경받는 부인 한 분 사이에 모습을 드러냈다. 미사를 드리러 왔던 몇몇 사람들은 그런 장소에서 그런 동행과 함께, 그런 차림을 한 그 사람을 보고 놀랐다. 또 신실하기로 유명한 사람들은 도무지 상황을 이해하지 못하여 도저히 자리에 앉아 있을 수도 없어서 교회를 빠져나가 소식을 퍼뜨렸다. 곧 도시 전체가 충격에 휩싸였다. 사람들이 삼삼오오 모이기 시작했고, 각자는 이 수수께끼의 답을 헛되이 찾으려 했고 지극히 괴이한 추측에 열을 올렸다. 가장 황당한 이야기들이 도시 전체에 떠돌았지만, 쑥덕공론의 정수는 특히 생-장 가에서 만개했다. 여기가 그에 대해 결코 호의적이지 않은 곳이라는 사실은 사람들이 잘 알고 있다. 귀에 들려오는 너무나도 다양한 소문들 때문에 정신 차리기가 어려워서 우리는 사실들을 정확히 확인하기 전까지는 그 사건에 대해 독자들에게 알리는 것을 삼갔다. 신뢰할 만한 출처를 통해 파악한 바는 다음과 같다.

여기서 문제가 되는 것은 오직 일정한 해부학적 특수성만이 설명할 수 있는 성별에 대한 착각을 불러일으키는 외관들이다. 의학 서적에는 이와 유사한 사례가 다수 기록되어 있다. 경건하고 겸손한 교육은 이러한 오류를 더욱 오래 지속시키며, 존경스러운 무지를 유지하게 만든다. 어느 날 어떤 우연한 정황이 우리의 마음속에 의심을 불러일으켰다. 이를 의학에 의뢰했고 오류가 확인되었으며, 법정에서 내려진 판결은 호적의 출생증명서를 수정하게 만들었다.

　이야기의 전말은 이렇다. 이제 우리는 더 이상 그녀를 젊은 여성 교사라 부르지 않고 그저 우리의 젊은 동포라 부를 것이다. 그를 아는 모든 자들의 존중과 관심을 받을 수밖에 없는 대단히 단순한 이야기다.

문서들

샤랑트 앵페리외르 지역 라로셸 시

레지옹 도뇌르 훈장 수훈자인 라로셸 시장은 로이제 씨, 부파르 씨 그리고 바세트 씨가 우리에게 한 증언에 따라

샤랑트 앵페리외르 지역 생장당젤리에서 1838년 11월 7일에 태어난 바르뱅 아델라이드 에르퀼린 양은 품행이 방정하고 도덕성을 갖춰 교육에 헌신할 자격이 있음을 보증합니다.

초등교육에 관한 1833년 6월 28일 법률 4조에 의거해 상기인에 적법하게 사용될 수 있는 이 자격증을 발급합니다.

시장

라로셸 1856년 7월 9일

아래에 서명한 라로셸 생 장의 주임신부는 저희 교구 신도인 알렉시나 바르뱅 양이 항상 모든 관계에서 지극히 모범적인 행동을 해 왔다는 사실을 보증합니다.

신부 기보

라로셸 1856년 7월 7일

장학관님

귀하께서는 저희들이 지난달에 귀하를 뵐 수 있는 영광을 주실지도 모른다는 희망을 품게 하셨습니다. 저는 그때 알렉시나 바르뱅 양을 장학생에 선발될 수 있도록 귀하께 소개해 추천하려고 했습니다. 왜냐하면 저는 그녀의 열의, 지적인 능력, 선의를 통해 그녀가 1년 내에 교사자격증을 취득할 수 있으리라 기대하게 되었고, 나중에는 확신하게 되었습니다. 장학관님, 그녀 모친의 가련한 처지를 배려해 주시고 저희 수도원에 보조교사 자격으로 있던 리보 양이 나감으로써 생긴 자리를 이 젊은 여성에게 주도록 도지사님께 요청해 주시길 부탁 드립니다.

우리 학생들은 특히 표준 철자법을 열심히 공부하고 있습니다. 장학관 님께서 제게 친히 가르쳐 주신 모든 방법들을 사용하여 학생들로 하여금 사전의 어휘들을 암기하게 했습니다. 원컨대 장학관 님께서 곧 저희를 방문하시어 훌륭한 조언을 해 주신다면 저희는 우리의 소중한 학생들에게 성공을 가져다줄 조언을 충실히 따르는 진정한 기쁨을 누릴 수 있을 것입니다.

장학관 님, 저의 심심한 존경의 마음을 받아 주십시오.

수녀 마리 오귀스틴
f. d. l. s.
1856년 11월 20일

수녀원장님,

저는 매일 원장님과 대화하러 가는 기쁨을 기대했습니다. 하지만 제 모든 시간을 점유하는 일로 인해 이 산보를 중단해야 했습니다.

제자들이 원장님의 탁월한 강의를 받을 수 있다는 것을 알게 되어 기뻤고, 또 우리를 그처럼 고통스럽게 했던 실패를 우리 학생들이 다음번 시험에서 만회할 수 있다는 것을 믿어 의심치 않습니다. 저는 바르뱅 양의 상황이 관심을 받을 만하다는 것을 알고 있으며, 그녀가 향상되었다는 사실을 알게 되어 기쁩니다. 저는 도지사님께서 그녀에게 가능한 한 신속하게 장학금을 부여하실 것을 믿어 의심치 않습니다.

정중히 예의를 표합니다.

장학관님,

장학관님께서 가능한 한 신속히 장학생 명단에 저를 기꺼이 받아 주실 자
혜로운 의향이 있다는 소식을 훌륭하신 저의 선생님을 통해 알게 되었습
니다. 그래서 저는 장학관님께서 도지사님이 저의 임명을 승인할 수 있도
록 주선해 주시기를 간청 드리는 바이고, 또 저의 심심한 감사의 마음을
받아 주시길 바랍니다. 제 선생님께서는 장학관님께서 제 지식의 정도를
독자적으로 평가하실 수 있도록 제 편지를 교정해 주시지 않았습니다.
제 존경하는 마음과 심심한 감사의 마음을 받아 주시길 바라며.

알렉시나 바르뱅 배상
1856년 12월 18일 르 샤토

장학관님,

쿠이요 양은 자신이 시험을 치르기 전에 있던 동일한 기숙학교에서 보조교사로 일하는 생트로 돌아갔다고 편지를 보내왔습니다. 방학 이후에 11명의 장학생이 남았는데 그들의 성명은 클라리스 부텡 양, 오펠리아 마소 양, 셀린 페스리에 양, 로자 부쇼 양, 엘리자 펠레렝 양, 엘리자 쟈퀴오 양, 프랑수아즈 메낭 양, 클레망틴 뮈랴 양, 아델 베송 양, 마리-테레즈 튀로 양, 아멜리 르마리에 양입니다. 장학관님께서 그 능력을 확인하실 수 있었던 바르뱅 양을 받아들여 장학생 인원을 충원해 주시길 바랍니다.

....

장학관님의 분주한 업무로 인해 아주 오랫동안 장학관님을 뵐 수 있는 영광을 누리지 못해 저희는 유감입습니다.

장학관님, 저의 심심한 존명의 마음과 함께 감사의 말씀을 드립니다.

수녀 마리 오귀스틴

f. d. l. s.

No 145.
아델라이드 에르퀼린 바르뱅의 출생증명서

1838년 11월 8일 새벽 3시에 샤랑트 앵페리외르 도 생장당젤리 읍 생장당젤리 면의 면장이자 호적계원인 장 바티스트 조제프 마리 숍 씨 앞에 생장당젤리에 거주하는 22세의 나막신 제조인 장 바르뱅이 새벽 3시에 출두했다. 그는 우리에게 어젯밤 자정에 신고인인 그와 이 도시에 사는 22세 무직의 아델라이드 데투슈의 합법적인 혼인 부모의 거주지 제뤼가에서 태어난 한 명의 여아를 제시했다. 그들은 이 아이를 아델라이드 에르퀼린이라 명명하였다. 상기의 신고와 제시는 생장당젤리에 거주하는 50세의 나막신 제조인인 여아의 외조부와 생장당젤리에 거주하는 직업이 목수인 25세의 장 바티스트 르브룅이 입회한 자리에서 행해졌고, 신고인들과 증인들 및 우리는 본 증명서를 알지 못한다는 첫 번째 증인을 제외하고 모두 일고 검토한 후 본 증명서에 서명하였다.

증명서의 가장자리에 다음과 같은 언급이 있다.

1860년 6월 21일부 생장당젤리 민사법정의 판결에 의거해 이면의 출생증명서는 다음과 같은 방향으로 변경된다.

출생증명서에 오른 아이는 남성으로 지칭될 것이다.

아델라이드 에르퀼린이라는 이름은 아벨이라는 이름으로 대체될 것이다.

1860년 6월 22일 생장당젤리

 관련 자료

소설

수녀원 스캔들

오스카 파니차

장 브레주Jean Bréjoux가 독일어에서 번역. 1893년에 쓰인 이 소설은 1914년 처음으로 출간되었다. *Visionen der Dämmerung*, Munich, G. Müller, 1914(프랑스에서는 다음에 실려 있다. *Visions du crépuscule*, trad. J. Bréjoux, La Différence, 1979). 이 소설은 다른 일곱 개의 소설과 함께 다음에 다시 실리게 된다. *Un scandale au couvent*, La Différence, coll. "Minos", 2002. (N.d.É.)

1830년, 노르망디 두에Douay에 위치한 세속화된 수녀원은, 어느 정도는 원래 용도로 돌아갔다. 정부는 대수도원장의 거룩한 영적 지도 아래, 그리고 충분한 수의 교사들(예전에 그 수도원이 속했던 도미니코 수도회의 수녀들)의 도움을 받아, 너르고 화려한 방들에 어린 소녀들을 위한 교육시설 설치를 승인했다. 당시 정부는 프랑스 귀족이 고난을 겪고 있을 때 그들에게 약간은 양보하고 싶어 했다. 프랑스 귀족은, 그들이 피하는 대도시, 특히 파리에서 얻을 수 없는 것, 말하자면 사회적 존중, 체면치레할 기회, 그리고 무엇보다 종교 기관과 주민들에 대한 영향력 같은 것을 시골에서 얻을 수 있었다. 이 영향력이 가톨릭 사상의 재부흥과 겹쳐지는 것은 자연스러운 일이었다. 그리고 공부를 시작하는 첫해부터 어린 소녀들이 일종의 서원을 하는 것에 대해 이 기관을 후원하는 부인들이 완전히 동의하고 있었다. 이것〔서원〕은 무엇보다도 어떤 품격의 증거로 여겨졌으며, 귀족이면서도 재정적 수준이 매우 낮기 때문에 언젠가는 영영 수도원의 수녀복을 입게 될지도 모를 진정한 수도원 생활을 미리 맛보게 해 주는 것이기도 했다. 그래서 서원들이 행해졌다. 통상적인 세 서원 중

청빈 서원은 어린 소녀들에게 좀처럼 요구할 수 없었다. 그들의 부모가 그들의 사유지에서 매주 일요일 두세 마리의 말이 끄는 마차를 타고 와서는 과일과 당과류 살 돈을 아이들에게 맡겼으니 말이다. 반대로 순명 서원은 엄격히 요구되었고, 14세에서 18세 사이의 소녀들에게는 순결의 서원 또한 엄격히 요구되었다. 우리는 현재의 이야기와 무관하지 않은 이 지점으로 나중에 되돌아올 것이다.

우선, 독서를 끝낸 독자라면 분명 희비극이라고 부르게 될 이 드라마의 인물들을 간략히 살펴보자. 먼저 일반적으로 신부님 혹은 무슈로 불리는 로슈슈아르Rochechouart 신부가 있다. 그는 정원사 및 잡역 담당자와 더불어 이 시설의 유일한 남자였다. 높은 수준의 교양을 갖춘 세련된 성직자로서, 유서 깊은 귀족 가문 출신이었다. 그는 50대였고, 한자리 맡아 하기보다는 오히려 편안한 한직에 머물러 있고자 했다. 무슈에게는 수녀원 예배당 운영이라는 의무가 맡겨져 있긴 했지만, 성당 관리인의 도움을 받았다. 그는 또한 수녀원 건물들과 떨어져 있는 보르가르Beauregard 마을의 작은 교회에 대한 권한도 있었다. 따라서 무슈는 무엇보다 명예로운 지위에 있었다. 그는 부유했고, 책에 대한 열정에 전적으로 몰두할 수 있었다. 그러나 그를 부추긴 것이 지식에 대한 갈증은 아니었다. 미식가였던 그는 오늘은 이 책, 내일은 저 책을 펼쳐 들고, 거기서 몇 가지 생각을 끄집어내어 그날그날의 농담거리로 삼았다. 그의 독점적 영역은 신학이었다. 자연히 그의 선반들에는 고전 작품들이 빠짐없이 갖춰져 있었고, 고전적인 몇몇 야한 작품들도 마찬가지였다. 그렇다고 해서 무슈가 관능적인 것은 아니었다. 그는 아주 온화한 얼굴과 무거운 몸의 소유자였다. 그는 글을 쓰지도 않았고, 토마스 아퀴나스의 논문들을 주석하지도 않았으며, 수도원 학교의 영적 훈련들을 현대화하는 방향으로 수정하자는 제안도 전혀 하지 않았다. 그는 차분하고 숭고한 성품을 지니고 있었고, 하루하루가 그에게 가져다주는 것에 만족했다. 요컨대, 그는 쉐르뷜리에Cherbuliez의 소설에서 볼 수 있을 법한 성직자들 중 한 명이었다. 그는 주님의 포도원에서 선하고 용감하게 산책하는 자, 포도의 품질에 대해 불평하지도 않지만 포도나무의 개량에도 기여하지 않는 자, 원하는 대로 모든 것이 자라나고 돋아나도록 내버려두는 그런 성직자였다. 그는 낮은 이마와 짧고 빽빽한 머리카락, 평온한 눈빛의 작은 눈, 통통한 뺨, 매우 가느다란 입을 가지고 있었다. 체격은 다부졌고, 말투는 간결하고 엄격했으며, 어떤 수사적 장식도 없었다. 그에게 설교자다운 면모는 없었고, 묵묵히 자기 자신을 위해 일할 뿐이었다. 그의 옷차림은 언제나 흠잡을 데 없이 깔끔했다.

다음으로, 대개 단순히 마담이라 불리는, 이 기관의 책임자인 수녀원장이 있다. 그녀는 노르망디 지역의 유서 깊은 가문인 드 브레미de Vrémy의 일원으로, 도미니크 수도회 여인들의 복장을 입고 있었다. 마흔에서 쉰 중간쯤인 그녀는 한없이 자존심이 강했고 대단한 명민함과 위엄을 갖고 있었다. 몇 가지 일들을 해결하고자 백작 부인들이 방문하면 그녀는 부인들에게 무릎을 구부려 절할 것을 단호히 요구했고, 부인들은 그렇게 했다. 왜냐하면 그녀의 귀족 작위들을 굳이 말하지 않더라도, 그녀는 결국 수녀원장 자리에 있었기 때문이다. 그녀는 늘 주문 제작한 담황색 수도복 위에 교황이 선물로 준 큰 금 십자가를 걸고 있었다. 위계로 따지자면 수도원장의 명령을 받지만, 실제로는 그녀의 지위가 훨씬 더 높았다. 그녀는 기관의 모든 대소사, 심지어 가장 복잡한 일들까지 감독했고, 따라서 안락함을 사랑하는 영적 상급자 대신 대부분의 일들을 떠맡았다. 그러니 둘의 관계는 아주 좋았고 친밀하기까지 했다. 마담은 신부의 방에서 몇 시간씩 보내곤 했는데, 그들은 낮은 목소리로 친근하게, 둘만의 이야기를 나눴다. 그러나 그들의 대화에는 관능의 가장 작은 흔적도, 관능적 기원에서 비롯된 가장 작은 성향도 끼어들 여지가 없었다. 그 이유는 양쪽에 동일했다. 무슈는 차분하고 명상적인 성격이었으며, 마담은 매우 지적이고 냉정한 데다가 나이 때문인지 전적으로 이성의 지배하에 있었던 것이다. 마담이 열정적으로 사랑한 일은 속세의 작품들을 읽는 것이었다. 그녀는 신부의 도서관을 뒤질 수 있는 권리를 가진 유일한 사람인 데다가, 매달 파리에서 오는 큰 꾸러미도 받아 보고 있었다. 하녀들이 저녁에 마담의 방을 준비하러 들어갈 때면, 방 안은 옅은 푸른빛 연기로 가득 차 있곤 했다. 우리는 마담이 특별 수업을 하지도 않고 새벽기도와 교회 예배에만 참석하면서도, 가장 나이 어린 하숙생들을 방에 오랫동안 머물게 한다는 것을 알아차릴 수밖에 없었다. 그 밖에는 수녀원장은 거의 모습을 드러내지 않았다. 그녀는 수도회의 여덟 수녀들로부터 구두 보고를 받았고, 자신의 명령을 하인들에게 전달했다. 그녀의 보이지 않는 정신이 두에 근방과 보르가르 너머에서 일어나는 모든 일들을 지휘했다.

앙리에트 드뷔작 아가씨는 수녀원장인 마담 드브레미의 조카로, 열 일곱 정도 되는 귀엽고 개성 강한 소녀였다. 사람들은 대개 그녀를 앙리에트라고 줄여 불렀다. 짧은 갈색 고수머리(당시 사람들이 티투스라 불렀던 머리모양)에 불이 가득한 검은 두 눈, 늘씬하다기보다는 좀 마른 편인 몸매, 풍부한 상상력을 가진 소녀였다. 사실, 그녀는 수녀원의 규율들을 어기고 있었다. 그녀는 가족들의 상황(잦은 발작을 일으키는 연로한 이모는 그녀를 곁에 둘 수 없었다), 그리고 마담 드브레미의 친척이라는 것 때문에 수녀원에 들어올 수 있었다. (가장 부유한 가문에 속했던) 그녀가 자기 집에서 가져온 수많은 흰색 혹은 크림색 드레스 때문에, 또 말을 할 때마다 보이는 풍부한 표정과 강조된 몸짓과 말투 때문에 "하얀 악마"라 불렀다. 자연히 그녀는 마담의 골칫거리 아이이자 신부님 방의 참을 수 없는 꼬마 장난꾸러기였다. 여자들만으로 구성된 수녀원의 삶을 이루는 질투와 편견의 영원한 투쟁 속에서 그녀에게 유리한 동맹은 거기까지였다. 왜냐하면 그녀는 여자 특유의 교활함에 관해서라면 그녀에게 가르칠 것이 전혀 없는 수도회의 여덟 수녀들에게 미움 받고 있었고, 앙리에트 자신도 통상적인 규율과 교육에 관해서는 그들에게 아무것도 배우고 싶어 하지 않았기 때문이다. 앙리에트의 증오는 주로 첫째 수녀, 거의 늘 그냥 첫째라고 불리는, 이 희극의 네 번째 캐릭터에 집중되었다. 그녀 역시 귀족에 속하는, 지적이고 분별 있는 여성으로 수녀원의 가장 중요한 교사이자 부원장이었다. 언젠가는 그녀가 수녀원장의 뒤를 이을 것이라고 예상되었다. 앙리에트는 자신보다 어린 친구들에게도 미움을 받았다. 그녀의 나이와 옷차림, 거침없는 방식, 그리고 수녀원 안에서 그녀가 누리는 수많은 자유분방함 때문이었다.

우리 이야기의 진정한 여주인공인 알렉시나 베스나르Alexina Besnard 양은 앙리에트와 정확히 어떤 관계였을까? 이에 대해서는, 우리가 그의 초상을 간략히 그리기만 해도 나머지 이야기를 알 수 있을 것이다. 이곳에서 가장 주목할 만한 기숙생 중 한 명인 이 젊은이는 앙리에트와 동년배로, 가장 학구적이고 재능 있는 학생이었으며, 많은 가문들에게 이 교육기관의 명예였고, 두에에서 이룰 수 있는 진보의 모델이었다. 알렉시나는 가난한 사람들의 딸이었다. 어린 시절부터 그녀는 대담하고 조숙했으며, 마을 학교에서 이미 상을 여럿 받고 수학과 외국어에 놀라운 재능을 보였다. 그녀는 모든 것을 마치 놀이하듯 너무나 쉽게 익혔고, 똑같은 경이로운 손쉬움으로 어린 소녀들을 가르치기도 했다. 이런 관점에서 그녀는 진정한 귀재로 인정받고 있었다. 이 마을의 주임신부는 그녀의 특별한 재능을 잘 알고 있었고, 어느 날 가난한 부모가 딸을 데리고 수녀원의 문을 두드린 것은 그의 따뜻한 추천 덕이었다. 수녀원에서 간단한 시험을 치르고 나자, 사람들은 자기들이 어떤 사람을 상대하고 있는지 알아차렸다. 알렉시나는 무료로 받아들여졌고, 1년 후 사람들은 그녀의 흔치 않은 재능을 계발하여 그녀를 교육자로 만드는 데 동의했다. 알렉시나가 거의 이해할 수 없었던 것, 거부감을 느끼고 혐오감마저 느낀 것은 육체노동이었다. 당연히 그건 전혀 중요하지 않았다. 여성 수학자 하나를 얻는 데 자수하는 여인 열 명쯤이 필요한 것은 얼마든지 있을 수 있는 일이기 때문이다. 알렉시나의 외모는 어땠을까? 그녀는 기이하고 괴상해 보였다. 키가 크고 깡말랐으며 큰 걸음으로 빨리 걸었다. 그녀의 원피스는 우아하지 못하게 계속 움직였고, 그녀의 얼굴은 홀쭉하고 못생겨 보일 수도 있었다. 하지만 모든 것을 꿰뚫는 듯 지배적인 시선은 사람들을 즉각 사로잡았고, 아름다운 매부리코는 그녀의 사유가 움직이는 비범한 영역을 암시하고 있었다. 그녀가 수녀원에서 입었던 옷에는 그녀의 체형을 추측할 수 있는 단서가 남아 있지 않지만, 그녀의 신체가 아프로디테 같지는 않았을 것 같다. 더구나 그녀는 몸치장을 전혀 하지 않았다. 레이스도, 주름 장식도, 모자도 착용하지 않았고, 언젠가는 수녀복을 입기를 간절히 원했다고 말하기도 했다. 그녀의 목소리는 높고 또렷했으며, 어린 학생들을 통솔하기에 알맞은 목소리였다. 성가대에서도 돋보였는데, 때때로 갑지가 음역을 바꾸어 알토로 내려가곤 했기 때문이다.

일반적으로 말하자면, 알렉시나는 무한히 다양한 자질과 능력을 겸비하고 있었다. 그녀는 마음먹은 대로 주변 사람들의 관심을 끄는 법, 말하자면 현혹술을 알고 있었고, 모든 것을 자신의 성향에 맞게 이용하는 법을 알고 있었다.

부유하고 세련된 젊은 귀족 앙리에트가 수녀원에 들어온 첫날부터 사귀게 된 친구가 바로 이 가난하고 기이하고 수척하며 관용이라곤 거의 없는 소녀, 다른 기숙생들과 균형을 이루기 위해 저울 위에 올려놓을 수 있는 것은 오직 뛰어난 지적 재능밖엔 없는 소녀였다. 1년 후 두 사람은 떼려야 뗄 수 없는 사이가 되었고, 상당히 기이한 이 긴밀한 관계에서 주도권은 볼 것도 없이 드뷔작 양에게 있었다. 왜냐하면 앙리에트 드뷔작은 쉽게 연민하는 착한 소녀여서, 아마도 알렉시나의 가난과 알렉시나가 수녀원에서 처한 특수한 상황이 그녀가 알렉시나의 가족에 다가가는 첫 번째 이유가 되었던 것 같다. 하지만 알렉시나는 앙리에트의 부유함, 그러니까 그녀의 용돈이나 옷가지들을 이용하지도 이용하려 하지도 않았다. 그것이 두 소녀를 친밀하게 엮을 만큼 강한 유대감을 만들어 주지는 않았다. 그렇다고 해서 알렉시나의 지식과 지적 능력이 그 관계 속에서 어떤 비중을 차지한 것도 아니었다. 왜냐하면 태평하고 명랑하며 장난스러운, 끝에 이르러서도 처음과 비교해 아무런 진전도 이루지 못하는 게으른 앙리에트에게〔알렉시나의 지식이나 지적 능력 같은 것은〕전혀 감명을 주지 못했기 때문이다! 반면 공감이라는 감정, 일상에서도 이미 너무나 신비롭고, 그 교묘한 작용을 해독할 수조차 없는 그 감정, 그 공감만큼은 그녀가 이해하고 있었다. 하지만 어린 소녀들의 변덕스런 감정에 있어 그 유대감은 얼마나 가볍고 미약하며 쉽게 끊어질 수 있는지!

거기다 수녀원의 하녀들, 학생들, 흰옷 위에 스카풀라리오〔수녀들이 어깨에 착용하는 천〕를 걸친 수녀들을 더한다면, 수녀원 사람들은 전부 다 돌아본 셈이 될 것이다. 이제 1831년 6월 20일 이야기를 시작할 수 있겠다. 두에 수녀원의 벽은 이날을 잊지 않았다. 이날 저녁 백 명 혹은 백오십 명의 기숙생들 모두 빠짐없이 잠자리에 들어 있는 동안, 그들의 심장은 뛰고 그들의 머리는 여러 생각들로 무거웠다. 하룻밤이 더 지난 다음 날 아침, 가장 찬란한 자연현상 중 하나이자 가장 무서운 재앙 중 하나가 일어나게 될 것이었다.

신부는 자기 방에 앉아 있었다. 아침 커피를 마시고 나서 컵은 테이블 위에 다시 밀어 놓았다. 신부는 담배를 피우지 않고 책을 읽었다. 아침 시가를 태우는 대신 리구오리Liguori의 《도덕 신학에 관한 여섯 권의 책Theologiae moralis libri sex》을 읽었다. 무슈는 도덕신학 분야를 가장 잘 알았다. 이 문제를 논했던 부젠바움Busenbaum, 리바데네이라Ribadeneira, 산체스Sanchez의 아름다운 양피지 판들이 그의 손이 닿는 곳에 꽉 들어차 있었다. 무슈 본인은 실제 삶에서 매우 도덕적인 사람이었을까? 여기에는 아무도 답할 수 없고, 이 사건과도 무관하다. 무슈는 다른 사람들이 사냥하러 가듯 손쉽게 도덕에 관한 작품들을 읽었다. 다른 사람들이 자기가 동물 죽이는 것을 좋아하는지 여부를 고려하지 않고 그냥 사냥을 하러 가듯, 무슈는 기꺼이 도덕에 관한 저작들을 읽었다. 무슈는 기꺼이 도덕 개념들을 검토했고, 사추덕四樞德〔가장 중요한 네 가지 덕. 지덕智德·의덕義德·용덕勇德·절덕節德〕을 가지고 놀았으며, 그 논고들에서 몇몇 악덕들을 꺼내 사악한 관측 기구로서 그가 모르는 상상 속 사람들의 마음에 주입했다. 그러고는 그 악덕들이 작용하도록 내버려두고는 어떤 결과가 나오는지 보는 것이었다.

그의 어깨 너머로 텍스트를 해독하고자 최선을 다해 봐도, 무슈가 리구오리의 어느 장을 읽었는지는 알 수 없다. 17세기의 활자들, 특히 리옹판의 활자들은 너무나도 형체가 불분명하고 닳아 있었기 때문이다. 하지만 그 구절은 분명 수도원장을 기쁘게 했을 것이다. 그가 두 눈을 깜빡이며 코를 책에 바싹 붙이고 오른손 검지로 코 주위로 원을 그리고 있었기 때문이다. 앞서 무슈의 천성이 관능적이지 않다고 했지만, 거기서 잘못된 결론을 끌어내서는 안 된다. 무슈는 숭고했고, 눈에 뭔가가 들어오면 멈춰 섰다. 어쩌면 〔콜루초 살루타티Coluccio Salutati의〕《부끄러움에 대하여De Verecundia》를 읽고 있었던 것이 아닐까? 하지만 그가 관심 있어 한 것은 수치심 그 자체가 아니라 수치심과 순결castitas 간에 드러나는 미세한 차이다. 이를테면 하녀들에게서 나타나는 것과 같은 약간의 부끄러움이 섞인 수치심 따위가 아니었다. 그의 관심을 끌었던 것, 그가 추적하려 했던 것은 그 덕목이 천국, 곧 천사들 사이에서 어떤 방식으로 표현될 수 있는가 하는 점이었다.

무슈가 어느 장을 읽고 있었는지는 알 수 없으니, 그의 방에 무엇이 있었는지나 좀 살펴보자. 밝고 아늑한 방 창문으로는 아침 햇살이 쏟아져 들어왔고, 그 옆에는 고상한 성직자의 크고 평평한 책상이 있었다. 무거운 녹색 커튼이 한구석을 장식하고 있었으며, 바닥에 윤이 나는 호랑이 가죽이 깔려 있었는데 그 주름 사이를 수도원장의 버클 달린 작은 구두들이 거닐고 있었다. 뒤쪽으로 난 두 번째 창문 근처에 놓인 거대한 비단 병풍은 공간을 둘로 나누었다. 세 번째 창 근처에는 책으로 가득한 네댓 개의 책장이 벽과 같은 높이로 서 있었다. 양피지나 돼지가죽으로 된 책들 다수가 책등이 누리끼리한 것으로 볼 때 그것들은 분명 막대한 양의 신학서들임에 틀림없었다. 거기에는 작은 기도대가 하나 있었고, 같은 쪽 벽에는 두 개의 문이 있었다. 그중 하나는 위층, 마담의 방으로 통하는 문, 다른 하나는 복도로 이어지는 문이었다. 꽃병에는 여전히 꽃이 몇 송이 있고, 두 개의 창 사이에는 작은 조각상들로 장식된 벽난로가 있었다. 마지막으로 가장 인상적인 것이 남아 있다. 그것은 특정 사람이 사는 방에 들어서는 순간 곧바로 코를 강타하는 특유의 기묘한 냄새로, 건포도와 인쇄용 잉크, 살충제 가루, 그리고 고위 성직자 특유의 땀이 뒤섞인 냄새였다. 이 냄새는 잘 가시지 않는 짙은 기체처럼 방 안 전체에 떠돌고 있었다.

수도원장이 리구오리가 제기한 도덕 문제들에 골몰하고 있는 동안, 3층〔우리로 치면 4층〕의 어린 기숙생들은 각자의 침대 옆에 있는 세면대로 가려고 속바지를 입고 실내화를 신었다. 그들은 가는 목에 시원한 물을 뿌리고 뺨과 이마를 조금 문지르며, 얼굴로 쏟아져 내린 머리카락을 뒤로 넘기고, 몸을 구부렸다가 다시 일으켰다. 마치 알파벳 i자처럼 반듯이 일어섰다. 지금 막 7시가 되었으니 일어날 시간이었다. 무슈는 미사를 드려야 했기 때문이 일찍 자리에서 일어났다. 기숙사 전체에서 볼 수 있는 것은 다만 희미한 불빛과 흰 얼룩들, 담황색의 팔과 목, 눈부신 흰색의 속치마와 블라우스 자락, 때로는 벌어진 입술 사이로 보이는 반짝이는 점들뿐이었다. 도처에서 사르락거리는 소리와 미끄러지는 소리, 소녀들이 옷을 입거나 벗는 소리, 가터벨트의 찰카닥하는 소리, 실내화 끄는 소리, 그 밖의 온갖 종류의 마찰음들이 방을 가득 채우고 있었다. 그 외에는 모든 것이 고요했다. 이 어린 영혼들의 정신이 아직도 꿈의 그물에 걸려 있어 잡담과 수다를 방해했기 때문이다.

그런데 바로 같은 시각, 마담 수녀원장한테는 무슨 일이 일어나고 있었을까? 그녀는 아마도 이미 자리에서 일어나 십자가와 심장 그리고 수난의 못이 수놓인 나이트가운을 걸친 채 핫초코를 마시고 있었을 것이다. 그녀는 자기 공간에 떠도는 푸르스름한 연기를 흩뜨리는 데 열중하고 있었고, 하녀들은 그 방에서 매번 보는 그 연기가 마담이 아침기도를 위해 사용하는 향 때문이겠거니 했다. 아마도 그녀는 이미 파리에서 온 소포에 손을 뻗어 테이블 위에 열어 놓았을 것이다. 그녀는 작은 8절판 책 한 권

  소설

을 집어 들어 읽기 시작했을 것이다. 읽고 또 읽다 보면 어느새 해가 중천에 걸리는 일이 다반사였다. 아침 식사에 앞서 수녀원의 모든 사람들이 한데 모이는 아침기도에 마담은 참석하지 않았기 때문이다. 그녀는 오전 동안 어떤 행정적 업무도 보지 않았다. 그날도 만약 침대 옆에서 그녀에게 참으로 기이한 보고를 하는 맑고도 가느다란, 그러나 분명한 목소리가 들려오지 않았다면, 아마 그녀는 자기 방에서 작은 8절판 책을 다 읽을 때까지 나이트가운을 입고 있었을 것이다.

바로 그 시각 60명 혹은 80명의 아가씨들이 아직은 무거운 잠을 눈꺼풀에 달고 구두 소리, 발 끄는 소리를 내면서 계단을 내려와 아침기도가 행해지는 지상층〔우리로 치면 1층〕 너른 방으로 들어갔으며, 곧이어 학수고대하던 아침 식사가 이어졌다. 버터를 넉넉히 바른 흰 빵과 커피를 먹을 수 있었다. 휘몰아치며 내려오면서도 이미 그랬고 기도하는 와중에도 그랬지만, 더구나 식사를 하면서는 작은 입들이 으레 하루 동안 이어질 수다의 예행연습을 시작하기 마련인데, 이 화창한 아침나절 그들의 중얼거림과 속삭임, 몸짓은 평상시와 완전히 달랐다. 마침내 아침 식사를 마친 언니들과 동생들은 모두 교실에 모여 산수, 암기, 고전, 작문, 서도를 열심히 익혔는데, 이례적인 흥분이 온 무리를 엄습하여 사람들의 머리와 가슴에서 강렬한 활력의 요인이 끓어오르는 것이 느껴졌다. 눈들은 빛났고 뺨은 달아올라 있었다. 그리고 첫째 수녀는 손짓 하나로도 충분히 그 교실에서 "입의 반역자들"(말 많은 아이들을 의미한다)을 쫓아낼 수 있었으면서도 그저 미소 지으며 내버려뒀으니, 결국 벌어질 일이 벌어졌다 해도 놀랍지 않았다.

수도원장은 여전히 호랑이 가죽 위에 앉아 리구오리의《도덕 신학에 관한 여섯 권의 책》을 읽고 있었다. 그는 한참 전에 아침 식사를 마쳤다. 그 역시 아침기도에 참석하지 않았다. 그는 갑자기 복도로 통하는 문 뒤에서 이런저런 웅성웅성하는 소리와 여러 소동의 기척을 들었다. 그리고 이내 많은 작은 이빨들이 서로 부딪는 듯한 달그락거리는 소리를 들었다. 그 모든 소리 사이로 구두 긁는 소리, 군중의 소음, 밀치고 떠미는 소리, 날카로운 비명, 숨죽여 웃는 소리, 그리고 쉿! 쉿! 하는 소리들이 들려왔다. 무슈는 그 소리를 익히 알고 있었다. 더운 여름날 오후 두 시쯤 되면 30~40명가량의 기숙생들이 요란한 소리를 내며 그의 방 앞에 몰려와 기다리는 소리. 그러다 그가 문을 열면 무리 전체가 무릎을 꿇고 두 손을 모으며 외치는 것이다. "너무 더워요, 방학해요!" 하지만 그 날은 덥지도 않았고, 오후 두 시도 아닌 아침 아홉 시였다. 낮에 더워질지는 아무도 모르는 일이었다. 무슈는 오른손 검지를 코에 얹은 채 독서를 계속했다. 그는 리구오리 또는 성 토마스 아퀴나스를 읽으며 정오까지 도덕적 점심 식사를 계속하는 습관이 있었다. 하지만 이번에는 자리에서 일어났다. 문이 부서질 우려가 있었기 때문이다. 그가 문을 열자, 회색 앞치마를 두르고 두 어깨에는 얇은 흰색 망사로 된 매듭 장식을 달고 헝클어진 머리카락을 담황색 모자로 가린 어린 소녀들의 무리가 쇄도했다. 그들은 분노로 가득 차 몸을 앞으로 기울여 손을 내밀어 서로 마주치게 하며 비명을 지르고 있었다. 이 소란 속에서 무슈가 알아들을 수 있었던 것은 앙리에트의 이름과 선생님뿐이었다. 아이들이 부르는 그 선생님은 바로 최근에 몇 시간 정도 소규모 학급 강의를 맡게 된 알렉시나였다. 모두가 그녀를 선생님으로 부르는 걸 받아들였고 계속해서 그렇게 불렀으며, 그건 앞으로 그녀가 수녀원에서 한자리를 차지하게 되리라는 행복한 예감을 갖게 했다. 하지만 이 이름이 갑작스럽게 다른 가치를 갖게 되었다. 무슈가 알아들을 수 있는 건 여전히 두 단어뿐이었다. 앙리에트와 선생님. 신부는 결국 조용히 하라고 했고, 가장 나이 많은 아이에게 무슨 일이 일어난 것이냐고 물었다. 그러자 그 아이가 말보따리를 풀어놓았다. 오늘 아침 나이 많은 학생들의 기숙사에서 일어났을 때, 마담의 조카인 앙리에트가 그의 친한 친구인 알렉시나와 같은 침대에 잠들어 있는 것을 발견했다는 것이었다. 그들의 손과 몸이 얽혀 있었으며, 다른 열에 있었던 앙리에트의 침대는 비어 있었다고 했다. 급한 생리적 필요를 해결하기 위해 우연히 제시간보다 일찍 일어났던 나이 많은 아이들 중 하나가 그들을 보았지만 그때는 그냥 지나쳤다. 그런데 돌아올 때에도 그들이 여전히 같은 자세로 있는 것을 발견한 것이다. 그래서 그녀는 다른 동료들을 깨웠고, 그들은 달려가 그 사실을 확인했다. 그 소음, 웃음에 다른 학생들도 일어났고, 마침내 기숙생 절반이 잠든 두 명 주위에 모여들었다. 우리는 이불을 잡아당겼고 끔찍한 것을 보았다! 알렉시나와 앙리에트가 별안간 깨어나 소리를 지르며 서로에게서 떨어졌다.

모든 소녀들은 뺨이 벌겋게 상기된 채로, 그 이야기에 각자 한 마디씩 보탰다. 그러고 나서 잠시 정적이 흘렀다. 왼손에 여전히 들고 있던 리구오리 책 페이지에 손가락을 끼워 넣고 있는 무슈는 성직자 옷의 단추 구멍에 왼손 엄지를 집어넣고 그저 이렇게 말했다. "그래서?" 그는 이렇게 말하고 싶은 것 같았다. "그래서 뭐가 어떻다는 거지?" 말괄량이들은 그에게 뛰어들며 손을 높이 들고 한목소리로 외쳤다. "하지만 그건 부끄러운 일이잖아요! 끔찍해요! 더러워요! 그러니까 아무리 해도 너무해요!" 그녀들에게는 이렇게 자기들의 지도자이자 성직자이신 분과 자기들 간의 막대한 거리를 전혀 줄이지 않고도 스스로를 표현할 권리가 있었을 것이다. 말하자면, 무슈는 작은 주먹들이 가끔가다 두드려도 괜찮을 만큼 넓은 등을 갖고 있었던 것이다. 한편으로 그는 엄격한 신앙심을 지닌 열댓 명의 소녀들에게는 하느님 같은 존재였지만, 그렇다고 자애로운 아버지 같은 면모를 잃은 건 아니었으며, 높은 지위에도 불구하고 기꺼이 선의를 보일 줄 아는 사람이었다. 여자들의 문제와 관련해서라면, 소녀들은 거친 표현으로 정념을 쏟아 내며 의견을 말할 권리가 있었다. 이번에 신부를 놀라게 한 것은 나이 많은 아이들의 존재였는데, 그들은 당황스러운 얼굴을 하고 뒤에 서 있었다. 문이 열리고 첫 번째 수녀가 들어왔는데, 조금은 과도하게 혼란스러워하는 얼굴이었다. 그녀는 사제의 발 앞에 무릎을 꿇고 두 손과 신부의 옷자락으로 얼굴을 가린 채 눈물을 흘리며 울었다. "오, 무슈, 부끄러운 일입니다!" 신부는 그녀를 진정시키기 위해 "그러니까 무슨 일입니까?"라고 말하고는 첫째 수녀를 일으켜 세웠다. 그는 그녀를 많이 아끼고 있었다. 그녀가 말하길, 앙리에트와 알렉시나가 사라지고 나서 기도에도 안 나타나고 아침 식사에도 나타나지 않았다는 것이다. 그들이 사라져 버렸다는 사실은, 이제는 수녀원 전체에 퍼진 수근거림과 함께, 어떤 중대한 잘못을 단정하게 했다. 바로 그때 다른 소녀들이 반쯤 열린 문으로 슬그머니 들어와 하녀들이 알려 줬다면서 다른 소식을 갖고 왔다. 열린 문틈으로 얼핏 보이는 하녀들의 얼굴은 사악한 기쁨으로 빛나고 있었는데, 그들은 자기들의 이야기가 충실하게 전달되는지 보려고 잔뜩 귀를 기울이고 있었다. 하녀들은 셔츠 바람의 알렉시나가 다락에 웅크리고 있는 것을 발견했는데, 그녀는 자기 옷을 가져오지 않으면 아래로 내려가지 않겠다고 하고 있었다. 앙리에트도 발견되었다. 그녀는 옷을 입을 틈도 없이 우선 식료품 창고로 도망쳤다. 그녀를 발견한 청소부는 부랴부랴 수녀원장실로 올라갔다. 수녀원장은 자기 조카에게 옷을 가져다주라고 명령했다. 게다가 앙리에트의 침대가 밤새도록 흐트러지지 않았으며, 아직까지도 손대지 않은 상태임이 확인되었다. 그리고 다른 학생들이 나서서 첨언했다. 그들은 종종 앙리에트가 아침 일찍 자기 침대를 흐트러뜨리러 오는 것을 보았으며, 그것이 암시하는 바는 그녀의 침대가 그 전날 밤 손대지 않은 상태였다는 것, 왜냐하면 일어나는 순간에 이불을 펼치는 사람은 없기 때문이라는 것이다!

그 순간, 두 번째 문이 열리고 수녀원장이 들어왔다. 소녀들은 모두 마치 잘못이라도 저지른 듯이 삼가며 물러섰다. 오직 첫째 수녀만이 미동도 하지 않은 채 수녀원장을 단호한 눈길로 쏘아보았다. 이 한 번의 눈길과 그것이 수녀원장의 두 눈에 불러일으킨 반응만으로도, 통찰력 있는 사람이라면 모든 상황을 단박에 파악할 수 있었을 것이다. 그리고 수도원장이 더 예리했더라면, 앙리에트와 알렉시나의 이 어리석은 연애 사건은, 두 여자〔수녀원장과 첫째 수녀〕가 서로 힘을 겨루는 또 하나의 계기일 뿐임을 진작 눈치 챌 수 있었을 것이다. 이 전투가 정기적으로 이루어진다면 앙리에트는 마담의 약점이 될 것이고, 그 지점에서 마담의 삶에 감춰진 수상한 부분들이 드러나기 시작한다면, 마담의 수녀원장 자리는 위태로워질 것이다. 궁극적으로는 그녀를 그 자리에서 몰아낼 수단을. 마담은 놀라고 격분한 것 같았다. 이 아이들이 다 여기서 뭘 하고 있는 거지? 최후의 심판 날이기라도 한 건가? 모두 당장 교실로 돌아가세요! 그의 손짓 한 번에 소녀들 무리가 모두 사라졌다. 친절을 가장하며 마담은 첫째 수녀에게, 그 산만하고 싸우기 좋아하는 소녀들이 수녀원 분위기를 장악하도록 내버려두지 말라고 권고했다. 그녀는 무슨 일이 있었는지 듣고는 첫째 수녀에게, 책임지고 하루 동안 수녀원을 잘 관리하라고 명했다. "알겠습니다!" 첫째 수녀가 낮은 목소리로 답하고는 자리를 떴다. 마담과 무슈만 남았다.

그때까지도 수도원장은 아무것도 결정하지 못하고 있었다. 그는 조용한 관찰자 역할을 하면서 그저 사실들을 기록하기를 좋아했다. 그래서 그는 마담이 말하기를 기다렸다. "끔찍한 이야기네요." 사건 자체보다는 그 사건이 일으키게 될 혼란을 크게 걱정하면서 그녀가 말했다. "어쩌다가 일이 이렇게까지 커져 버려야 하는 걸까요? 수녀원 사람들 모두 악마에 씌이기라도 한 것 같지 않습니까?" 무슈는 방어적인 몸짓을 하고 성호를 그었다. "글쎄요", 마담이 말했다. "가장 큰 잘못은 일이 이 지경이 되도록 내버려뒀다는 겁니다. 수녀들이 자신들의 의무를 다하지 않았어요!" 마담은 첫째 수녀의 처벌을 요구하고 있었다. 그녀를 진짜 수녀원으로 보내는 것이 가장 좋을 거라고 했다. 무슈는 첫째 수녀를 두둔했다. 그는 그녀를 매우 아꼈다. 그녀는 프랑스어 작문 수업의 대체 불가능한 교사였으며, 게다가 감시자로서도 뛰어난 인물이었다. 아니다, 마담과 그가 기도와 아침 식사에 참석하지 않은 게 잘못이다. 그 사건이 아침 6~7시 무렵 시작되었으니, 좀 더 일찍 발견할 수도 있었을 것이다. 그런데 9시에는 어린 소녀들의 무리가 이미 도처에 퍼져 있었다. 마담은 자기 입장을 고수했다. 다 수녀들이 잘못한 것이다. 열네 살, 열다섯 살짜리 아이들이 자기들끼리 그런 일까지는 못했을 것이라는 거다. 하지만 무슈가 훨씬 더 관심 있어 한 것은 이 사건의 도덕적 측면이었다. "여자아이들이 한 침대에서 자는 일이 자주 있었나요? 어린 소녀들은 분명 장난치는 고양이들과 같습니다. 하지만 앙리에트는 거의 열 일곱이 다 되었고, 그 선생은 이미 열 여덟이 넘어서 어린아이들을 가르치고 있습니다. 하지만 두 사람 간의 우정이 매우 긴밀했다고 칩시다. 소녀끼리의 우정이 관능적으로 표현됩니까? 가끔은 그렇겠죠." 하지만 마담은 그 사건이 가질 수 있는 중요성을 전혀 알지 못했다. 물론 몇 가지 이야기를 들었지만 심각한 사안은 아니었다. 둘 다 그냥 상상력 풍부한 어린 소녀들일 뿐이다. 수도원장은 설명이 충분치 않다는 손짓을 하고는 창가의 서재 쪽으로 몸을 돌렸다. 마담은 나가면서 이렇게 말했다. "어쨌든 이 두 어린 늑대들은 다시 우리 안에 있습니다." 그녀는 아무 일도 없었다는 듯 재빨리 앙리에트와 알렉시나에게 사람들 앞에 모습을 보이라고 명령할 참이었다. 두 죄인을 떼어 놓을 필요는 없었으며, 모든 것은 여전히 나아질 수 있었다.

그러나 그녀는 착각하고 있었다. 첫째 수녀가 뜨거울 때 쇠를 두드리겠다고 결심하지만 않았어도! 무슈가 도덕에 대한 관심을 버리고 사람들이 그에게 전달해 준 새로운 정보들에 귀를 기울이지만 않았어도! 그동안 무슈는 '성직자 사전'을 꺼내 들고 '사포Sapo' 항목을 찾아보았다. 원하는 것을 찾지 못한 그는 '레스보스Lesbos' 항목도 살펴보았지만 더 많은 것은 찾을 수 없자, '트리바드tribade' 항목으로 옮겨 갔다. 그는 책을 집어 들고 호랑이 가죽 위에서 30분 동안 생각에 잠겨 있었다.

그때까지만 해도 (수도원 안에는) 평온이 유지되고 있었다. 하지만 우리는 독자에게 조금의 휴식도 줄 수 없다. 독자는 오후에 펼쳐진 이 파문을 일으킨 사건을 우리와 함께 따라가야 한다. 수녀원 내부인 브뤼겔의 마녀 동굴을 빠르게 날아서 건너가야 할 것이다. 어쨌든 상세한 것까지 살필 시간은 없다. 우리에겐 잠시 멈춰 숨을 돌릴 권리조차 허락되지 않는다.

모든 학생은 언제든 수도원장이나 수녀원장에게 직접 가서 자신의 특별한 사정이나 불만 사항을 제출할 수 있다는 규정이 (수녀원에) 존재하고 있었다. 이것은 학부모들을 고려해 채택된 항목이었다. 하급 기관에 의한 권위 남용의 방지를 학부모들에게 보증하는 것이다. 하지만 이 항목은 실제로는 거의 참조되는 일이 없었다. 그 까닭은 수녀원을 지배하는 인간적이고 거의 가부장적인 규율 때문이었다. 첫째 수녀와 다른 수녀들은 학생들에게 이 항목의 존재를 상기시키는 듯했다. 왜냐하면 쉬는 시간에 검은 빵 조각을 먹기 위해 소녀들이 교실을 떠나는 열 시, 바로 그 무리가 무슈의 방문 앞에 모여들었고, 동일한 소란과 속삭임과 꾹 참는 듯한 웃음소리들은 손에 《사포Sapho의 노래들》을 들고 방 안에서 생각에 잠긴 채 왔다 갔다 하고 있던 신부에게 무언가 새 일이 생겨나고 있음을 분명히 알려 주었다. 이 사건은 신부의 취향에 딱 맞는 것이었다. 그가 알고 싶었던 것은, 그 자체로 죄인인 자연이 어느 정도까지 무구한 어린 소녀들을 관능적인 행위로 이끌 수 있는지였다. 악마는 분명, 물론 약화된 형태이겠지만, 그 관능적 행위에 손을 뻗치고 있었을 터이다. 그리고 그는 이 문제에 이론적 도덕과 실천적 규율의 어떤 질문과 반론이 연결될 수 있는지를 알고 싶어 했다. 그리고 그는 거기서, 지옥의 군주가 아직은 사슬에 묶이지 않았던 시절인 고대로 과감하게 도약했다. 그 시절 지옥의 군주는 자유롭게 몹쓸 짓을 할 수 있었고, 이교도 여성들을 "트리바디즘"이라는 형태의 죄의 올무로 끌어들일 수 있었다! 이 올무는 19세기인 오늘날에도 수녀원에까지 나타날 수 있었으며, 그 허약한 잔재, 그 미세한 섬유가 여전한 악의 권세를 증거할 수 있다. 기타 등등!

무슈를 완전히 사로잡고 있던 생각이 이런 식으로 뻗어 나갔고, 일을 더 이상 키우지 않으려는 마담의 외교적인 권고를 일찌감치 망각하게 만들었다. 그러고 나서 신부는 문을 열었고, 입술이 완전히 빨개져서는 손도 대지 않은 빵을 그대로 든 채 기다리고 있던 어린 소녀들을 방에 들이고 그들 뒤로 다시 문을 닫았다. 그는 말했다. "얘들아, 하나만 부탁하마. 한 명씩 차례대로 말해 주렴. 앞에서 한 이야기를 다시 하지는 말고!" 그러자 정말로 용암이 급류처럼 내달리는 듯했다. 가장 놀라운 이야기들이 쏟아져 나왔다. 마지막 수업 시간에 작문, 역사, 산수를 공부하는 대신, 감독 수녀님들의 도움으로 소녀들이 준비한 이야기들이었다. 그들은 오래전부터 선생님과 앙리에트 사이에 아주 특별한 뭔가가 있음을 알아채고 있었다는 것이다. 그 둘이 늘 어둑한 곳에서 붙어 앉아 수다를 떨며 속삭이는 것을 보았던 것이다. 그

둘이 주고받는 입맞춤은 끝날 줄을 몰랐다. 한 반에서 떨어지게 되면 그 둘은 손으로 신호를 주고받으며 서로에게 눈짓하곤 했다. 그들이 서로를 좇아 뛰고 도꼬마리 열매(한번 붙으면 떨어지지 않는 한해살이풀)처럼 서로에게 들러붙어 떨어지지 못하는 것을 보면 놀라울 지경이었다. 또 다른 아이들의 이야기로는, 선생님이 아주 이상해서 다른 소녀들은 아무도 갖고 있지 않은 것을 갖고 있다는 것이다. 선생님은 절대로 다른 소녀들과 함께 목욕하지 않으며, 어떤 식으로든 핑계를 대고 숙소에 머문다. 또, 선생님은 언제나 다른 소녀들이 있는 데서 용변 보는 걸 꺼리면서도, 앙리에트와는 화장실에서 함께 웃고 있는 것을 종종 들었다는 것이다. 게다가 최근 반년 동안 앙리에트는 자기 침대에서 잔 적이 한 번도 없고, 알렉시나에게 가서 자다가 아주 일찍 일어났다. 알렉시나, 그러니까 선생님은 다른 소녀들처럼 속바지를 입는 것이 아니라, 주요 부위에 구멍이 뚫린 이상한 바지를 입는다. 선생님은 뼈가 굵어서 코르셋이 버티지 못하고, 다른 소녀들처럼 걷지 않는다. 요컨대 선생님은 아주 이상한 사람이라서 다른 사람들이 모르는 것을 알고 있고, 다른 사람들을 다 합친 것보다 더 영리하다. 또 다른 세 번째 무리, 그중에 알렉시나 바로 옆 침대를 쓰는 아이가 들은 바로는, 앙리에트랑 선생님은 잠든 척하면서 열정적으로 입을 맞췄고 얼싸 안으면서 서로를 내 사랑이라고 불렀다. 오늘 아침 몇몇 학생들이 모인 가운데 그들이 덮고 있는 이불을 걷어 내자, 그들은 반쯤 벗은 몸으로 다리를 읽고 있었다. 알렉시나는 팔다리가 거칠었고, 두 다리에는 악마처럼 털이 부숭부숭 나 있었다.

으으! 마지막 말에 소녀들은 역겹다는 듯 한목소리로 외쳤다. 무슈는 소녀들을 나무랐다. 악마 다리에 털이 나 있긴 한 건지, 나 있다면 얼마나 나 있는지 확실치 않으니 말이다. 게다가 이것은 소녀들이 토론할 만한 거리가 아니다! 소녀들 가운데 이미 꽤 나이를 먹은 아이 중 하나는 알렉시나가 앙리에트의 치마 밑으로 손을 넣는 것을 봤다고 했다. 앙리에트는 얼굴을 붉히며 그걸 내버려두었고, 그 둘은 남들에게 들킨 것을 알고 웃으며 달아났다는 것이다. "으, 역겨워!" 모두가 일제히 외쳤다. "역겨워!" 마지막으로 또 다른 나이 많은 소녀가 단언하기를, 알렉시나가 여자일 리가 없다고 했다. 그녀는 너무 교활했고, 모든 것을 알고 있었으며, 다른 소녀들처럼 상냥한 게 아니라 거칠고 난폭했다는 것이다. 자기 생각에 알렉시나는 소녀의 모습을 한 악령이며, 언젠가는 악취를 남기고 사라질 것이라 했다. 무슈는 이 모든 험담들과 다른 내용들을 차분히 경청하고는 소녀들에게 교실로 돌아가라고 말하면서, 모든 것은 세밀하게 조사될 것이라고 덧붙였다. 당장은 첫째 수녀에게 가서 자신을 보러 오라고 전하라고 했다. "첫째 수녀님, 첫째 수녀님!" 미친 듯이 바깥으로 쏟아져 나오며 아이들이 즐겁게 소리쳤다.

한편 무슈의 사무실에서 심문과 진술이 이어지고 있었지만, 2층〔우리로 치면 3층〕의 마담은 평정을 되찾은 듯 보였다. 적어도

　　　　　소설

질서 유지를 위해 아래층에서 무엇을 하고 있는지 직접 내려와 알아보려 하지는 않았다. 보통은 그녀의 수발을 드는 아이들이 달려오곤 했고, 오늘 아침에도 그녀에게 최신 소식들을 전해 주려고 의기양양해서 왔던 그 소녀들까지 갑자기 첫째 수녀 편으로 돌아선 듯 보였다. 마치 배를 떠나는 쥐들의 본능처럼 말이다. 그렇게 해서 자존심 세고 그때까지는 전능했던 수녀원장은, 아래층에서 무슨 일이 벌어지고 있는지 전혀 알지 못한 채, 소설과 담배와 더불어 홀로 남게 되었다. 옆방에서는 앙리에트와 알렉시나가, 분명 설교와 위협을 들은 결과이겠지만, 조용히 자신들을 돌아보고 있었다. 그럼에도 불구하고 그들은 더욱 완벽하게 생기발랄하고 멀쩡한 모습이었다. 자기는 마담의 조카딸, 손댈 수 없는 존재임을 의식하고 있는 그 눈부신 아름다움에서 나오는 태평함과 무심함 때문에 여전히 찬탄할 만하게 아름다운 앙리에트는 가장 아름다운 크림색 원피스를 가져오게 했고, 한결같이 침착하고 기분도 좋았다. 하지만 알렉시나는 완전히 달랐다. 발을 헛디뎌 자신의 미래가 위협받게 되었을 뿐만 아니라, 일이 어떻게 돌아가고 있는지 분명하게 인식했기 때문이다. 자기와 앙리에트의 관계를 순수하고 완전히 정당화된 것으로 간주했음에도 불구하고, 지금껏 받아 온 종교 교육 때문에 그녀는 그 관계에 존재하는, 준-교사로서의 자기 위치에 부적절한 모든 것을 심각하게 판단하고 있었다. 도덕적 가책이 영혼의 바닥에까지 가 닿았다. 그럼에도 불구하고 그녀의 시선에는 승리감이 엿

보였다. 왜냐하면 그녀는 앙리에트를 향한 자신의 애착을 가로막는 모든 장애물을 의지로써 성공적으로 극복했고, 그 이후에도 이전과 마찬가지로 그녀의 친구는 그 존재의 모든 감정들로 그녀에게 여전히 묶여 있었기 때문이다.

점심시간이 되었다. 학생들이 하녀들 없이 한자리에 모두 모이는 유일한 순간이었다. 재잘거리는 행렬, 격앙되고 호기심으로 열이 올라 있는 소녀들의 무리가 오래된 구내식당의 거대한 홀로 쏟아져 들어왔다. 그때 상상할 수 없는 일이 일어났다. 마담이 데리고 들어온 앙리에트와 알렉시나가 평소 앉던 자리에 앉으려 했을 때 학생들, 특히 어린 학생들이 갑자기 공포에 사로잡혀서는 두 죄인을 마주한 혐오감으로, 그중에서도 선생님으로서 가장 어린 학생들의 식탁을 감독하던 알렉시나를 마주한 혐오감으로 비명을 지르며 뒷걸음질쳤던 것이다. 예복을 입은 수녀들은 개입하는 척조차 하지 않았고, 마담은 위협적인 표정으로 질서를 잡으려 외쳤다. "이게 대체 무슨 짓이야" 그런 동요가 있자 나이 많은 아이들까지도 동요하고 있었다. 마담은 버티지 못하고 둘을 운명의 손에 넘겨주고 말았다. 마담의 눈길 한 번만으로도, 예리한 알렉시나는 어떤 일이 일어나게 될지를 알 수 있었다. 그녀는 스스로를 지키기 위해 두 손을 앞으로 내민 채 그 즉시 식당을 빠져나갔다. 학생들은 흑사병을 피하듯 그녀를 피해 물러서며 그녀가 지나가게 했다. 군중 속에서 한숨과 놀라는 감탄사가 들려오는 가운데 아주 선명한 외침이 들려왔다. "와,

　　　　　　　　　　　　　　　　　　　　　

저거 봐, 마귀다!" 마귀! 마귀! 사람들의 대열이 한목소리로 반복했다. 그리고 사실, 검은 두 눈이 반짝이는 고상하고 윤곽이 고르며 뼈가 드러나는 그 얼굴을 고려했을 때, 그 외침은 아이들의 상상 속에서 일종의 정당성을 얻고 있었다. 알렉시나가 사라지기가 무섭게, 첫 순간의 놀람에 마담 곁으로 몸을 피신했던 앙리에트도 주위를 머뭇거리며 둘러보다가, 갑자가 동일한 결심을 하고 팔꿈치로 사람들 사이를 헤치며 질풍처럼 빠져나갔다. "저거 봐! 마귀 약혼자다!" 목소리가 외쳤다. 이 말이 입에서 입으로, 당연하게도 특히나 가장 어린 소녀들 사이에서 퍼져 나갔다. "마귀랑 마귀 약혼녀! 마귀랑 마귀 약혼녀!" 그러고 나서 학생들은 자연스레 식탁 앞에 앉았고 하녀들이 시중을 들기 시작했다.

소녀들의 무리가 이긴 것이다. 이제야 무슈와 마담은, 사건이 얼마나 커져 버렸는지, 그리고 몇 시간 사이에, 큰 애들 기숙사의 그 작은 침대 장면이 가장 어린 학생들의 여린 정신에 얼마나 큰 해악을 끼쳤는지를 깨달았다. "수녀원장님! 첫째 수녀님! 알렉시나! 마귀 약혼녀!" 그 작은 이빨들이 수천 조각으로 찢어발긴 듯한 말들이 식당 안에서 파리처럼 끊임없이 윙윙거리자, 이제 더 이상 이 물결을 막을 수 없다는 것이 증명되었다. 수녀원의 존엄은 오로지, 이 일을 솔직함, 엄격함, 규율을 통해 처리함으로써만 다시 지켜질 수 있었다.

식사를 끝낸 소녀들은 큰 소동을 일으키며 흩어졌다. 무슈와 마담만 남아 몇 마디 말을 더 나누었다. 1층〔우리로 치면 2층〕 담당 하녀 한 명이 원장에게 다가와 조용히 무언가를 속삭였다. 그 사이 첫째 수녀는 신부의 방문 앞에서 기다리고 있었다. 신부가 식사 전에 그를 불러 이렇게 말했던 것이다. "마침 잘 오셨습니다. 수녀님과 함께 제가 이 일을 철저하게 조사해야 합니다." 그들은 서재에 들어갔고, 무슈는 두 손을 등 뒤로 깍지 끼고는 몹시 초조한 표정을 하고 왔다 갔다 하기 시작했다. 그는 수녀원의 명성과 성공이 훼손될까 두려웠을 뿐만 아니라, 그의 직속 상관인 루앙 대주교가 이 일을 아주 심각하게 받아들일까 봐 염려했다. 그럼에도 그의 안에 있는 도덕주의자, 주석가, 추적자는 아직 침묵하지 않았다. 이건 위대한 사건이다. 중세적 사건이다! 신이시여, 산체스가 이 일을 알았더라면, 그가 이 일에서 얻어 내지 못할 것이 무엇이었겠는가! 그의 두 귀에서는 여전히 그 외침이 들리고 있었다. "마귀랑 마귀 약혼녀! 마귀랑 마귀 약혼녀!" 아니, 그는 학생들이 이런 표현을 발견했다는 것이 너무나 자랑스러웠다! 그는 첫째 수녀를 돌아보며 그 앞에 서서 이렇게 말했다. "이 사건은 두 단계로 해결해야 합니다. 먼저 수녀원의 거주자들을 진정시키고 위로해야 합니다. 그다음에는 사건의 진상을 밝히고 범인들을 처벌해야 합니다. 그들이 어떤 태도를 취하건, 수녀원장님 입장 같은 것도 신경 쓰지 말고 말입니다." 신부는 마지막 부분을 특히 강조했는데, 이는 그가 호의적으로 생각하고 있던 첫째 수녀를 확실한 우군으로 만들기 위해서였다. 이 일의 첫 단계와 관련해, 그는 학생들이 정오의 쉬는 시간 이후에도 교실에 남아 정상적으로 수업을 받도록 해야 한다고 말했다. 두 번째 단계와 관련해 그는, 이 사건이 제기한 수수께끼를 해명하기 위해 첫째 수녀의 입을 통해 다음을 알고 싶어 했다. 소녀들 사이에 흔한 애무와 외설, 손장난 같은 것들이 어디까지 갈 수 있는지, 또 그런 것들이 고해해야 할 문제들인지, 어린 소녀들 사이에서 일어났는지 아니면 알렉시나처럼 좀 더 나이 많은 소녀들 사이에서 일어났는지? 그리고 학생들은 이 사건 전체에 대해 어떻게 생각하는지? 그것은 내부로부터 오는 유혹인지, 아니면 외부에서 오는 유혹인지 등등. 이 사건은 훌륭한 열정으로 가득 차 있으며, 가장 높은 과학적·도덕신학적 중요성을 갖고 있노라고 무슈는 덧붙였다. 하지만 서른이 갓 넘은 첫째 수녀는 창백한 얼굴을 스카풀라리오에 대고 팔짱을 낀 채 답이 없었다. 그러자 신부는 짜증을 내며 말했다. "맙소사, 말씀하시고 싶지 않으면 수녀원장님께 여쭤 보죠." 그 말은 효과가 있었다. "질문 주시면, 제가 아는 선에서 답변 드려 보죠."

"소녀들이 기숙사에서 보통 함께 잡니까?"

"일반적이지는 않습니다만, 종종 일어나는 일입니다."

"왜죠?"

"어린 친구들 중에는 혼자 자는 걸 무서워하는 아이들이 많으니까요."

"그 아이들이 결국 신체 접촉을 하게 되나요?"

"어쩔 수 없는 아이들은, 그렇습니다."

"그 신체 접촉이 관능적인 성격을 갖습니까?"

"다 큰 아이들 사이에서의 신체 접촉에서는 관능적인 성격을 배제할 수 없습니다만, 그 아이들이 함께 자는 경우는 거의 없습니다."

"두 사람이 함께 잘 때 뒤얽히거나 포옹하거나 합니까?"

"제가 본 적은 없습니다. 하지만 부드럽고 어린아이 같은 마음을 가진 소녀들이 있죠. 그 아이들은 낮에도 친구의 목을 끌어안고 입 맞추고 어루만집니다."

"첫째 수녀님께서는 이러한 행위들이 악마에게서 영감을 받은 것이라고 보십니까?"

"조금도 그렇지 않습니다."

"그럼 무엇 때문이라고 보시는지요?"

"감정, 기질 때문이죠."

"그 행위들이 원죄로 오염되어 있을 수도 있을까요?"

"아마도요. 하지만 우리의 본성 안에서 인간적인 것과 악마적인 것을 구분하는 것은 저보다 더 지혜로우신 무슈께 더 쉬운 일이겠지요."

"두 소녀가 서로의 치마 아래로 손을 넣어 만지는 일이 흔한가요?"

"만지진 않지만 바라보긴 합니다."

"어떻게 그게 가능하지요?"

"예를 들어 짧은 원피스를 입고 계단을 올라가는 아이들이 그러지요."

"무슨 목적으로 그러는 겁니까?"

"아이들은 친구들이 뭘 입고 있는지 알고 싶어 합니다. 친구들이 제대로 된 속옷을 입었는지 알고 싶어 하지요. 아이들은 서로 비난하기를 좋아하거든요. 예를 들어 세실이 클레어의 헤진 속옷이나 기운 스타킹을 발견하면 그걸 친구들한테 이야기합니다. 클레어는 찢어진 속치마랑 구멍 난 스타킹을 신는다고 말이죠. 그런 뒷담화를 클레어가 알아차리게 되면 이번에는 클레어가 모두에게 이렇게 말하고 다닙니다. 세실은 치마 아래를 들여다본다고 말이지요. 여자아이들의 습관이에요. 다 말뿐이죠."

"앙리에트나 알렉시나처럼 큰 아이들에게서도 이런 일이 일어나나요?"

"다른 양상으로 일어납니다. 몸치장을 하기 위해서죠."

"서로 어루만지기도 합니까?"

"네, 불가피한 일입니다."

"몸의 여러 부분에 의도적으로 손을 댄다는 말입니까?"

"소녀들은 기꺼이 자기 몸의 아름다움과 완벽함을 자랑하고, 다른 사람들은 직접 보고 납득하겠다고 합니다. 그래서 그들은 하나하나 꼼꼼하게 서로를 살펴보게 되는 것입니다."

"그런 것이 악마로부터 받은 영감의 결과라고 생각하십니까?"

"그건 제가 결정할 일이 아닙니다. 게다가 그럴 경우 그 소녀들은 퍼스티언(두껍고 거친 면 혼방 소재)으로 만든 속옷, 셔츠 원단으로 만든 속옷, 심지어는 모슬린 천으로 만든 속옷까지 입습니다.”

“모슬린, 망사! 그야말로 악마가 사랑하는 것들이군요!”

“그렇다면 정말 위험합니다. 앙리에트는 세련되고 귀중한 옷가지를 잔뜩 갖고 있으니까요.”

대화는 거기서 끝났다. 신부는 거기서 더 나아가지 않았다. 그는 앙리에트와 알렉시나의 관계가 관능적이거나 악마적인 기원에서 비롯되었는지, 그녀들이 많든 적든 여성 간 동성애의 영역에 속했는지 아니면 그저 열정적인 우정이나 영혼의 동조가 과도하게 표현된 것이었는지 알고 싶어 했다. 첫째 수녀는 답할 수 없었다. 자기도 알지 못하므로. 그 분야에서의 경험은 거의 전무했기 때문이다. 첫 번째 경우. 무슈는 여선생이 비록 훌륭한 자격을 갖췄지만 그녀를 체포하고, 앙리에트는 추방하기로 한다. 두 번째 경우. 간단하고 작은 처벌로도 효과가 있을 것이다.

그러는 동안 앙리에트와 알렉시나는 마담의 방에 머물고 있었는데, 여기서도 〔신부와 첫째 수녀 간의 대화〕 못지않게 열정적인 대화들이 오갔다. 커피 시간이 되자 수녀원장은 신부가 있는 곳으로 내려갔다. 그녀는 지역 귀족들 사이에 퍼져 있는 수녀원의 명성을 지키기 위해 반드시 조치를 취해야 한다고 했다. 확실히, 예를 들면 편지를 압수할 수도 있지만 부모들이 마차를 타고 자녀들을 데리러 온 주일 방문 때, 역시나 그 사건에 대한 소문이 퍼지고 부풀려지고 왜곡될 것이라고 했다. 무슈는 자신도 도덕 신학적 가책을 느낀다고 알렸다. 수녀원장은, 자기도 그것들을

과학적으로 판별하는데 사람들은 자기만큼도 이해하지 못한다
고 약간 신랄하게 답했고, 우선은 모든 쑥덕공론을 차단하는 것
이 중요하다고 했다. 그녀는 두 소녀를 수녀원에서 잠시 내보낼
생각을 하고 있었다. 신부는 이에 단호히 반대했다. 그렇게 되면
수치스러운 것이 증명되기도 전에 우리가 먼저 부끄러움을 자
백하는 꼴이 된다고 그는 말했다. 어쨌든 그는 알렉시나의 말을
듣고 싶어 했다. 마담은 불쾌해져서 그렇게 하라고 대답했고, 또
그동안 그녀의 조카가 더 이상의 모욕을 받지 않도록 조카를 마
을 주임신부에게 보낼 거라고 답했다. 그녀는 답을 기다리지 않
고 신부 방을 떠났다.

몇 분 후, 이번에는 두 눈이 젖어 있는 여선생이 방으로 들어
왔다. 그녀는 무슈의 발 아래 몸을 던지고는 흐느꼈다. "아, 마드
무아젤," 신부가 말을 시작했다. "그대는 이미 우리 수녀원에 헤
아릴 수 없을 만큼 막대한 도덕적 피해를 입혔습니다. 그리고 내
생각에 그대는 양심에 대해 훨씬 더 큰 죄가 있습니다." "신부
님," 알렉시나는 반짝이는 큰 눈으로 신부를 바라보며 간곡한 어
조로 다시 입을 뗐다. "앙리에트에 대한 제 사랑은 헤브론의 눈
만큼 순수합니다! 제 감정들은 악을 알지 못하는 비둘기들입니
다!" 이 말에 신부는 크게 놀랐다. 그의 숭고한 영혼은 시적 표현
들에 둔감하지 않았으니 말이다. 그렇지만 이 이상주의적 항변
은, 명백히 드러난 음탕을 고려했을 때 주먹으로 얼굴을 때리는
것만큼이나 부적절하게 느껴졌다. 그는 이렇게 덧붙이지 않을

수 없었다. "하지만 앙리에트와 당신은 끌어안지 않았습니까?" "아, 신부님," 알렉시나는 더 순수하게 열정적인 어조로 말을 이었다. "제가 앙리에트를 우러러보았던 건 사실이에요. 그 몸, 두 눈, 머리카락, 목소리, 얼굴, 말하자면 그 아이에게 있는 모든 것, 또 그 아이의 긴 양말, 구두, 그러니까 그 아이의 모든 것, 그 아이가 지닌 것도 전부 다 말입니다. 저 자신은 아무것도 아니고, 아무것도 가진 게 없고, 그래서 저는 그 아이와 전혀 닮지 않았기 때문입니다! 반대로 앙리에트는 제 정신과 활력, 지식, 마침내는 제 영혼을, 그러니까 제가 하느님께 받은 작은 것을 우러러보았던 거라 생각합니다. 물론 저희는 가능할 때마다 접촉했습니다. 그녀는 제 영혼을, 저는 그녀의 몸을, 열렬하게 말입니다…. 신부님! 두 소녀가 그토록 서로를 사랑했던 적은 없습니다! 그리고 열정은, 신부님, 우정 속에서도, 사랑 속에서도, 심지어 하느님을 향한 탄식과 숭배 속에서도 허용되는 것 아닌가요?" 이때 신부는 압도되었다. 이 소녀는 자신보다 훨씬 강했다! "그렇다면 내 딸이여, 저열하고 추악한 감정, 죄에 대한 욕망이 그대의 영혼에 스며든 적이 전혀 없다는 말입니까?" 신부는 약간은 고집스럽게 물었다. "오직 열정뿐입니다!" 알렉시나는 절규하듯 두 팔을 치켜들며 외쳤다. "하느님께서 친히 우리 영혼 안에 심어 주신 열정뿐입니다!" "좋습니다." 신부는 여전히 무릎을 꿇고 있는 어린 소녀를 일으키며 말했다. "좋아요. 우리는 모든 일이 잘 해결되기를 바랍니다. 하느님께서 언제나 그대의 영혼을 돌보실

                                                    소설

것입니다!" 알렉시나는 마담에게 되돌아갔고, 그때부터는 모든 것이 만족스러운 국면으로 들어서는 것처럼 보였다.

그러나 4시에 첫째 수녀가 편지 꾸러미를 들고 나타났다. 이 편지는 앙리에트가 주임사제에게 갈 때 가져가려고, 상판이 비스듬한 책상에 들어 있던 것을 몰래 비우고 챙긴 것을 압수한 편지 꾸러미였다. 그 필체가 알렉시나의 것임이 확인되었다. 이 편지들의 내용이 두 소녀의 관계를 밝히는 데 도움이 되지 않을까? 무슈는 편지를 열어서 읽어 보았다. 오랜 시간을 들여 읽던 그는 결국 자신이 어디에 있는지조차 알 수 없게 되었다. 그는 그 편지들을 마치 리구오리나 교회 교부들의 글이라도 되는 듯이 읽었다. 무슈는 너무나 섬세하고 너무나 노련했으며 너무나 고전적이고 너무나 영리해서, 이 편지들에서 흘러나와 그를 취하게 하는 귀중한 미약^{媚藥}[성욕을 일으키는 약]을 인지하지 못할 리가 없었다. 이것이 바로 알렉시나가 높이 평가받고, 그녀가 곧바로 교사로서, 아니면 작가로서까지 자격을 인정받도록 한 바로 그 훌륭한 프랑스식 문체였다. 그러므로 이 문체는 바로 이러한 열정적인 토로들에서 솟아났다. 즉, 결국에는 지극히 현세적인 성향에서 비롯된 것이다! 그런데 알렉시나는 늘 모든 것을 하느님께 맡기고 있었다. 예를 들어 이런 구절이 있었다. "넌 내게서 도망치려 하는구나, 앙리에트, 너는 내 눈이 어두워질 때 그것을 두려워하고, 내 목소리가 건조해질 때, 그 소리를 두려워하는구나. 하지만 너무 늦었다는 걸 모르겠니? 조각가의 손 안에 든 밀

랍처럼, 너도 내 손 안에 들었음을 모르겠니? 너는 부유하고 나는 너무 궁핍하니, 네가 알렉시나라는 소녀를 사랑해야 한다는 것을 모르겠니? 하느님이 두렵지 않은 거야? 너는 네가 사랑하고 또 너를 숭배하는 그 가난한 작은 시골 소녀 알렉시나를 냉대한다면 끔찍하게 불행해지리라는 것을 두려워하지 않는 거니? 우리가 함께 있으면 모든 걸 가질 수 있지 않을까? 우리가 혼자일 때 우리 둘 중 어느 쪽도 완전히 빈손이 아니겠니? 약하고 가는 내 팔을 좀 봐. 너는 내 마른 몸을 쓰다듬고 말라붙은 가슴을 보았지. 하지만 너는 생기가 넘치고, 젖과 피로 부푼 가슴을 갖고 있지 않니? 내 다리를 보려 하면 연약한 막대기밖엔 볼 수 없겠지. 네 허벅지는 대리석 기둥만큼 튼튼하고, 네 무릎은 자고새의 알만큼 우아하지 않니? 네 영혼은 자주 잠들고, 네 기억은 아무것도 붙잡고 싶어 하지 않지만, 나에겐 영혼의 힘이 있잖아? 나는 너를 알고 또 나 자신을 속속들이 알고 있어! 너는 거의 성장하지 않았고 어린애처럼 말을 해. 하지만 나는 남들보다 뛰어나서 너를 내게로 끌어당기지 않니? 그리고 너는 비둘기고 나는 너를 덮치는 독수리 아니니? 그리고 너는 나를 두려워하지. 너를 구원할 수 있는 유일한 사람인 나를! 잔인함, 천박함, 음탕함만이 지배하는 남자의 혐오스러운 품에 뛰어들 거니…?"

또 다른 편지에는 이런 구절이 있었다. "너는 내게서 도망치고, 그러고 나서는 나를 좇으며, 내가 수녀원의 다른 소녀들과는 다르다고 생각하지. 너는 나를 미워해야 해. 내가 너한테 몇 가

 소설

지를 요구했고, 착한 소녀가 용납해서는 안 될 폭력을 행사했으니까. 하지만 너는 그 일들을 더 겪어야 할 거야! 수녀원의 규칙은, 앙리에트, 그러니까 사람들이 품위의 규칙이라 부르는 것들은 우리의 감정을 가늠하는 척도도, 한계도 될 수 없어. 그리고 우리가 했던 것, 어루만지고, 금지된 입맞춤을 하고, 끌어안고, 감정을 표출한 것, 우리가 은밀하게 한 것, 이 모든 것들은 사실 아무것도 아니야! 그건 우리가 진정으로 원했던 것이 아니야! 그런 건 그저 상징에 불과해. 우리가 말로 표현할 수 없었기 때문이야. 그러니 맞잡은 두 손의 제스처는 그저 우리 마음속에서 일어나는 것의 상징일 뿐이야. 이 모든 것 뒤에는 전혀 다른 것, 말로 표현할 수 없는 것이 숨어 있지. 앙리에트, 너와 내가 서로를 바라보거나 서로를 생각할 때 느끼는 감정은 말로 표현할 수 없어! 그에 비한다면 우리가 함께 하는 일, 그리고 수녀원의 규칙을 위반하는 일은 순전히 부차적이야. 그건 그저 표현의 형식일 뿐, 다르게 나타날 수도 있지만 우연히 그렇게 나타난 폭발에 불과하지. 앙리에트, 네 사랑은 내게 전부야. 네가 그걸 확신한다면, 나를 꽉 잡아, 내가 널 지켜 줄게…."

마지막으로 세 번째 편지에서, 우리는 다음과 같은 것을 읽을 수 있었다. "사람은 어떻게 이 세상에 오는가? 이제 우린 알지. 내가 네게 가르쳐 줬으니까! 하지만 이 행위에 수반되고 또 이 행위에 선행하는 모든 것은 외설과 악취, 구토, 뒤섞이는 숨, 얼빠진 표정, 끔찍한 태도의 결과 아니겠니? 여기서 외적 행위들은 역겹고, 신성한 감정은 가장 단순한 표현으로 축소되고 말지. 하지만 앙리에트, 우리 관계의 형태는 섬세하고 부드러우며 가볍고 최소한에 머물지. 하지만 우리의 감정은 깊고, 신성한 충동은 거대하지! 오, 나는 내 영혼 가장 깊은 곳에서부터 온 세상을 부여잡고 끌어안고 흡수할 수 있었지! 그리고 앙리에트, 너는 이 세상의 이미지 안에 있는 작은 형상에 불과하지만, 형언할 수 없게 아름다운 형상, 넓은 바다에 반짝이는 작은 물고기…"

신부가 읽기를 마치자 벌써 5시였다. 그는 자신이 특별한 케이스, 아주 드문 사건에 직면했다는 것을 잘 알고 있었다. 소녀들 사이의 이런 관계는 몇 달 전으로 거슬러 올라간다. 그들의 관계는 천천히 성숙해졌고 말벌 둥지처럼 방이 하나씩 늘어나 지금에 이르러서는 일종의 거대한 벌집이 되었던 것이다. 그 여선생이 창시자, 창작자, 선구자였고, 앙리에트는 수동적인 역할에 만족했다. 하지만 무슈는 두 소녀의 육체적 관계가 얼마나 멀리까지 갔는지 이해할 수 없었다. 알렉시나의 열정적이고 강렬한 편지들 속에 두 소녀의 에로틱한 생활의 영적 측면이 펼쳐져 있었는데도 말이다. 여기서 혹시 악마의 은밀하고도 교묘한 개입이 숨어 있는 것은 아닐까? 알렉시나는 순진했지만 마귀에 들려 있었다는 것, 그녀가 자기 감정의 진실성과 깊이를 자부했다는 것, 그리고 여전히 순진하고 순수하다는 것, 여기에는 의심의 여지가 없다. 그러나 이제 뭘 해야 하는가? 두 존재를 처벌하고, 내쫓고, 분리시켜야 했을까? 무슈는 결정을 내리지 못하고 있었

     소설

다. 특히 알렉시나처럼 뛰어난 재능을 지닌 아이를 잃는다는 것은 그에게 상상조차 할 수 없는 일이었다.

저녁이 깊어 가고 있었다. 학생들은 하루를 마무리하는 두 시간의 공부를 시작하기 전 30분간의 휴식 시간을 다시 가졌다. 벌집을 쑤셔 놓은 듯 온통 웅성거리는 소리였다. 신부님에게 더 이상 의견들과 관찰들을 가지고 와서 골치 아프게 하지 말라는 지시를 받았음에도 불구하고 아이들은 서로 속삭이고, 가장 친한 친구들끼리, 혹은 몇몇 수녀들에게 자신들의 추측과 판단을 더 열심히 전하고 주고받았다. 앙리에트가 마을 주임신부에게 보내지자, 그들은 자신들의 추측이 들어맞았다고 여겼다. 또 그 여선생이, 그러니까 모두가 보았듯 진정한 '사태의 주범'이 수녀원장님과 여전히 함께 있다는 걸 알았다. 따라서 모든 토론, 모든 술책은 그 사람에게 초점이 맞춰졌다. 그러나 더 나쁜 것이 있었다. 앙리에트가 떠난 후로 이제 모든 보르가르 전체가 이 토론에 참여한다는 것, 그들에게 먹잇감을 던져 줄 수 있다는 것을 의미했다. 휴식 시간이 끝날 무렵, 이 상황의 첫 번째 결과로 5시 반쯤 첫째 수녀가 하녀들 중 한 명을 대동한 채 신부의 방에 당도했고, 하녀로 하여금 방문을 두드리게 했다. 신부는 그들을 들어오게 했고, 하녀는 그에게 이렇게 보고했다.

오늘 오후 그 하녀는 앙리에트를 주임신부에게 데려갔고, 수녀원장에게 받은 편지를 건넸다. 돌아오는 길에 마을 사람 몇몇이 그녀를 둘러싸고는, 자신들도 수녀원에서 아주 이상한 일들이 일어났음을 알고 있노라고 말했다는 것이다. 지켜야 할 진정한 비밀이 더 이상 없음을 알고 이 하녀는 어떤 일들이 실제로 일어나긴 했다고 인정했다. 마을 여자들은 아리따운 앙리에트(마을 사람들은 그녀를 그렇게 불렀다)가 착하고 씩씩하며 품위 있는 처녀인 반면, 알렉시나 양은 거만한 걸음걸이에 각진 어깨, 낮은 목소리, 홀쭉한 뺨, 덥수룩한 눈썹 때문에 도무지 믿을 수 없는 사람이었다고 주장하기에 이르렀다. 주님께서 그 인간으로부터 수녀원을 지켜 주시기를! 키가 크고 검게 그을렸으며 수염이 긴 한 남자가 한쪽 어깨에 도끼를 메고 말없이 다 듣고 난 뒤 이렇게 말했다. "몇 주 전이었나, 나는 숲 관리인이라 순찰을 돌고 있었지. 큰길에서 멀리 떨어진 덤불숲 한가운데서 신음 소리가 들리길래 가까이 다가가고 있었는데, 잔가지 몇 개가 부러지는 바람에 들키고 말았지. 비명을 지르는 여자 목소리가 들렸고, 그녀를 진정시키는 깊고 힘 있는 남자 목소리도 들렸지. 마지막 가지들을 걷어 냈더니 처녀만 둘이 튀어나오더라고. 어찌나 놀랐던지. 목소리가 맑은 아이가 분명 아래 쪽에 있었던 것 같아. 다른 아이만큼 빨리 일어나지 못했으니까. 그녀의 위치, 그 자리의 상태, 이 모든 것이, 그녀가 친구의 옆에 누워 있지 않았다는 걸 나타냈어. 두 처녀는 아랫도리를 벗은 채였고, 내가 자세히 보지 못할 만큼 서둘러 옷을 입지는 못했지. 내가 발견한 건, 키가 더 크고 마른 쪽이 다리털이 잔뜩 나 있었다는 거야. 그 후로 그들은 떠났고, 나는 그들을 좇거나 하진 않았어." 그러자 모든 청중과 하녀 역시도 그 관리인에게 수녀원 쪽으로 가자고 간청했다. 신부님이 이 이야기를 듣고 싶어 하실지도 모르니 말이다. 이제 무슈가, 당신이 판단하기에 좋다고 생각하는 대로 할 것이다.

이 이야기를 듣고 난 뒤 신부는 하녀를 물렸다. 그는 첫째 수녀와 단둘이 의논하고 싶었다. 무슈는 프랑스어와 라틴어로 된 책의 다양한 구절들을 열거하며 첫째 수녀에게 이를 해석해 주었고, 그렇게 이어진 대화가 채 20분도 안 되었을 때였다. 둘째 수녀가 아연실색하며 들어와 말했다. 수녀원 앞에 수백 명이 모여들었는데, 갈퀴와 도끼로 무장한 채 건물을 향해 주먹을 휘두르며 수녀원에 악마가 있다는 식으로 저주스러운 말을 하고 있다는 것이었다. 신부는 우선 이 새로운 상황에 직면해 자기가 뭘 해야 할지 생각했고, 둘째 수녀에게 가서 마담에게 모든 것을 말씀 드리고 이리 오시도록 부탁 드리라고 명령했다. 그는 첫째 수녀를 돌아보며 말했다. "사람들을 진정시키려면 우선 도끼를 든 숲 관리인을 들어오게 하는 것이 가장 좋겠습니다." 하지만, 첫째 수녀는 가는 길에, 대문 근처에서 보르가르의 주임신부와 마주쳤다. 그는 신부를 보러 서둘러 왔던 것이다. 그래서 그녀는 돌아섰다. 주임신부는 흥분해서 곧바로 이렇게 물었다. "대체 무슨 일입니까? 마을 절반이 저를 찾아와서는 수녀원으로 가자고 하더군요. 인큐버스[음란마귀] 혹은 마귀가 덤불숲에서 마담의 조카인 아리따운 앙리에트를 강간했다고, 그게 아니라도 어쨌든 강간하려고 했다면서요. 그러기 위해 그는, 모든 사람들이 여선생이라 부르도록 수녀원 교사의 특징들을 갖췄다구요. 그녀가 고백하도록 해야 하고, 필요하면 구마驅魔〔마귀를 내쫓음〕를 해야 합니다. 그래서 당신을 뵈려고 서둘러 왔습니다.“ 그 신부가 동료에게 그날 하루 종일 있었던 우여곡절에 대해 재빨리 말하는 동안, 학생들이 소용돌이치듯 계단을 오르내리며 소리 지르는 것이 들려왔다. “마귀랑 마귀 신부! 마귀랑 마귀 신부!” 또 다른 학생들은 갓 지은 노래를 낱말 하나하나 또박또박 끊어 읊조리고 있었다.

쓸쓸한 마귀
겁쟁이 마귀
신부를 잃었네
무서운 수녀원장님

그러는 동안, 마담이 초조함에 몸을 떨며 나타났다. 그녀는 학생들이 집단적으로 신호에 따르기라도 하듯이 여러 교실에서 갑자기 튀어나와 소리치기 시작했다고 말했다. “수녀원에 마귀가 있다!” 그런 다음 그들은 알렉시나를 방에서 끌어내려 했다는 것이다. 수녀원장은 이제 이 모든 일이 그녀를 겨냥한 음모라고 확신했다. 그 마귀는 그녀 자신과 별 관련이 없는 것과 마찬가지로 이 모든 일과도 별 관련이 없다! 두 성직자는 막연한 표정을 지었다. 이 모든 광기를 단번에 가라앉히기 위해 마담이 이야기를 계속했다. 마을 의사를 불러 저희 방에서 알렉시나를 진찰해 보게 하면 어떻겠습니까. 제가 그 자리에 함께 있겠습니다. 그 몸에서 어떤 흔적을, 마귀에게 붙들렸다는 낙인들을(이에 대해 나는 몹시 회의적입니다만!) 발견한다면, 결국 구마 의식의 힘을 빌어야 할지 말지 알 수 있을 겁니다. 하지만 내가 굳게 믿고 있는바, 알렉시나가 흠 잡을 데 없고 온전한 소녀라는 것이 밝혀진다면, 그 어떤 흔적이나 낙인도 없다는 것이 밝혀진다면, 그땐 그 거짓 소문을 만들어 내고 고의로 퍼뜨린 사람들에게 책임을 묻고 조치를 취해야 할 것입니다. 모두가 동의했다. 다만 주임신부가 의견을 보탰다. 아래층에서 사람들의 감정을 자극하고 있는 숲 관리인이 알렉시나를 볼 수 있도록, 그러나 알렉시나는 그를 보지 못하도록 하면서 관리인은 그녀를 볼 수 있도록 해서 모든 사람을 안심시켜야 한다는 것이다. 실제로 그 목격자가 소녀를 알아보지 못한다면 그는 의심을 거둘 테니. 이번에도 모두가 동의했다. 수녀원 관계자들로 하여금, 모든 기숙생들을 조용히 식당에 모이게 하고, 조사가 끝나 결과를 알릴 수 있을 때까지 수녀들의 감시 아래 대기시키게 하기로 결정되었다.

일곱 시를 알리는 소리가 울려 퍼졌다. 지난 두 시간 동안 마치 정말로 마귀가 풀려난 것 같았고, 수녀원에서 질서와 규율이 사라진 것 같았다. 이제 취해져야 할 조치들은 모든 사람을 진정시키는 효과를 가져오기 시작했다. 주임신부는 성체현시대^{聖體顯示臺}와 성합을 준비하기 위해 보르가르 교회로 갔다. 도중에 만난 사람들을 그는 몇 마디 말로 진정시켰다. 땅거미가 지자, 사람들은 각자 집으로 돌아갔다. 사람들은 첫째 수녀를 의사에게 보냈고, 마담은 의사를 맞이할 준비를 했다. 무슈 역시 이미 성당 관리인에게 구마 의식을 위한 모든 준비를 하라고 일러 놓았다. 그는 자신의 《규범집Ordinale》에서 그와 관련된 지침들을 끌어냈고, 보디누스Bodinus의 《다이모노마니아Daemonomania》에서 악마와의 계약이 신체에 일으키는 흔적에 대해 알아보았다. 학생들은 구내식당에서 저녁 식사를 했다. 날이 저물자 학생들은 진정하기는커녕 두려움과 불안감에 사로잡혔다. 그들은 입을 모아 밤에도 기숙사에 불을 켜 놓아 달라고 요청했다. 그러는 사이, 숲 관리인이 다시 내려와 확인했다. 수녀원장 방의 열린 문틈으로 보이는, 눈물로 눈이 퉁퉁 부은 그 여자는 바로 앙리에트 위로 몸을 뻗고 있던 그 인큐버스였던 것이다.

의사가 나타난 시각은 여덟 시 반 무렵이었다. 그는 아직 젊은 남자로, 파리에서 학업을 훌륭히 마친 참이었다. 그는 인근 마을 진료를 마치고 돌아오는 길에 이 놀라운 이야기를 들었다. 수녀원은 불을 밝혔고, 복도와 계단에는 깊은 침묵이 감돌고 있었다. 의사는 보디누스가 제시한 낙인 목록을 함께 상의해 보자는 신부의 제안을 거절했다. 그러고 나서 첫째 수녀는 지체 없이 그를 2층 수녀원장의 아파트로 안내했다. 마담은 자기 아파트의 거실을 휘황찬란하게 밝히고 훌륭히 장식한 채 정중하게 의사를 맞이했다. 문이 반쯤 열린 옆방에는 촛불 하나만이 타오르고 있었다. 그 방에 놓인 침대 가장자리에 반쯤 벗은 알렉시나가 의사를 기다리고 있었다. 그는 마담과 몇 마디만 주고 받은 뒤 방에 들어갔고, 지시에 따라 문은 반쯤, 아니 4분의 3 정도 닫았다. 마담은 마음을 딴 데로 돌리면서 침묵을 깨기 위해 책장을 넘겼다. 그러나 책장이 넘어가는 소리에도 불구하고, 짧게 중얼거리는 예의 바르고 상투적인 말들, 몇몇 질문과 재빨리 이어지는 답변이 들려왔다. 둘 다 깊이 울리는 목소리였지만, 의사의 목소리가 더 맑고 날카로웠으며, 알렉시나의 목소리는 더 둔탁했다. 촛불의 위치가 바뀌었고, 문이 열린 틈 쪽으로는 더 이상 빛이 새어 나오지 않았다. 어떤 지시가 들렸고, 옷 벗는 소리가 바스락바스락 들려왔다. 정지. 새로운 지시, 거절, 더 단호한 어조로 반복되는 지시, 그러고는 한숨과 다시 옷이 미끄러지는 소리, 맨발이 바닥에 닿는 소리가 한 번, 두 번…. 가볍게 바삭거리는 소리가 다시 나더니, 피부로 다른 피부를 문지르는 듯한 소리가 들렸다. 그러고는 이렇게 말하는 소리가 들렸다. "아, 그래 그거! 바로 그거에요, 네." 긴 침묵. 새로운 지시. 침대틀이 삐그덕대고 누군가 매트리스 위에 눕는 소리가 들렸다. 용수철이 징징거렸다. 그 차분한 목소리가 다시 한 번 지시하고, 더 단호하게 그 지시를 반복했고, 마침내는 침울하지만 집요한 어조로 실행할 것을 요구했다. 맞은편에서는 신음 소리가 들려왔다.

"아, 아프다구요, 선생님!" 알렉시나가 갑자기 폭발했다. 의사의 대답은 희미해졌고 거친 숨소리가 들려왔는데, 그 숨소리는 어떤 힘들고 공들이는 작업이 진행 중임을 알려 주었다. 그때 알렉시나가 자제하지 못하고 흐느끼기 시작했다. 하지만 고통의 울부짖음은 없었다. 눈물을 그칠 줄 몰랐고, 그녀는 힘도 의지도 없이, 절망 속에 자신을 내맡기고 있었다. 의사의 목소리가 한층 누그러졌고 유감을 표했다. 검진의 정점은 분명 지났고 결론도 내려진 듯했는데 그것은 별로 기분 좋은 결론은 아닌 듯했다. 그렇지만 마지막 절차들이 마무리되기까지 다시 오랜 시간이 걸렸다. 알렉시나의 비통한 외침이 터져 나온 뒤로, 마담은 책장 넘기기를 멈추고 숨을 참고 문 앞에 서서 귀를 기울였다. 방 안에서는 한숨도 잦아들었고 눈물도 그쳤지만, 대신 숨 쉴 때마다 어떤 탄식 비슷한 소리가 들려왔다. 마침내 아주 긴 시간이 흐른 뒤—한 시간이 지나 있었다—, 대야에 물 붓는 소리가 들렸고, 곧이어 손에 수건을 든 의사가 약간 충격을 받은 얼굴을 하고 나타났다. 수녀원장은 뭔가를 물어보려고 했다. "아주 안타까운 일입니다, 마담." 의사가 잠긴 목소리로 말했다. "전체 보고서를 작성해야 합니다. 그게 내일 아침 일찍 신부님께 전달될 수 있으면 합니다. 그때까지는 가능한 한 신속하게, 하지만 오늘은 이미 조금 늦은 것 같습니다만, **젊은 남성** 알렉시나를 주임신부님께 보내시고, 대신 여기로 앙리에트 양을 다시 데려오시기를 권하고 싶습니다"

　말을 마친 의사는 작별 인사를 했고, 아래층에서 기다리고 있던 성당 관리인에게는 그 어떤 종교적 작업도 필요치 않다고 선언하고는 죽음 같은 정적이 깔린 수녀원을 가로질러 숙소로 돌아갔다.

그때가 11시였다. 모두 자고 있었다. 아니, 더 정확히 말하자면 아무도 자고 있지 않았다! 솔직히 이런 하루를 보내고 누가 잠을 잘 수 있었겠는가? 긴 흰색 속옷 차림의 수녀들은 마귀를 몹시 두려워하는 어린아이들을 안심시키기 위해 이 침대 저 침대로 옮겨 다니고 있었다. 등불은 여전히 타오르고 있었다. 첫째 수녀는 무질서와 공포가 자리 잡지 못하도록 이 기숙사에서 저 기숙사로 옮겨 다녔다. 그녀는 자신이 이겼다는 것을 알았다.

아래층에서는 신부가 침대에 누워 있었으나 깨어 있었다. 성당 관리인은 그에게, 구마 의식을 치러야 할 어떤 징후도 없다는 보고를 한 터였다. 신부는 주임신부에게 이 사실을 알리고, 첫째 수녀와 몇 가지 조치들을 취하기로 동의한 뒤 잠자리에 들었다. 구마 의식의 도움을 받을 필요가 없다고! 그렇다면 이 새로운 의사들은 가톨릭 사제들의 도움 없이도 이 세계에 질서를 바로 세울 수 있다고 생각하는 건가? 그리고 알렉시나에게 아무런 낙인도 나타나지 않았는데도 그녀에게 무슨 일이 일어났다는 것인가? 설령 마귀가 단지 그녀의 유령만을 사용하거나, 자신의 물질적 외관만을 사용했다 해도, 중세의 구마사들은 한결같이 말하길, 마귀가 흔적을 남기지 않기란 불가능하다고 했건만! 하지만 마귀가 개입한 것이 아니라면, 앙리에트와 그 여선생은 범죄

적인 놀이를 한 것이 분명하고, 하느님께 끔찍한 죄를 범한 것이
다! 그렇다, 그는 이제 기억해 냈다. 봄에 앙리에트가 마담에게
특별 허가를 얻어 낸 적이 있지. 오후에 알렉시나와 함께 은방
울꽃을 따러 가겠다고 말이야. 그는 그들이 꽃다발을 들고 열기
로 눈을 빛내며 돌아오는 것을 보았다. 그런데 그 여선생에게 낙
인이 없다는 것이 확인된 후에 사태는 어떻게 되어 가고 있는 거
지? 그는 아무것도 이해할 수 없었다. 요컨대 사태는 단 한 걸음
도 나아가지 못했고, 결국 문제를 해결하는 것은 여전히 성직자
들의 몫이다! 바로 이런 생각들이 신부를 사로잡고 있었다.

2층〔우리 식으로 하면 3층〕에서는 마담이 쉬고 있었다. 그녀에게
불길한 예감이 들었다. 아마도 자신의 수녀원장직이 이제 끝날지
도 모른다는 예감이었다! 이날 저녁 6시, 농부들이 수녀원 문 앞
에서 수녀원 선생의 모습을 한 마귀를 찾으며 갈퀴를 휘두른 이
후로, 모든 것이 그녀에게로 돌아오게 될 것이 분명했다. 이번만
큼은 첫째 수녀가 계획을 잘 세워서 적절한 순간 불에 기름을 부
었다. 아침만 해도 자기 발로 끌 수 있었던 불이다. 오 하느님, 육
체적으로도 정신적으로도 서로를 보완하고 함께 자고 서로 어루
만지는 이 두 소녀에 대해 비난할 일이 뭐가 있는지요? 알렉시나
는 분명 기이한 피조물이었고, 의사의 말은 그녀에게 뭔가 아주
특별한 일이 일어날 수도 있음을 분명하게 표현하고 있었다.

옆 방에서는 알렉시나가 소파에 드러누워 있었다. 어제만 해
도 눈부신 지적 능력으로 존경 받고 여선생이라 불리는 영예를

얻었으나, 이제 그녀는 죽음의 상처를 입은 채 신음하는 한 피조물에 지나지 않았다. 그녀의 가장 은밀한 비밀은 의사에 의해 모두에게 공개될 예정이었다. 그녀는 마귀와 같은 여자로서 지탄을 받았고, 자신의 생명의 힘, 곧 앙리에트를 빼앗긴 상태였다! 그날 저녁, 의사가 검사하는 동안 그녀는 분명하게 이해했다. 자기가 아주 특별한 사례라는 걸. 머리부터 시작해 그는 모든 부분을 계측했고, 정밀하게 관찰했으며, 그러고 나서는 모든 사람이 부끄러워 숨기는 것을 조사했는데, 그녀가 비명을 지를 만큼 아주 지독한 고통을 안겨 주었다. 그때 그녀는 곰곰이 생각하기 시작했다. 그녀는 자신이, 이를테면 앙리에트 같은 다른 소녀들처럼 완벽히 같게 만들어져 있지 않다는 건 잘 알고 있었다. 하지만 별로 신경 쓰지 않았다. 다른 사람들도 다른 분야에서는 다 다르지 않은가? 그녀는 매부리코지만, 다른 이는 들창코, 또 다른 이는 비뚤어진 코 아닌가? 이 사람은 입술이 못생기고 두툼한데, 저 사람은 입술이 얇아서 새싹 같고 조각상의 입술 같다. 이 사람 가슴은 납작하고, 저 사람 가슴은 풍만하다. 이 사람은 멍청하고 저 사람은 똑똑하지 않은가? 그런데 알렉시나의 무엇이 그렇게나 특별하단 말인가? 앙리에트가 종종 비웃곤 했던 그 작고 아무것도 아닌 것 때문인가? 분명 거기에 뭔가 있긴 있을 터였다. 그렇지 않다면 이 지독한 고통은 어디서 왔겠는가? 이렇게 이 가련한 여인은 신음하고 흐느끼며 생각을 이어 나갔다.

밤은 여전히 그 망토로 수녀원과 그 안의 사람들, 그리고 그들의 생각을 뒤덮고 있었다. 그러나 태양이 이미 이 끔찍한 사건의 진실을 밝혀내고, 각자의 머리와 양심에 그것을 각인하기 위해 난입할 채비를 마친 듯 달아오르고 있었다.

7시가 울렸다. 무슈의 서재 창문으로 태양이 빛나고 있었다. 그의 책상 위에는 이미 아침 식사가 놓여 있었고, 무슈는 리구오리의 《도덕 신학에 관한 여섯 권의 책》을 다시 읽고 있었다. 그의 얼굴에는 근심의 흔적도, 이완의 흔적도 전혀 없었다. 전날의 사건은 긴장의 흔적을 남기지 않았다. 그의 표정은 전날과 마찬가지로 올림푸스의 신들처럼 숭고하게 평온했다. 그 순간, 문 두드리는 소리가 들렸다. "들어와요!" 무슈가 소리쳤다. 관리인 여자가 큰 봉투를 가지고 들어와 그에게 건넸다. 무슈는 봉인 위의 모서리를 찢어 즉시 봉투를 열고 두꺼운 종이를 펴서 그 내용을 읽어 내려갔다.

보르가르 1831년 6월 21일

파리 의대 부속병원 의사 아돌프 뒤발이
두에의 무슈 드로슈슈아르de Rochechouart께 드림.

선생님,
어젯밤 시행한, 알렉시나 양(18세)에 대한 신체검사 결과와 관련해 다음의 내용을 알려드리게 되어 영광입니다.

알렉시나는 소녀로서는 특별히 키가 큰 편이고, 남자로 따진다면 큰 편에 속하는 남자들 가운데 하나로 꼽아야 합니다. 그의 야윈 얼굴은 뛰어난 지능을 증명합니다. 그의 집중하는 시선은 의심의 여지 없는 남성적 유형의 시선입니다. 매우 도드라지는 아치형 눈썹이, 생기 있고 지적인 두 눈 위에 돌출되어 있습니다. 수염의 흔적은 없습니다. 그의 머리카락은 보통 남자들보다는 약간 길지만, 여성의 머리카락 길이에는 전혀 미치지 못했습니다. 알렉시나의 목소리는 알토입니다. 그의 몸은 전체적으로 마르고 근육질이며 지방층이 빈약합니다. 그의 상반신은 여성적 특징을 보여 줍니다. 피부는 얇고, 미미하지만 유방이 형성되어 있으며, 여성의 유두가 있습니다. 그의 하반신은 즉각적으로 강한 인상을 줍니다. 검고 남성적인 풍부한 체모 때문입니다. 그 체모의 일반적 배치 역시 남성적인 성격을 드러냅니다. 허벅지에서 무릎까지는 여성에게서 흔히 나타나는, 안쪽으로 살짝 모이는 형태의 다리선이 나타나지 않습니다. 두 손은 작은 반면에 두 발은 크고 튼튼합니다. 언뜻 보기에도 그렇지만, 신체 측정을 해 보니 역시나 그의 둔부는 전혀 옆으로 벌어져 있지 않고, 완전히 남성적인 성격을 가진 골반의 일반적 배치를 나타냅니다. 치구恥丘에는 털이 많고, 언뜻 보기에 생식기를 덮고 있습니다. 여기엔 살짝 열려 있는 큰 대음순이 나타나 있으며, 그 뒤에는 거의 발달되지 않은 소음순이 나타납니다. 질 입구는 너무 좁고 그 안으로의 삽입은 극심한 통증을 유발하기 때문에, 의심의 여지 없이 막다른 곳에서 끝나며 자궁으로까지 이어져 있지 않습니다. 자궁이 있더라도 배란과 월경에 적합하지 않은 불완전한 자궁일 것입니다. 반면 소음순은 윗부분이 두툼한 조직을 둘러싸고 있는데, 그 조직은 끝에 구멍이 뚫린 독특한 음경으로 드러났습니다. 비록 소음순에서 시작되는 팽팽한 인대로 인해 완전한 발달에 이르지 못하도록 방해받고 있지만, 그래도 발기가 가능합니다. 그 구멍은 바로 요도의 출구이며, 다른 쪽 끝은 방광으로 이어집니다. 고환은 어디서도 발견되지 않았는데, 복부에 남아 있는 것 같습니다. 따라서 알렉시나는 혼종hybrid적 존재, 곧 양성구유자입니다. 검사 중 일시적인 심리적 흥분으로 인한 비자발적 사정이 있었는데, 현미경으로 살펴본 결과 움직임이 있는 정상적인 정자의 존재가 명확하게 드러났습니다. 알렉시나는 남성 양성구유자라고 말할 수 있습니다. 그러므로 그는 남자이고, 게다가 생식능력이 있는 남자입니다.

제게 주어진 직무를 고려해, 알렉시나의 출생지 호적대장에 필요한 변경을 할 수 있도록 이미 관할 당국에 통보해 놓았으며, 알렉시나의 신분 상태를 최종적으로 변경하는 데 필요한 다른 절차들은 귀하의 현명하신 손에 맡기고자 합니다.

심심한 경의를 표하며

서명 아돌프 뒤발ADOLPHE DUVAL

알렉시나는 그날로 부모 곁으로 돌아갔다. 수녀원으로 돌아온 앙리에트 드뷔작 양은 6개월 내에 수녀원을 떠나야 한다는 것을 알았고, 먼 시골의 이모 집으로 보내졌다.

수녀원장도 조카와 함께 수녀원을 영영 떠나게 되었고, 첫째 수녀는 수녀원장으로 승진했다.

진정한 젠더

에릭 파생

후기를 작성한 에릭 파생Éric Fassin은 파리 8대학의 정치학과와 페미니즘 및 젠더 연구
소 교수이자 IRIS와 LabTop/Cresppa 연구원이다.

미셸 푸코처럼 국립도서관에 익숙한 사람에게《알렉시나 B. 이야기》를 발견하는 것은 별로 어려운 일이 아니었을 것이다. 1976년 출간된《성의 역사》제1권의 시기에 이런 종류의 발견이 이루어졌다는 것은 결코 우연이 아니다. 법의학자 앙브루아즈 타르디외가 1874년에 처음으로 이 수고를 그의 저서《정체성에 대한 법의학적 문제》에 '성별이 오인되었던 한 개인의 회상과 느낌'이라는 제목으로 게재했지만, 그 후 그 흔적〔원본〕은 사라졌다. 그의 분석은 1860년 성전환을 허용한 세네Chesnet의 의학 보고서와 1868년 레니에Régnier가 검시를 요청한 구종Goujon의 의학 보고서에 근거하고 있었다(푸코는 1978년 관련 서류에 양자를 모두 포함시킨다).[2] 하지만 제2제정하에서 국립의학아카데미 원장이었던 타르디외는 수차례 간행된《풍기 문란에 대한 법의학적 연구》로 유명했다. 그는

---

1   이하 괄호 안 숫자는 이 책《알렉시나 B.로 불린 에르퀼린 바르뱅》의 페이지 번호이다.

2   Ambroise Tardieu, *Question medico-légale de l'identité dans ses rapports avec les vices de conformation des organes sexuels*, J. B. Baillière, Paris, 1874(제2부, pp. 61-174; 에르퀼린 바르뱅의《회상록》은 서문 다음에 p. 63에서부터 시작된다. 다음 문단에서 인용된 주는 p. 112에 있다). 세네의 텍스트는 pp. 146-148에 주의 형태로 발견된다. 오늘날 이 저작은 프랑스 국립도서관 사이트 Gallica에서 참조 가능하다.

거기서 ('소년애와 남색에 관하여'라는 끔찍한 도표를 통해) 동성애자를 병리학적 '종'으로 구축하는 데 기여했다. 《지식의 의지》《성의 역사 1》)는 그 유명한 한 페이지를 다루고 있다.

정체성의 탐색

반면 알렉시나 B.의 성정체성을 되찾는 것은 (말장난이 아니라) 쉽지 않아 보였다. 이 의료 간행물에서 알 수 있는 주요 단서는 앞 글자만 공개된 성씨와 흔해 빠진 이름뿐이었다. 하지만 이 이름은 호적에 기재되어 있지 않았다. 1838년에 출생한 아델라이드 에르퀼린Adélaïde Herculine은 1860년에 아벨Abel이 된다(타르디외가 인용하는 셰네는 출생 시 부여된 두 번째 이름인 에르퀼린을 에르미니Herminie로 바꿔서 혼란을 가중시켰다). 셰네는 "저자는 자신이나 자기 이야기의 주요 인물들을 이니셜이나 가명 뒤에 숨겨 익명을 유지하고자 했"으며, 자신은 그것을 존중했다고 피력한다. (셰네일 수밖에 없는) "훌륭한 의사" H…가 "당신의 대모가 '까미유'라는 이름을 붙여 준 건 정말 운이 좋았어요"(176)라고 탄성을 발했지만, 몇 페이지 뒤에서 그토록 편리한 이 양성적 이름의 진정성은 부정되었다. 요컨대 "S…민사법원은 호적 정정을 명령했다. 그런 의미에서 나는 출생 당시 부여받은 여성의 이름을 남성의 이름으로 대체해 호적에 남성에 속하는 자로 기재되어야 했다."(193)

미셸 푸코의 동반자였던 다니엘 드페르는 오늘, 에르퀼린 바르뱅이 성씨와 이름을 한꺼번에 되찾게 된 탐색 과정에 대해 이야기한다. 19세기 소설의 프롤로그가 어떤 원고의 발견으로 시작되는 것처럼, 그의 이야기는 자연스럽게 이 재판본의 에필로그에 자리하게 되었다.[3]

"우리는 그 일이 어디서 벌어졌는지 몰랐습니다. 거기에 대해 아는 바가 전혀 없었습니다." 하지만 푸코는 모험을 원했다. "그것은 대서양의 어떤 섬에 관한 이야기였기에 〔그의 고향인〕 푸아티에에서 출발해 대서양 섬들을 둘러보러 길을 떠났습니다!" 사실 중요한 것은 탐사보다는 '로케이션 헌팅'이었다. "푸코는 정말로 영화를 만들고 싶어 했습니다. 에르베 기베르〔작가〕의 아이디어였죠. 푸코는 1977년에 그를 만났습니다. 푸코는 1년 전에 발견된 것으로 보이는 이 텍스트를 에르베 기베르에게 읽혔습니다. 기베르는 즉각 시나리오 작업에 들어갔고, 그것을 이자벨 아자니에게 보였습니다. 이자벨 아자니는 자신이 남자 역할을 맡고, 로지Losey의 《돈 조반니》에 출연했던 자신의 남동생이 여자 역할을 맡기를 원했습니다. 그녀는 그렇게 하는 것이 그들 사이에 아주 흥미로운 게임이 될 것이라 생각했지요…."

간단히 말해, 일행은 영화를 촬영할 장소를 찾으러 갔다(하지만

3　미셸 푸코가 다니엘 드페르에게 물려준 보지라르가rue Vaugirard의 아파트에서 2013년 5월 22일 이뤄진 인터뷰. 오래전 절판된 이 책의 복간을 내가 요청한 와중에 기꺼이 이런 식〔후기〕의 기여를 제안한 다니엘 드페르에게 심심한 사의를 표하는 바이다. 푸코의 가족과 피에르 노라, 그의 출판인에게도 다니엘 드페르의 제안에 즉각적으로 동의해 준 것에 대해 심심한 사의를 표하는 바이다.

이 계획은 가망이 없어졌다). "사실 당시에 올레롱Oléron 섬으로 가는 다리는 있었어도, 레Ré 섬으로 가는 다리는 없었어요. 그래서 먼저 올레롱 섬으로 가기로 했습니다. 섬에 도착하자마자 차를 놔두고 잘은 모르겠지만 대략 한 시간 정도 걷기 시작했습니다. 그리고 갑자기 푸코가 소나무 숲을 보면서 '바로 여기야!'라고 말했던 것으로 기억됩니다." 드페르는 다음과 같이 "찾아낸" 구절을 낭독했다. "그 작은 마을은 진녹색으로 끝없이 펼쳐진 대양大洋에 말 그대로 파묻혀서, 사구砂丘라 불리는 모래로 된 산들에 몇 백 년도 더 전부터 그 깊은 뿌리를 내리며 자라나 있었다. / 해안을 따라 펼쳐진 거대한 소나무 숲은…"(113) "푸코는 이렇게 말했습니다. '너무나 기가 막히게 묘사되어 있어! 쭉 걸어가면 십자가에 도착할 수 있을 거야!' 우리는 앞으로 걸어갔고 십자가에 도달했습니다!"《회상록》은 너무나 정확했다. "광막한 대양을 굽어보는 듯한 작은 둔덕 위에 자리한 숲 입구에는 거대한 십자석이 있다."(114)

　마을까지는 4킬로미터를 걸어야 했다. 가톨릭 기관에 대해 수소문하려고 "우리는 어느 케익 가게에 들어갔습니다." ("저는 미식가예요." 다니엘 드페르는 웃으며 말했다.) 젊은 여주인은 거기에 대해 아는 바가 전혀 없었다. 그녀는 그녀의 할아버지에게 물었는데, "그 할아버지가 가게 뒤쪽 끝에서 이렇게 대답했습니다. '그래! 분명 수녀원 하나가 있었어. 하지만 지금은 주차장이야!' 그리고 이렇게 덧붙였습니다. '샤토 돌레롱에 가면 아직 수녀님들이 계실 거요.'" 그곳은 제2제정 때 지혜의 딸 수녀회가 운영하던 사

범학교였다. "학교 당국은 다락방에 있는 사료들에 대한 정보를
제공했고, 다락방에 올라가는 것도 허락했습니다. 젊은 여성이 우
리와 동행했죠. 우리는 우연히 당시 쓰인 한 꾸러미의 공책을 발
견했고, 첫 번째 꾸러미의 이름들과 성들을 살피던 중 곧바로 그
의 것을 발견했습니다. 정말 감동적인 순간이었어요. … 에르퀼린
바르뱅이라 불리는 것은 정말 대단한 일이었어요!" 푸코는 이후
관련 문서를 보충할 수 있었다. 특히 '이름, 날짜, 장소'를 보충할
수 있었다. '〔이 책〕 110~111쪽에서 얘기되는 T…로 가는 산책의
목적지는 생트로얀Saint-Trojan'이었다.(235)

이중의 소거

다니엘 드페르의 회상을 되살려야 한다고 생각했던 이유는, 드페
르의 회상이 에르퀼린의 회상들과 더불어 푸코가 이 이야기 안에
다시 자리 잡을 수 있게 해 주기 때문이다. 사실, 푸코는 이 작업에
서 자신의 자리를 지웠었다. 푸코의 이름은 1978년도 초판 앞표지
에는 등장하지 않는다. 후속작이 (거의) 나오지 않은 '평행하는 삶
들'[4]이라는 총서를 소개하기 위해 단지 뒤표지에 이름을 올린다.
1993년 '폴리오Folio' 재판에서 비로소 표지에 "미셸 푸코가 소개
함"이라는 문구가 적히게 된다. 관련 자료에서 푸코는 자신의 이름

---

4 'Vies parallèles' 총서의 두 번째 책은 *Le Cercle amoureux dʼHenry Legrand*(앙리 르그
   랑의 사랑의 원), Gallimard, 1979이다.

으로 쓴 두 페이지의 글을 시작하면서 자신에게 다음과 같은 소박한 역할을 부여한다. "나는 … 몇 가지 중요한 자료들을 한데 모았을 뿐이다."(233) 이 책의 서문인 〈진정한 성〉은 이 책의 영어판과 더불어 1980년에야 출간되었다. 이 서문의 프랑스어판은 1994년《말과 글》제4권에 재수록되기 전,《아르카디Arcadie》잡지에 다소 은밀한 방식으로 게재되었다. 하지만 이날 이때까지《알렉시나 B.로 불린 에르퀼린 바르뱅》의 프랑스어 버전에는 포함되지 않았다.[5]

이러한 자기 소거는 주목할 만하다. 특히《나, 피에르 리비에르》의 출간에 수반되었던 여러 사람들의 주장이 담긴 많은 분량의 관련 자료를 보면 더욱 주목할 만하다. 1973년의 이 책에는 "농민들에게 플루타르코스와 같은 사람이 있었다면, 피에르 리비에르는 죽은 위인들 가운데 등장했을 것"[6]이라는 '평행하는 삶들'에 대한 언급이 있는 만큼 비교해 볼 필요가 있다. 두 저작은 푸코가 1977

---

5 Michel Foucault, "Introduction", *Herculine Barbin*, trad. R. McDougall, Pantheon/Vintage, Random House, 1980, pp. vii-xviii. 이때 (몇 단락을 제외하곤) 동일한 프랑스어로 출간되었다. "Le vrai sexe", *Arcadie*, 27ᵉ, année, nº 323, novembre 1980, pp. 617-625. 이 서문은 Michel Foucault, *Dits et écrits, IV, 1980-1988*, éd, Daniel Defert et François Ewald, avec Jacques Lagrange, Gallimard, 1994, texte nº 287, pp. 115-123. 현재 재판본에 재수록된 이 사건에 관한 오스카 파니차Oscar Panizza의 단편소설 〈수녀원 스캔들Un scandal au couvent〉은 영어판에 추가되었다. 미셸 푸코의 서문뿐만 아니라 이 단편소설도 1978년 초판본과 1993년 판본에는 수록되지 않았다.

6 *Moi, Pierre Rivière, ayant égorgé ma mère, ma sœur et mon frère, Un cas de parricide au XIXᵉ siècle*, présenté par Michel Foucault, coll. Archives, Gallimard/Juillard, 1973, citation de Jean-Pierre Peter et jeanne Favret, p. 293 de l'édition "Folio."

년 〈불명예스러운 자들의 삶〉[7]에서 정립한 기획과도 잘 부합한다. 요컨대 "권력과의 조우"로 인한 충격을 통해서만 그들이 어둠 속에서 벗어날 수 있고, "권력 게임과 권력과의 관계" 내에서만 우리에게 드러날 수 있는 "미미한 삶들"이라는 역전된 "사례" 말이다. 혹은 《알렉시나 B.로 불린 에르퀼린 바르뱅》이 막을 여는 총서의 서문을 다시 취해 보면, 그것은 "징벌 이외의 다른 메아리를 가질 수 없는" 삶들, "그런 것들이 '더 이상 이야기되지 않고' '명성'이 사라져 버리는 어둠 속으로 그들의 삶이 추락했을 때 남긴 순간적으로 번쩍이는 그 흔적을 발견해야 하는 그런 삶들 말이다. 이것은 플루타르코스의 이면일 것이다. 그것은 이렇게나 평행하는 삶이어서 누구도 그것들과 만날 수 없다."

왜 푸코는 피에르 리비에르 앞에서는 그러지 않았으면서 그처럼 소중한 에르퀼린 바르뱅 앞에서 자신을 소거해야 했을까? 아마도 "그 시절 기숙학교 학생들에게는 글쓰기의 방식이었을 뿐 아니라 삶의 방식이기도 했던 이 우아하고 멋을 부린, 암시적이면서도 약간은 허세도 느껴지는 고루한 문체"(17)의 《회상록》에, 철저하게 포착 불가능한 피에르 리비에르의 남성적 섬광이 학자들의 담론이라는 새로운 층에 의해 질식당할 위험이 덜하다고 생각되었기 때문

---

7   Michel Foucault, "La vie des hommes infâmes"(불명예스러운 자들의 삶) *Les cahiers du chemin*, no 29, 15 janvier 1977, pp. 12-29. *Dits et écrits III, 1976-1979*, éd. Daniel Defert et François Ewald, avec Jacques Lagrange, Gallimard, 1994, texte n° 198, pp. 237-253에 재수록. pp. 237-241 인용.

이 아닐까? 마침내 이러한 선택은 이 책이 적어도 프랑스에서 부분적으로 눈에 잘 띄지 않은 이유를 설명해 준다. 마침내 이 책은 프랑스에서 볼 수 없게 되었고, 항시 접근 가능하고 가시적이었던 푸코의 다른 저작들과 달리 이 책은 출판계에서 사라져 버렸다.

여기에 또 다른 소거 원인을 추가하자면, 영어판 서문은 1970년 《아르카디》의 연례 회의에 강연 형태로 나왔고 후에 이 잡지에 게재될 예정이었다. 1954년 앙드레 보드리André Baudry가 창립한 이 "동성애자" 단체는 1970년대에 이르러 시대에 뒤떨어진 것처럼 보였다. 그들의 존중할 만한 비밀 유지 의지가, FHAR(1971년에 창립된 '동성애혁명행동전선Front Homosexual d'Action Revolutionnaire)의 소란스러운 전복으로 문제 제기의 대상이 될 정도였으니 말이다. 이러한 맥락 속에서 초대를 수락하는 것은 "과거의 아르카디에 대한 존경을 표하는 것이었다"고 다니엘 드페르는 설명한다. 사실 이 서문은 학교나 수녀원의 "여성 단성성monosexualité"(오늘날에는 차라리 "동성유대성homosocialité"이라 지칭될 것이다)—그것은 제2차 세계대전 이후 동성애 운동을 하는 "동성애자들"이 소중히 여기던 동성 내 친밀성이다──을 위한 엘레지로 해석될 수도 있을 것이다.[8] 푸코는 사목적 의미에서의 "'분별' 체제의 명암"이라는 양의

---

8 1982년 동성애 잡지 《마스크Masques》에 실린 Lilian Faderman, *Surpassing the Love of Men*과 관련한 인터뷰에서도 동일한 생각이 발견된다. 요컨대 "이 여성들 간에 성 관계가 있었는지 여부를 결코 알고자 하지 않는다는 것"은 "여성 단성성〔여성들만 있는〕 문화와 여성들끼리의 삶이라는 문화 전반"을 보여 준다." *Dits et écrits*, *IV*, op.cit.,

성을 서문의 동일한 단락에서 환기한다. 요컨대 푸코는 "감정들 구별하기", "비밀 찾아내기", "비밀 파헤치기", 그러나 "한계 지키기", 즉 무분별한 분별을 환기한다.(18-19) 하지만 "알렉시나 B.의 이야기"는 문제적 정체성을 드러냈기에 청중을 어리둥절하게 할 만한 무언가가 있었다. 요컨대 "거기 있던 청중들이 이 강연에 보인 반응은 아주 좋지 않았습니다. 강연은 그들에 대해서가 아니라 진짜 여자도 아니었던 여인에 대한 이야기였으니까요…."

이러한 괴리는《아르카디》와 관련해서만 있었던 것이 아니라, 《아르카디》와 그 급진주의적인 젊은 라이벌 FHAR과 관련해서도 있었다. "이 시기에 문제는 성정체성이었지 정체성의 혼란이 아니었습니다"라고 다니엘 드페르는 지적한다. 푸코가 "커밍아웃"이라는, 당시로서는 새롭게 부상하던 명령에 따르지 않았다는 것은 잘 알려진 사실이다. 1979년에《르 게 피에Le Gai Pied》를 막 창간한 장 르 비투Jean Le Bitoux는 이것〔푸코가 커밍아웃하지 않은 것〕을 "매우 못마땅하게" 여겼다. 요컨대 그 시점부터는 "자신을 받아들일 수 있는" 용기가 없다는 것에 문제가 제기되기 시작한 것이다. 실제로 푸코는 "정체성 속으로 들어가기를 거부"했다. 그럼에도 불구하고 푸코가 강연 후에 보드리〔FHAR 창립자〕가 내민 봉투를 거절한 것은 정체성의 관점에서였다. "들어 보세요. 어떤 동성

texte no 311, "Entretien avec M. Foucault", pp. 286-295, p. 289 인용.

애자가 다른 동성애자들에게 강연한다고 해서 돈을 받을 수는 없잖아요!" 이 말을 모순이라 봐야 할까? 푸코는 옛날식 커밍아웃에 더 친숙했던 것 같다. 요컨대 역사가 조지 천시Georges Chauncey가 구분해 제시한 방식에 따르면, 동성애 해방과 커밍아웃의 종용 이전에는, 커밍아웃이란 〔동성애자〕 공동체에 자기 소개를 해야 한다는 것이었지, 〔동성애자 공동체〕 외부에까지 자신을 공공연하게 내보여야 한다는 것이 아니었다.[9] 사실 "당시에 이 텍스트는 그 누구에게도 환영받을 수 없었습니다." 그리고 다니엘 드페르는 이렇게 자문한다. "푸코는 그 함의들을 모두 다 감지하고 있었을까요? 저로서는 알 수 없습니다."

"나 또한 아르카디아에 있었다ET IN ARCADIA EGO"

같은 이유로, 그리고 그 반대의 의미에서 이 책의 재출간은 오늘날 반드시 필요한 일이다. 정체성은 더 이상 자명한 것이 아니다. 정체성은 자기 단언을 포기하지 않으면서도 자기 자신에게 물음을 던진다. 이러한 새로운 맥락에서 푸코가 《성의 역사》 한 권을[10] 할애하려고 계획했던 "양성구유자들"은 1980년대 이후부터 자기 목소리를 내기 시작할 수 있었고, 무엇보다 에르퀼린 바르뱅

---

9 George Chauncey, *Gay New York*, 1890-1940, trad. D. Eribon, Paris Fayard, 2003 (éd. Originale, *Gay New York*, BasicBooks, 1994).

10 푸코는 관련 자료의 서두에 이를 예고한다. *Les Anormaux. Cours au collège de*

처럼 더 이상은 타인이 부여한 이름이 아닌 자기 자신의 이름을 주장하기 시작했다. 이를테면, 인터섹스intersex는 남성형이나 여성형이냐와는 무관하게, 양쪽 성별에 동시에 속해 있다(양성구유hermaphrodite)는 전제를 피하면서도, 어느 한쪽의 성별로 환원되는 것(유사-양성구유pseudo-hermaphordite)를 거부하는 방식이다. 이 새로운 어휘〔인터섹스〕는 〔에르퀼린 바르뱅의〕《회상록》에는 당연히 등장하지 않는다. 그러나 그 조상 격인 고전적 어휘〔양성구유〕역시 등장하지 않는다. 요컨대 당대의 의학에서도, 그리고 특이한 이 일인칭 이야기의 저자에게서도 문제가 되는 것은 오직 유사-양성구유다. 달리 말해, 진정한 성이라는 것이 존재한다면《회상록》의 저자는 실제 양성구유자라기보다 피상적인 가짜 양성구유자일 수밖에 없다는 것이다.

모든 진실에는 역사가 있다고, 푸코는 가르쳐 주었다. "양성구유자가 단일하고 진정한 성을 가져야 한다고 전제되기까지는 오랜 시간이 걸렸다. 여러 세기 동안은 그저 두 개의 성을 갖는다고 여겨져 왔을 뿐이다."(10) 중세에는 "결혼할 때가 되면 양성구유자는" 그에게 부여된 성을 유지할지 말지 "자유롭게 결정할 수 있

France, 1974-1975, EHESS, Gallimard, Ed. du Seuil, col. Hautes Etudes, 1999 cours du 22 janvier 1975〔《비정상인들》, 1975년 1월 22일 강의〕. BNF(프랑스 국립도서관)가 획득한 사료 목록(아직 열람 가능한 상태는 아니다)에는 "Hermaphrodites"라는 제목의 자료집 noLXXXII이 있다. 이 주제와 관련해 푸코는 독서 노트 외에 텍스트 하나(*Herculine Barbin*과 그 서문)만을 출판했지만, 116장의 자필 수고가 구체적 설명 없이 언급되어 있다.

었다."(11) "소도미를 범한 자로 간주되고 싶지 않으면" "죽을 때까지 자신이 공표한 성을 유지해야 한다는 단 하나의 계율"만 있었을 뿐이라고 푸코는 말한다. 그리고 바로 18세기에 이르러 상황은 바뀌었다. "이제부터는 각자에게 하나의 성, 그리고 단 하나의 성만이 주어진다." 결과적으로, 의학에서 "성들의 혼합은 자연의 변장에 불과하다."(12) 두 성을 갖는 중세 모델이 하나의 성을 갖는 근대 모델로 대체되었다는 설명은, 훗날 토머스 라쿼Thomas Laqueur가 1990년 해부학의 표상들과 관련해 개진하게 될 논거를 은연중에 보여 준다. 《섹스의 역사》에서 이 역사가는 18세기에 이르러서는 하나의 성 모델에서 두 개의 성 모델로 이행하게 되는 것 같다고 지적한다. 이는 양성구유의 거울상이다. 성에 대한 표상들이 그것(양성구유)을 사유할 수 있게, 혹은 사유할 수 없게 만든다. 우리의 현대성과 현대성이 상정하는 두 개의 구별된 성과 관련해 양성구유는 오직 하나의 성만을 가질 수 있다.[11]

물론 라쿼의 논지를 역사적 측면에서 자세히 검토할 수 있고, 종국적으로 푸코의 논지를 역사적 관점에서 상세히 검토할 수도

---

11   Thomas, Laqueur, *Making Sex: Body and Gemder from the Greeks to Freud*(《섹스의 역사》, 이현정 옮김, 황금가지, 2000), Cambridge, Havard University Press, 1990. 프랑스어판 *La Fabrique du sexe. Essai sur le corps et le genre en Occident*, trad. M. Gautier Gallimard, 1992.(저자는 p. 124〔프랑스어판 p. 142〕에서 간략하게 푸코의 입장을 거론한다. 그러나 에르퀼린 바르뱅은 이상하게도 이 책에 등장하지 않는다)

있다.[12] 그러나 여기서는 푸코가《알렉시나 B.로 불린 에르퀼린 바르뱅》의 영어판에 붙인 서문을 두고 주디스 버틀러가 제기한 비판에 집중하고자 한다. 이 철학자의 영향력 있는 글은 에르퀼린 바르뱅의《회상록》에 다시 생명력을 불어넣었다. 주지하듯이,《젠더 트러블Gender Trouble: Feminism and the Subversion of Identity》(1990)은 근원적 여성성으로부터 해방된 페미니즘, 즉 진정한 "정체성의 전복"을 기술하고 있다.[13] 이 책의 논지는 특히 푸코의 논지, 즉 성정체성은 법에 선행하지 않고 권력관계 내에서 구축된다는 푸코의 주장에 근거한다. 이는 1976년 푸코에게는 "성해방의 환상"에 반대해 그것이 그릇된 것임을 고발하는 것이었지만, 1990년 버틀러에게는 정체성 중심의 페미니즘(당시 미국에서 유행하던 프랑스 페미니즘)의 유혹을 뿌리치는 것이었다. (푸코에게 그랬듯) 버틀러에게도 이는 "법을 넘어선 진정한 신체에 대한 환상에서 깨어나는 것"을 함의한다.

---

12 Cf. Katharine Park et Robert A. Nye, "Destiny Is Anatomy", *The New Republic*, 18 février 1991, et Gail Paster, *The Body Embrassed*, Ithaca, Cornell University Press, 1993. 이 논쟁의 분석은 Elisa Dorlin, "Autopsie du sexe", *Les temps modernes*, no 619, 2002, pp. 115-143을 참조할 것.

13 Judith Butler, *Trouble dans le genre. Le féminisme et la subversion de l'identité*, trad. C. Klaus, préface d'Éric FassinLa Découverte, 2005(éd. originale : *Gender Trouble. Feminism and Subversion of Identity*, Londres et New York, Routledge, 1990). pp. 195-215에서 에르퀼린 바르뱅에 할애된 분석을 발견할 수 있다(인용은 pp. 198-208 et 215, passim〔영어판은 pp. 93-106, 한국어판은 2024년 개역판을 기준으로 261~290쪽, 〈푸코, 에르퀼린, 성적 불연속성의 정치학〉〕).

　　그러나 버틀러는 "진정한 성"의 해체를 통해 "푸코에 반하는 방식으로 푸코를 읽을"《젠더 트러블》, 266) 것을 제안한다. 왜냐하면 푸코는 "《성의 역사》에서 성현상〔성차〕이 권력과 외연을 공유한다"고 말하면서도, 에르퀼린 바르뱅의 《회상록》을 소개하면서는 "해방 담론에 대한 감정적 관용으로 가득 찬" 태도를 보인다고 보기 때문이다. 버틀러는 이것을 진정한 모순이라고 비판한다. "푸코는 그녀〔바르뱅〕의 쾌락의 세계에 대해 낭만적 비전을 가진 것 같다." 사실 푸코에게 알렉시나가 소녀들 속에서 보낸 유년기와 청년 시절은 "열정과 쾌락과 슬픔과 온기와 달콤함과 쓸쓸함의 세계 속에서", 정체성이 "중요하지 않"았던 시절로 그려진다. 그리고 그 시절은, 그녀가 더 이상 "정체성이 없다는 데서 느끼던 기쁨"을 누릴 수 없게 된 순간, 즉 그 글을 쓰는 시점에 "비정체성의 '행복한 불확정 상태'"[20]로 나타난다. 버틀러는 이 설득력 있는 푸코의 표현을 여러 차례 반복해 인용한다. 더욱이, 정체성을 갖지 않는 어떤 공동체라는 '행복한 불확정 상태limbes heureuses'라는 표현에서 푸코는 관습적이지 않은 (문법적) 성을 사용한다(용례상 〔남성 복수명사인 limbes에 상응하는 남성 복수형용사인〕 '행복한heureux'이 예상된다. 〔하지만 푸코는 여성 복수형용사인 'heureuses'를 사용한다. 심지어 푸코는 여성인 알렉시나에 대해 이야기하는 것도 아니다.〕 푸코는 〔남성인〕 에르퀼린 바르뱅에 대해 이야기하고 있는 것이다!). 〔이 비관습적 문법적 성은〕 세 가지 예외와 공명하기 위한 것인 듯하다. (사람들은 그 예외를 "양성구유인 것들"이라 부르고 싶어 할 것이다.) 그 세

가지 예외는 단수일 때는 남성명사지만 복수일 때는 여성명사가 된다. amours(사랑), délices(기쁨), 그리고 orgues(교회의 파이프오르간)이 그렇다.

그러므로 푸코의 서문에서 " '성'을 전복시키는 것은 원초적인 성적 다원성을 해방하는 효과를 갖는 것 같은 느낌이 드는데, 이러한 생각은 정신분석이 상정하는 원초적 다형성과 그다지 다르지 않고 또 도구적 문화에 억압되기 이전의 본원적이고 창조적인 양성적 에로스라는 마르쿠제의 관념과도 그다지 다르지 않다"《젠더 트러블》, 266)는 느낌이 든다고 버틀러는 피력한다. 이것은 " '법 이전의' 성현상을 상정하는 것이고, 심지어 '성'의 굴레에서 해방되기만을 기다리는 성현상"을 상정한 것이다. 그렇지만 "푸코의 해석은 전적으로 오류인데, 그 이유는 이 쾌락들이 이미 항상 편재하는 법에 정박되어 있다는 사실을 푸코가 간과하기 때문"이라고 버틀러는 단도직입적으로 첨언한다. 이는 "고해소告解所의 종용 속에서 이러한 위반적 쾌락을 만들어 내는 동성애를 금하는 법의 에로스화된 현전"은 아닐까? 사실 우리는 잘 알고 있으면서도 잊어버리고 싶어한다. 아르카디아〔그리스 신화 속 목가적 이상향〕 신화는 단 한 번도 체험된 적 없는 상실된 행복에 대한 향수 어린 환상에 불과하다는 것 말이다. 즉, "에르퀼린 바르뱅의 쾌락과 욕망은 법이 부과되기 이전에 꽃피고 번성한 목가적 순수성과 전혀 관계가 없다"《젠더 트러블》, 282)는 것이다.

대항-진실, 반격

〔버틀러의〕 이러한 강력한 비판을 배격하지 않고서도 다른 해석을 생각해 볼 수 있다. 푸코의 영어판 서문〔〈진정한 성〉〕에서 관건이 되는 것이 엄밀히 말해 역사적인 것이 아닌 것과 마찬가지로, 그것이 엄밀히 말해 이론적인 것인지도 의문이다. 푸코가 다른 곳에서도 주장한 "진실"에 대한 역사적 접근법, 이 경우에는 성에 대한 "진실"에 다가가는 접근법을 진지하게 고려해 보자. 요컨대 문제는 법의학적 의미에서의 "진정한 성"이라는 포석들을 걷어 내고 진정한 성을 발굴하는 것도 아니고, 욕망과 쾌락의 존재론을 복원하는 것도 아니다. 그러므로 푸코가 구상하는 것은 역사적이거나 이론적인 대항-진실이 아니라 전략적(혹은 단순히 전술적) 대항-진실이라고 상정해 볼 수 있다.

프랑스어판 서문에는 이상하게도 부재하지만 버틀러가 누차 인용한, 〔푸코가 쓴 영어판〕 서문의 한 구절이 단서가 된다. 푸코는 성정체성이 "중요하지 않은" 듯한 "희열의 세계"에 대해 언급하고 난 바로 다음, "그것은 고양이 없이 그 활짝 웃음만이 사방으로 퍼지던 세계였다"[14]라고 말을 잇는다. 여기서 이 "수수께끼 같은 인물"의 몸과 얼굴은 루이스 캐럴의 소설에서 활짝 웃음만 남을 정도로 희미해진 체셔 고양이〔《이상한 나라의 앨리스》에 등장하는 웃

---

14   이 구절은 이 책의 영어판 서문 p. XIII에 있다.

는 고양이)—이것을 암시하는 게 분명하다—가 된다. 이것은《회상록》이 일별하게 하는, 성전환의 "거울 너머" 비현실을 암시하는 것 아닐까? "웃지 않는 고양이는 자주 봤지만 고양이 없이 웃는 입만 남아 있는 건 본 적이 없어"라는 앨리스의 말처럼. 달리 말해서, 이상한 나라에서가 아니라면 법 없는 성은 결코 존재하지 않는다는 말이다.

이 고양이의 이미지, 아니 오히려 그 이미지의 사라짐은 그것이 일정 형태의 비물질성을 암시하기 때문에 의미심장하다. 이것은 권력에 신체적 물질성을 대립시키는 것으로 족하다는 착각을 불식시킨다. 그뿐 아니라《지식의 의지》(《성의 역사》제1권) 중반부의 "신체"와 "쾌락"에 관한 이에 못지않은 수수께끼 같은 주장, 요컨대 "성현상의 다양한 메커니즘의 전술적 역전을 통해, 신체와 쾌락과 지식을 그것들의 다양성과 저항의 가능성 내에서 가치 고양하고자 한다면 성이라는 심급에서 해방될 필요가 있다. 성현상 장치에 대한 반격의 거점은 성-욕망이 아니라 신체와 쾌락이어야 한다"[15]는 주장을 재해석하기 위해서는 체셔 고양이를 염두에 둘 필요가 있다. "반격"이라는 말에 주의를 기울여야 한다. 요컨대 중요한 것은 바로 전술이다.

그래서 사람들은 이 구절들이 푸코의 저작에서 전前-푸코적 사

15　Michel Foucault, *La volonté de savoir, Histoire de la sexualité*, t. I, Gallimard, 1976, p. 208〔《앎의 의지》, p. 167(역자 수정)〕.

유의 잔재〔잘못된 부분〕에 불과하다는 듯이 모순에 대해 논하는 것을 주저하게 된다. 푸코가 자신의 권력 개념을 쇄신한 것을 가장 잘 명시하는 〈성이라는 왕에 대한 거부〉[16]라는 제목의 1977년 대담을 상기해 보자. 분명히 푸코는 권력의 "생산적" 속성을 강조하기 위해 "억압에 반대하는 풍자적 노래"를 일소한다. 하지만 그렇다고 해서 푸코가 또다시 저항을 권력 밑으로 으스러뜨릴 위험을 감수하면서 해방의 가능성에 대해 교각살우〔소 뿔을 바로잡으려다 소를 죽인다〕의 누를 범한다고 생각하지는 말자. "소위 '성해방' 운동은 성현상으로부터 출발하는 표명운동이라고 이해되어야 합니다. 이것이 의미하는 바는 두 가지입니다. 즉, 이 운동은 성현상, 요컨대 그 안에 우리가 포획되어 있는 성현상 장치에서 출발하는 운동입니다. 그리고 이 운동은 이 장치를 극한까지 작동시킵니다. 하지만 이와 동시에 이 운동은 성현상의 장치와 관련해 이동하여 이 장치로부터 해방되어 그것을 넘어서 버립니다." 요컨대 "그것은 동일한 진실에 대한 의지의 전략적 전복입니다."

의학적 결정으로 구축된 동성애자들이 그렇다. "좋다, 우리가 당신들이 우리에 대해 말하는 바라고 해 보자. 당신들이 원하는 대로, 본성상 질환이나 도착倒錯이라고 해 보자. 만약 우리가 그렇

---

16 Id., «Non au sexe roi », B.-H. Lévy와의 인터뷰, *Le Nouvel Observateur*, 12-21, mars, 1977, *Dits et écrits III, op. cit.*, texte no 200, pp. 256-269에 재수록됨. 여기서는 pp. 260, 261, 265에서 인용함. 〔〈권력과 성〉, 《미셸 푸코, 섹슈얼리티의 정치와 페미니즘》, 황정미 편역, 새물결, 1995〕.

다면, 그렇게 존재하겠다. 그리고 우리가 어떤 존재인지 알고 싶다면, 우리 자신이 당신들보다 더 잘 말해 줄 수 있다." 여성에 대해서도 마찬가지로 유사한 전복을 수행하면서 동일한 전복을 꾀할 수 있다. "페미니즘 운동은 도전에 응했습니다. 우리는 본성적으로 성인가? 그러면 그렇다고 하자. 하지만 특이성 속에서, 환원 불가능한 특수성 속에서 그렇게 하자. 거기에서 결과들을 도출하고 우리의 정치적·경제적·문화적 실존의 고유한 유형을 재창조하자." 양자 모두 의학적이든 다른 것이든 법이 부과한 용어들로부터 출발한다. 따라서 주체가 저항을 행하는 권력관계 내에서 정치적 주체의 구성은 주체가 주체화를 예속화 외부에서 사유하는 것이 아니라 내부에서 사유하는 것을 전제로 한다.

법에 집중해야 할 필요가 있지 법을 전도시킬 필요는 없다. 법을 전복시키기보다는 법을 변화시킬 필요가 있다. 권력 외부의 이상적 장소로 피신함으로써 권력을 거부하겠다고 주장하는 것은 그러므로 해결책이 아니다. 실제 상황은 어떠한가? 확실히 "좌파의 독사"와 카니발스러운 "환호성"("광기 만세, 범죄 만세, 섹스 만세"!)으로부터 벗어나야 한다. 하지만 푸코는 "이러한 단순화가 필요한 시기가 있습니다. 종종 무대를 바꾸어 찬성에서 반대로 이행하기 위해서는 이러한 이분법이 일시적으로 유용합니다"라고 말한다. 그러므로 이 이분법은 최종적인 이론적 해결에 속하는 것이 아니다. 권력 게임에서 우리는 그것이 외적이든 내적이든 일시적이고 불안정한 실천들만을 전개할 수 있을 뿐이다. 푸코와 더불

어 우리는 〔에르퀼린 바르뱅의〕《회상록》을 우회("단성애") 전술이
나 아니면 그 반대의 전도(성전환) 전략으로 해석할 수 있다. 그러
나 이 텍스트의 궁극적 진실은 아마도 이 삶을 막다른 골목으로
변형시키는 외부 혹은 내부의 두 논리 간의 모순에 있을 수 있다.

인터섹슈얼리티의 정치와 지식

푸코의 논지에 대한 역사적 해석을 우선시 하든, 이론적 해석을
우선시하든, 전술적 해석을 우선시하든 간에, 관건은 항시 정치적
이다. 왜냐하면 과거의 양성구유와 달리 오늘날 인터섹슈얼리티
는 분명 권력의 소관임과 동시에 지식의 소관이기 때문이다. 혹은
달리 말해, 해부학은 그 정치적 속성을 드러낸다. 20년 넘게 인터
섹스 운동과 더불어 젠더 연구의 중심부에서 발전한 이 연구의 장
은 이렇게 성의 구축에 관한 〔과학〕인식론적 문제를 정치적 활동
으로서 제기한다. 요컨대, 범주화하는 권력은 신체에 행사되는 권
력이라는 것이다. 이 문제는 다소 예외적인 인터섹슈얼리티 '사
례들'에 국한되지 않는다. 실제로 이 문제는 우리의 세계를 조직
하는 범주들, 즉 성적 질서와 그에 수반되는 상징적이고 물리적인
폭력과 관련된다. 간성들은 이러한 권력의 폭로자임과 동시에 그
상징이다.

　물론 양성구유에 관한 연구는 최근 20년 사이에 시작된 것이 아
니다. 젠더의 관점에서 수행된 것도 아니다. 젠더 개념은 1950년
대에 의학, 심리학, 정신분석학, 정신의학의 변방에서 존스 홉킨

스 대학의 존 머니John Money와 로스앤젤레스 캘리포니아 대학의 로버트 스톨러Robert Stoller가 성차의 경계 사례들, 요컨대 인터섹슈얼리티(머니는 아직도 양성구유를 논하긴 하지만)과 트랜스섹슈얼리티("심리과학"의 언어는 "성별도착"이라는 용어와 진단을 계속 특권화한다)에서 출발해 만들어 낸 개념이다.[17] 머니와 스톨러는 (사회적) 젠더에 기대 (생물학적이거나 심리적인) 무질서를 질서에 끼워 맞추려고 노력한다. 이러한 관점은 1970년대 페미니즘에 의해 전복된다. 젠더가 유용하다면 그것은 성의 이름으로 여성의 위치를 자연화하는 규범들을 동요시킨다는 점에서 그렇다는 것이다. 1990년대에 발전하게 되는 간성애 연구는 성을 젠더의 문제에 귀속시킨다. 그래서 젠더에 대한 규범적 임상으로부터 젠더 규범에 대한 비판으로 우선 나아가고, 이어서 성 그 자체에 대한 비판으로 옮겨 간다.

이제 관건은, 양성구유자들이 무엇인지를 이해하는 것이라기보다는 인터섹스들에게 어떤 일이 자행되는가를 아는 것이다. 자신들이 병들었다고 생각하기를 거부하고, 굳이 병이 있다면 그건 사회 때문이라고 말하는 이 "환자들patients"의 열망impatience이 시선

---

17 Robert Stoller, *Sex and Gender, On the Development of Masculinity and Feminity*(섹스와 젠더, 남성성과 여성성의 발달에 관하여), New York, Science House, 1968. 그리고 John Money et Anke A. Ehrhardt, *Man and Woman, Boy and Girl, Gender Identity from Conception to Maturity*(남성과 여성, 소년과 소녀: 수태부터 성인에 이르기까지의 젠더 정체성), Baltimore et Londres, Johns Hopkins University Press, 1972.

을 역전시킨다. 즉, 대상이 주체가 되고, 그 결과 대상에 강제된 의료법이 논의 대상이 된다. 앞서 언급한 라쿼와 버틀러의 책이 출간된 1990년에 심리학자 수잔 케슬러는 페미니스트 잡지《사인스 Signs》에 〈젠더의 의학적 구축: 간성 어린이 사례 관리〉라는 중요한 논문을 발표했다. 그 결과, 성은 젠더의 문제와 분리 불가능한 문제임이 밝혀진다. 즉, 성의 진실〔진리〕은 생물학적 성격에 속한다기보다는 성차의 사회적 표상들에 의해 형상이 부여된 의학적 실천에 속한다는 것이다.[18] 인터섹슈얼리티에 대한 경험적 조치만이 문제가 되는 것이 아니라 그것의 선험적인 과학적 구축도 문제가 된다. 간성의 문제는 그러므로 생물학에 물음을 던진다. 인터섹스의 물질적 현실이 아니라, 사유 가능한 것의 경계를 구획함으로써 인터섹스의 문제를 대상으로 다루는 학문으로서의 생물학에 물음을 던진다. 이는 성과 젠더의 〔고전적〕 대립 구도를 전환해, 생물학적 지식의 사회적 성격〔생물학적 지식 자체가 사회적으로 구성되어 있다는 것〕을 다시금 환기시키는 것이다.

페미니스트 생물학자 안 파우스토 스털링Fausto-Sterling은, 1993년부터 《사이언스》지에 게재해 반향을 일으킨 논문 〈다섯 개의 성:

---

18 Suzanne J. Kessler, "The Medical Construction of Gender: Case Management of Intersexed Infants", Signs. *Journal of Women in Culture and Society*, vol. XVI, no 1, autumn 1990, pp. 3-26. 그리고 그녀의 책 *Lessons from Intersexed*, New Brunswick et Londres, Rutgers University Press, 2002도 참조.

왜 남성과 여성만으로는 불충분한가〉[19]에서, 이항적 성의 자명성에 이의를 제기한다. 성이라는 범주가 다른 범주보다 더 자명하지는 않다는 것이다. 성의 범주는 학문적이든 대중적이든 사회적 범주화를 전제로 하기 때문이다. 그렇다면 둘이 아니라 다섯이어도 상관없지 않을까? 성의 이분법은 관습적 분할에서 기원한다. 이러한 분할은 편리하다고 생각될 수 있다. 하지만 부여된 규칙에 예외가 있다는 사실을 생각할 수조차 없게 만드는 절대적 진리로 그것을 격상시키지 않는다는 조건하에서 그렇다. 그렇지 않다면, 성을 불규칙한 통계학적 분포를 갖는 "연속체"로 이해하는 편이 더 나을지도 모른다. 인터섹스 운동의 대변인인 뱅상 기요Vincent Guillot처럼 이분법적 대립의 반복을 피하기 위해 "젠더의 군도群島"를 거론하는 것이 바람직하다고 생각하지 않는다면 말이다. 왜냐하면 결국 정말로 문제가 되는 것은 성보다는 젠더이기 때문이다. 게다가 케슬러는 파우스토 스털링이 항상 "생식기에 지배적 지

---

19 1993년의 이 논고는 프랑스어판에 막 실린 상태이고, 그와 동시에 두 번째 논고는 첫 번째 논고의 재독서를 제안하는 것으로 2000년 동일한 잡지에 실렸다. Anne Fausto-Sterling, *Les Cinq Sexes. Pourquoi mâle et femme ne sont pas suffisants*, trad. A.-E. Boterf, preface de Pascale Molinier, Payot, 2013. 다음 단락의 인용문은 2000년 논고에서 발췌한 것으로 p. 89에 있다. 이 저자의 고전적 저서 *Sexing the body*(2000)도 다음 제목으로 프랑스어 번역되었다. *Corps en tous genres. La dualité des sexes à l'epreuve de la science*(모든 젠더의 몸, 과학이 드러낸 성별 이원론의 한계), trad. O. Bonis et Fr. Bouillot, 저자가 새로운 서문을 썼고, 다음 사람들이 후기를 썼다. d'Évelyne Peyre, Cathrine Vidal et Joëlle Wiels. La découverte/Institut Émille du Châtelet, 2012.

위"를 부여한다고 비판했는데, 파우스토 스털링은 이 지적을 인정하게 된다. 요컨대 중요한 것은 "옷 속에 무엇이 있는지와는 무관하게 자신이 선택하는 젠더다."

생물학적 범주들과 의학적 실천들을 동시에 대상으로 설정하는 것은, 이것들이 우선적으로 관계하는 인터섹스들을 괄호에 넣는 것을 전제로 하는 것이 아니다. 그 정반대다. 사실 여러 연구들이 그 후로 인터섹스들의 주장을 들려 주려고 노력했다. 다시 말해, 의학적 치료와 동시에 당사자들의 경험을 들려 주려 했다.[20] 더욱 놀라운 것은 활동가들이 발언하기 시작했다는 사실이다. 그것도 과학의 영역 내에서까지 말이다. 파우스토 스털링의 1993년 논문에 대한 응답으로 체릴 체이스Cheryl Chase(현재는 보 로렌트Bo Laurent)는 《사이언스》지에 게재한 서신에서 북아메리카 인터섹스 협회 ISNAIntersex Society of North America의 창립을 공식적으로 선언한다.[21] 학자와 정치인 간의 소통은 항상적이고 구체적이다. "누군가 그 혹은 그녀의 신체가 전형적인 남성이나 여성이 아니라고 결정한, 그런 신체를 가지고 태어난 그 혹은 그녀"[22]라는, '인터섹스'

---

20 특히 Sharon E. Prevers, *Intersex and Identity. The Contested self*(인터섹스와 정체성. 논쟁 속의 자기), New Brunswicj(N. J.), et Londres, Rutgers University Press, 2003과 katrina Karzakis, *Fixing Sex. Intersex, Medical Authority, and Lived Experience*, Durham et Londres, Duke University Press, 2008을 참조할 것.

21 Cheryl Chase, "Hermaphrodites with Attitude: Mapping the Emergence of Intersex Political Activism", *GLQ*, vol. IV, no 2, 1988, pp. 189-211도 참조할 것.

22 Alice D. Dreger et April M. Herndon, "Progress and Politics in the Intersex Rights

라는 말의 정의에서부터 이는 사실이다.

따라서 이러한 연구들은 영어권에서 1990년대부터 증가하게
된다. 프랑스어권에서도 과학사, 페미니즘 연구, 인터섹스 운동이
교차하는 지대에서 2000년대부터 연구가 전개된다.[23] 여기서도 의
학적 치료, 생물학적 범주화, 학자와 정치인 간의 유익한 소통 등
동일한 주요 쟁점들이 발견되고, 미국에서처럼 에르퀼린 바르뱅
에 대한 참조가 빈번히 등장한다. 오늘날 캐나다를 포함한 여러
다른 지역의 인터섹스 운동은 매년 바르뱅의 탄생일인 11월 8일
을 기념한다. 2008년에는 "인터섹스 투쟁과 페미니즘"(둘 간의 투
쟁 아님 주의)에 할애된 잡지의 도입부에, 일인칭으로 쓰여진 "에
르퀼린 바르뱅에게 보내는 편지"가 실리기도 했다.[24] 에르퀼린 바

<hr>

Mouvement. Feminist Theory in Action" *GLQ*, vol. XV, no 2, 2009, pp. 199-224.
인용은 p. 200.

23　이 점에 대해서는 설명하지 않고 여기서는 프랑스어로 되어 있지만 영어권 연구
　　의 영향을 받은 최초의 연구들 가운데 지표가 되는 것들을 단순히 제시하고자 한다.
　　"La bicatégorisation par sexe à l'"épreuve de la science": le cas des recherches
　　en biologie sur la détermination du sexe chez les humains"('과학의 시험대' 위에
　　오른 성별 이분법: 인간의 성 결정에 대한 생물학 연구들의 사례) in Delphine Gardey et
　　Ilana Löwy(dir), *L'invention du naturel. Les sciences et la fabrication du feminin
　　et du masculin*(자연스러움의 발명: 여러 학문들과 여성성 및 남성성의 생산), Archives
　　contemporaines 2000. Ilana Löwy, "Intersexe et transsexualités: les technologies
　　de la médecine et la séparation du sexe biologique du sexe social"(인터섹스와 트랜
　　스섹슈얼리티: 의료 기술, 그리고 생물학적 성과 사회적 성의 분리), *Cahiers du Genre*, "La
　　distinction entre sexe et genre. Une histoire entre biologie et culture"(성과 젠더의 구
　　분. 생물학과 문화 사이의 역사), no 34, 2003/1, pp. 81-104. Elsa Dorlin, "Sexe, genre
　　et intersexualité. La crise comme régime théorique"(섹스, 젠더, 그리고 인터섹스. 위기
　　라는 이론적 체계), *Raisons pratiques*, no 18, mai, 2005, pp. 117-137.

24　"A qui appartiennent nos corps?"(우리 몸은 누구에게 속하는가?) *Nouvelles Questions*

르뱅의《회상록》이 그 투쟁 모델을 제공했기 때문이다. 요컨대, 말해지는 존재가 되기를 거부하고, 타인의 말에 자신을 내맡기지 않으며, 스스로 자신에 대해 말하기를 선택하는 것이다.

이 쟁점이 이처럼 중요한 이유는 법의 폭력, 이 경우에는 의료법의 폭력이 적지 않기 때문이다. 여기서 오랫동안 존/조앤John/Joan이라는 여성과 남성의 이중 이름으로 알려진 데이비드 라이머David Reimer의 상징적 이야기를 상기할 필요가 있다. 당시 의학은 그를 영웅시했고, 인터섹스 활동가들은 그의 악몽을 폭로했다. 그러나 역설적이게도 이 문제는 인터섹슈얼리티와는 아무 관련이 없다.[25] 존스 홉킨스 대학의 존 머니John Money는, 태어난 해에 포경수술을 하다가 사고로 음경을 잃은 라이너의 고환을 제거하고 교육시킴으로써 여자아이로 변형시켰다고 자신 있게 말했다. 그렇

<hr>

feminists, vol. XXVII, no 1, 2008. Cynthia Kraus, Céline Perrin, Sévrine Rey, Lucie Gosselin 그리고 뱅상 기요Vincent Guillot가 통괄한 이 잡지의 해당 호는 "페미니즘과 인터섹스의 투쟁"만이 아니라 활동가들과 대학인들(기요는 이들에게 "장르의 군도"라는 이미지를 부여한다)을 교차시킨다.

25 바르뱅의 "유사−양성구유" 이후 이 "가짜" 사례가 "진정한" 인터섹스를 성찰할 토대를 제공한다는 주장은, 바르뱅의 사례에 대한 또 다른 곡해가 이 분야에서 바르뱅 못지않게 유명한 아그네스Agnes와 관련해 발견되느니만큼 성찰해 볼 가치가 있다. 민속방법론자 해럴드 가핑클Harold Garfinkel이 분석한 아그네스의 "패싱passing"〔사회적으로 특정 성별로 인식되도록 행동하거나 그렇게 보이는 것〕은 그녀의 장르(여성인 양 행세하기)뿐만 아니라 그녀가 처한 상황(성전환자임에도 수술을 받기 위해 스스로 인터섹스 행세를 한 것. 저자 후기에서 이 점을 발견할 수 있다)과도 관련이 있다. Harold Garfinkel (with Robert Stoller), "Passing and the Managed Achievement of Sex Status in an 'Intersexed Person'", *Studies in Ethnomethodology*, Englewood Cliffs(N. J.), Prentice Hall, 1967, pp. 116-185, 그리고 후기 pp. 285-288(프랑스어로는 *Recherches en ethnométhodologie*, trad. M. Barthélemy et al., PUF, 2007) 참조.

지만 그 후 청년기에 들어선 아이는 질 성형술과 에스트로겐 치료를 거부하고 다시 남성이 되기를 선택한다. 이 문제와 관련해 버틀러는 2001년 논문에서 "사회적 구성"의 이름으로 머니가 가한 폭력뿐 아니라 호르몬의 진실〔진리〕을 강제하기 위해 그의 라이벌인 밀턴 다이아몬드Milton Diamond〔하와이대학교 생식생물학과 교수〕가 대칭적으로 가한 상징적 폭력도 문제가 된다고 지적한다. 어쩌면 라이머는 남자의 삶을 살았을지도 모른다(그는 결혼하지 않았던가?). 그러나 결국 그는 바르뱅처럼 자살한다. 다이아몬드와 머니는 서로 반목했음에도, 이쪽 성 아니면 저쪽 성〔양자택일〕이라는 하나의 진실〔진리〕의 자명성 안에서 서로 만난다. (이쪽 성 아니면 저쪽 성이라는) 이 진실〔진리〕의 자명성이 타르디외〔바르뱅의《회상록》을 처음 출간한 법의학자〕의 시대와 마찬가지로 주체에게 여지없이 강제되고 또 강제되어야 한다는 신념이다. 인터섹스 고유의 현실에는 그 어떤 여지도 허용하지 않고 말이다.[26]

저자의 젠더

에르퀼린 바르뱅의《회상록》출판 이후에도 (알렉시나라는 이름과 더불어) 제목에 기입된 여성 이름의 자명성은 거의 의심되지 않

---

[26] Judith Butler, "Doing Justice to Someone. Sex Reassignment and Allegories of Transsexuality", *GLQ*, vol. VII, no 4, 2001, pp. 621-636. 이 논고는 *Undoing Gender*, New York et Londre, Routledge, 2004, trad. M. Cervulle, *Défaire le genre*, Éd. Amsterdam, 2006에 재수록됨.

고 받아들여진다. 마치 호적 변경은 없었던 것처럼 말이다. 실제로 아벨〔1838년 출생한 아델라이드 에르퀼린은 1860년 아벨이라는 남성 이름으로 호적을 변경한다〕은 자살함으로써 자신이 쓴《회상록》과 과거에 사용한 젊은 여인의 이름만 남기고 완전히 사라진다. 역설적으로 1860년 이후 그가 세상을 떠날 때까지 그리고 그 이후에도 과학이 그의 진정한 성이 남성이라고 단일하게 선언해 왔음에도, 타르디외가 우리에게 읽힌 것은 에르퀼린이라는 이름을 갖고 태어난 아벨의 이야기라기보다는 '알렉시나 B.의 이야기'가 분명 맞다. 게다가 타르디외가 이 이야기에서 잘라 낸 부분은 이야기에 오늘날 남아 있는 형태를 부여하면서 바르뱅이라는 남자의 삶하고만 관련되어 있다. "젊은 B…의《회상록》에서 진정 흥미로운 부분은 여기서 끝난다. 몇 년 후《회상록》의 중단된 부분을 다시 이어 가지만, 이날부터 그의 슬픈 삶은 자기 운명에 대한 쓸쓸한 성찰 속에서 다 타 버리고 만다." 이때부터 "그의《회상록》은 일련의 탄식과 모순되고 과장된 수사에 불과한 것이 되고 만다."

타르디외에게 "젊은 B…"는 한 남성이지만, 그가 흥미를 느낀 것은 B의 여성으로서의 삶뿐이었던 것 같다. 그 이유는 명백하다. 바로 그 점이 문제를 일으켰기 때문이다. "출생 시의 실수로 인해 민법상 신분이 잘못 규정됨으로써 초래될 수 있는 치명적 결과"는, 수고에서 삭제된 부분이 확인해 주듯 탄식이라기보다는 감회이기 때문이다. 달리 말해, 자살이기보다는 사포풍의 사랑이기 때문이다. 바르뱅의 불행은 초기의 "오류" 때문이지, 마침내 인정된

"진정한 성" 때문이 아니라는 것이다.[27] 타르디외가 "이 가련하고 불행한 자"에 대해 갖는 동정심은 이 동성애 위험에 대한 가차 없는 비판의 관점에서 해석되어야 한다. 요컨대 아벨이 사이비 양성구유자라면, 이 경우 자신이 남성이라는 걸 몰랐던 남자라면, 그는 진정한 이성애자였을 것이고 모든 것이 정상적이게 될 것이다.

푸코가 여성형을 선택하여 'Herculine Barbin dite Alexina B.'라고 제목에서까지 겹쳐 놓은 것은 대단히 놀라운 사실이 아닐 수 없다(영어판에서는 첫 번째 이름인 Herculin Barbin만을 취한다). 물론 우리는 푸코가 이렇게 의학과 법에 의해 강제된 "진정한 성"에 저항하려 한 것을 분명히 알 수 있다. "확실한 것은, 마침내 발견됐거나 재발견된 성의 관점에서 그녀가 이《회상록》을 작성하지는 않았다는 것이다. 화자는 … 남자도 아니다."(19) 여성형을 선택하는 것은 그러므로 그가 여성이라고 단언하는 것이 아니라 "그녀 자신에게는 여전히 확정된 성이 없는 상태였다"(20)는 것을 단언하는 것이다. 이 점은 논의의 여지가 있다. 그럼에도 이 여성형 제목을 통해 푸코는 그 의미를 역전시키고자 타르디외의 제스처를 〔의도적으로〕 반복하고 있다. 물론 남성형, 즉 바르뱅이 의학적으로 '진정한 성'〔남성〕을 선택했어도 동일한 반복〔타르디외의 반복〕이 되었을 것이다. 그러므로 제기되는 문제는 다음과 같다. 즉,

---

²⁷ Laurie Laufer, "À propos d'Herculine Barbin: 'le vrai sexe'" *Silène* 참조. 2010년 12월 23일 웹에 게재됨(http://www. revue-silene.com/f/).

법의 절대적 권위를 무효화하기 위해서는, 법의 영향력을 비판하기 위해서는 어떤 전략이나 전술을 사용해야 하는가? 아니면 저항은 항시 이미 실패할 수밖에 없는 걸까?

버틀러는 푸코에 대한 자신의 비판적 재독해를 이렇게 결론짓는다. "법에는 기이한 능력이 있다. 법은 반항을 만들어 낸다. 그런데 이 반항은 법에 대한 충실 때문에 결국 스스로 실패할 수밖에 없다. 또 법은 주체를 만들어 낸다. 그런데 이 주체는 완전하게 예속적인 주체가 되기 위해, 자신을 만들어 낸 법을 반복할 수밖에 없다."[28] 에르퀼린 바르뱅의《회상록》에 대한 해석 차이에도 불구하고, 두 철학자는 결국 한 가지 핵심적인 사항에서 의견을 같이한다. 버틀러는 "법은 그/그녀로 하여금 성을 바꾸도록 강제한다"고 요약한 반면, 푸코는 다음과 같이 서문에서 여러 차례 반복해서 주장한다. "성별을 의무적으로 바꿔야 했던" 이 "정체성 사냥의 불행한 영웅들 중 하나"(17)는 "19세기의 의학과 사법이, 너의 진정한 성정체성이 뭐냐고 집요하게 캐물었던 그 개인들 가운데 한 사람"(15)이었다. 이것은 "후에 … 알렉시나의 불분명한 해부학적 구조에〔강제될〕가혹한 진실 게임"이다.(17)

하지만 다시 읽어 보면《회상록》은 완전히 다른 이야기를 하고 있다는 것을 확인할 수 있다. 《회상록》의 저자 생전에도 사후에

---

28 J. Butler, *Gender Trouble*, op. cit., p. 215〔《젠더 트러블》, 282쪽, 번역 수정〕

도, 저자가 세계에 자신의 진실을 부과하는 것이지, 그 역[세계가 저자에게 저자의 진실을 부과하는 것]은 아니라는 것이다. 이 이야기의 흐름을 다시 따라가 보자. 바르뱅은 우선 H⋯ 신부에게 성sexe보다는 성현상sexualité을 이야기하면서 사라와 자신의 사랑을 고백한다.(140-141) 고백된 죄는 밝혀진 오류를 압도한다. 신부에게 동정심이 결여되어 있다 해도 바르뱅의 고해성사에 대해 비밀을 지킬 것이다. 몇 페이지 뒤에 또 다른 신부는 바르뱅에게 진실을 명하는 것이 아니라, 종교에 귀의하기 위해 거짓말을 하라고 그[녀]에게 선의의 조언을 하기까지 한다! "당신이 나에게 한 고백을 다시 하지 않도록 주의하세요. 수녀원은 당신에게 허락되지 않습니다." 바르뱅은 이를 인정한다. "그런 식의 답변을 들을 각오는 되어 있지 않았기 때문이다."(153) 세 번째 시도 끝에 비로소 그녀의 요청은 상담과 유사한 고해성사를 계기로 받아들여졌다. B⋯ 지역에 있던 생트의 주교는 우선 "이런 문제와 관련해서 판단을 내릴 수는 없다"고 선언한다. 그리고 주교는 이 사건을 H⋯라는 의사(셰네)에게 소개하는데, 그것은 바르뱅이 동의했기 때문이다. "당신의 비밀을 활용하도록 허락해 주겠습니까?"(175)

성과 관련된 법은 종교적인 것이 아니라 의학적인 것이라고 말할 수 있지 않을까? 확실히 그렇다. 셰네 이전에 의사 T⋯가 강한 통증의 원인을 진찰해 달라는 요청을 받았다는 사실을 상기할 필요가 있다. 검진 당시 이 의사는 "자신이 찾으려 애를 썼지만 모든 예상을 빗나간 원인을" 마침내 발견했다. 그러나 그가 P⋯ 부인이

나 그 누구에게도 그것을 누설하지 않았다는 사실에 주목할 필요가 있다. "예상치 못한 비밀에 겁을 먹은 의사 선생님은 차라리 그것을 영원히 묻어 버리고 싶어 했다!"(164) 분명히 셰네의 경우에는 달라질 것이다. 그러나 그것은 명백히 "환자"의 요청에 의한 것이다. "그분은 자신에게 맡겨진 이 임무의 중대성을 완벽히 이해하고 계셨다."(175), "그리고 그는 이런 일을 맡으실 만했다고 말해야겠다."(176) 바르뱅이 그의 가장 소중한 비밀의 누설에 동의했다면, 그 이유는 의학이 그에게 아직 알려지지 않은 것을 하나도 알려 주지 않았기 때문이다. 결론은 이 점을 잘 보여 준다. "과학은 확신으로 기울어졌다."(176)

"결국 내가 그것을 촉발시킨 것이다."(178) 마치 바르뱅이 종교에 이어 과학을 동원해 자신의 법적 성전환을 정당화하기라도 하듯이 말이다. 달리 말해서, 자신의 진실을—이 이야기가 그의 죽음이 가져올 반향을 예견하기 때문에 사후적으로도—법적으로 유효하게 하기라도 하듯이 말이다. "그날이 오면 의사 몇몇이 내 유해 주변에서 웅성거리겠지."(214) 이 구절은 "아벨 바르뱅처럼, 호기심 많은 의사들이 마침내 별것도 아닌 성의 현실을 부여해 주는 시신"이라는 푸코의 결론에 수정을 촉구하는 건 아닐까? 따라서 《알렉시나 B. 이야기》의 위상을 이 글이 의학과 맺는 관계를 통해 재고해 볼 필요가 있다. 푸코의 서문에 따르면 "알렉시나 사건도, 그녀의 《회상록》도 당대에는 그다지 관심을 불러일으키지 못했던 것 같다." 그러나 이후 역사적 연구들은 푸코의 이 단언에 이의를 제기한다. "알렉시나/아벨 바르뱅은 의심할 여지없이 19세기의 가장 유명한 양성구유자 가운데 한 사람이었다"고 (역사가, 생명윤리학자) 앨리스 드레거Alice Dreger는 말한다. "많은 의사들은 다른 양성구유자들에 관한 보고서에서 알렉시나/아벨 바르뱅의 사례를 참조했다." 그러나 "그/그녀의 명성은 부분적으로만 그/그녀의 이례적인 신체 구조로부터 기인한다." 요컨대, 바르뱅의 사례는 "요도하열"의 지극히 일상적인 사례였다는 것이다. 사실 이 명성은 "바르뱅이 파문을 일으킨 《회상록》을 통해, 그리고 궁극적으로는 에콜드메드신(의과대학) 거리에서의 자살을 통해 극단적으로 자신을 세상에 내보였다"는 사실과 관련이 있다.

이제 이 관점의 전복이 가능해진다. 요컨대 이제 의학이 양성구유를 바르뱅의 사례에 비추어 해석할 수 있다는 사실, 다시 말해 이 분야의 유일한 자전적 사료인 《회상록》이 양성구유에 부여하는 바에 비추어 해석할 수 있다는 사실을 우리는 발견하게 되는 것이다. 드레거는 바르뱅의 죽음을 출발점으로 삼는다. 이는 단지 "진정한 성"의 정의가 생식샘(난소나 정소)을 중심으로 고정화되기 시작했기 때문만은 아니다. "바르뱅의 《회상록》을 중심으로 그의 삶과 죽음의 공개가 의사들로 하여금 양성구유 문제의 빈도와 긴급성을 의식하게 만들었기" 때문이기도 하다. 의사들은 처음으로 양성구유의 위험과 "진정한 성"의 정확한 조기진단의 중요성을 깨달았다(바로 이것이 다음 세기에, 유아기부터 조치할 것을 권장하는 존 머니와 같은 사람의 논리가 될 것이다. 그리고 가장 미성숙한 유아들에 대한 이러한 처치에 반대하여 인터섹스 운동이 일어난다). 특히 타르디외가 저작 전반부에서 그랬듯이, 사람들은 이런 처지에 놓인 두 사람이 당사자는 물론이고 그 누구도 "진정으로"(생식샘이) 같은 성에 속한다는 사실을 모른 채 결혼을 통해 하나가 될 수 있는 가능성 앞에서 경악했다.[29] 요컨대, 바르뱅은 의학에 선재했던 양성구유의 의료화를 폭로하는 자이기보다는 그 의료화를 활성화하는 촉매자일 것이다. 다시 말해 자신의 이야기를 통해, 그는 말하자면 "진정한 성"의 대상이 되기 이전에 그것을 만들어 낸 자라는 것이다.

그러므로, 버틀러가 푸코를 가지고 그렇게 했듯이 이제는 버틀러를 버틀러 자신에 대립되게 읽음으로써 바르뱅의 수완—실패까지를 포함해 자기 삶을 만들어 낸 장본인이 될 수 있는 능력—에 자리를 마련해 줄 수 있다. 《회상록》으로 돌아가 보자. 사랑의 불꽃이 꺼지고 난 후, 자신의 "진정한 성"을 필사적으로 폭로하려 한 자는 바로 바르뱅이다. "1년이 그런 식으로 흘러갔다! …"(137) 이와 같은 시간의 생략은 바르뱅이 세상 사람들 앞에서 자신의 성을 전환하려는 의지를 중심으로 서술을 구성하고 있음을 확실히 보여 준다. 그는 비밀을 지켜 준 의사를 오히려 "심각한 잘못"을 저질렀다고 비난하고, 심지어 P… 부인 역시 "모든 책망에서 자유

---

[29] Alice D. Dreger, *Hermaprodites and the Medical Invention of Sexe*, Cambridge (Massachsetts) et London, Harvard University Press, 1998, pp. 51, 28, 119 인용.

로운 건 아니"라고 말한다.(164) "믿을 수 없을 정도의 진실된 혹은 가장된 의심을 보였다."(181) 우리는 이 "수수께끼"(167)를 해석할 수도 있다. 그 수수께끼는 스캔들에 대한 두려움일 수도 있고, 자신의 딸에 대한 사랑일 수도 있으며, 아니면 알렉시나를 향한 애정일 수도 있다. 하지만 이 수수께끼가 바르뱅의 《회상록》에서 결정적인 역할을 하는 다른 수수께끼를 은폐해서는 안 된다. 아무도 진실을 알거나 말하고 싶어 하지 않았는데 바르뱅은 왜 자신의 "진실"이 밝혀지기를 그토록 바랐던 것일까? 물론 그는 사회 전체의 위선을 향해 이렇게 냉소를 던질 수 있다. "우리 모두는 세상에서 제일가는 믿음으로 서로 속고 속였다."(182) 그러나 성의 진실은 오로지 바르뱅에게만 중요한 것이 아니었을까? 다른 사람들에게 바르뱅의 성의 진실은 그저 당황스럽거나 불편한 것에 지나지 않았다.

의학적으로 "알고자 하는 의지"만으로는 환원 불가능한 바르뱅의 진실에 대한 열망은 푸코의 사유 안에서 일어나는 변화를 명확히 해명해 주기도 한다. 푸코는 이 변화를 〈진정한 성〉(이 책의 서문)의 출간과 같은 해에 콜레주 드 프랑스에서 행한 강의에서 보여 준다.[30] 철학자 푸코는 여기서 "지식-권력"을 "진실에 의한 통치"로 대체한다. 그래서 푸코는 "진실의 체제"(혹은 "진실 말하기"

---

[30] Michel Foucault, *Du gouvernement des vivants. Cours au college de France. 1979-1980*, EHESS, Gallimard, Éd. Du Seuil, coll. "Hautes Études", 2012, p. 49 와 p. 99 인용. (에르퀼린 바르뱅이 등장하지는 않아도) 유용한 미셸 세넬라르의 〈강의 정황〉을 참조할 것.

를 그리스도교에서의 고백이라는 특권적 예로부터 출발해 분석한다. 그러나 "진실을 말하는 행위"—여기서 아우토스autos와 알레튀르지 alèthurgie의 관계, 자기 자신과 진실 말하기 간의 관계가 수립된다—)는 (종교적·의학적 혹은 다른) 권력에 의한 어떤 진실의 결정이 아니다. 그것은 오히려 그리스도인이 "자신의 현재 상태를 진실 속에서 현시할 의무"다. 수녀들의 제자인 바르뱅에게 자전적 글의 관건은 자신의 진실을 말하는 것이 아니었을까? 바르뱅은 "말해지는 존재"가 아니다. 그녀(혹은 그)는 자기 자신에 대해 스스로 말하는 자다.

게다가 이《회상록》자체는 저자에 의해 "진정한 성"(아니면 진정한 젠더라고 말하는 것이 좋을 듯하다)의 쟁점을 중심으로 구성되었다. 분명히 두 차례에 걸쳐(88, 190) "오비디우스의 변신"이 문제가 된다. 그렇지만 양성구유라는 개념의 이름을 제공한 헤르마프로디토스와 살마키스의 이야기[헤르메스와 아프로디테의 아들인 헤르마프로디토스는 살마키스라는 요정의 짝사랑으로 그녀와 한 몸이 된다]는 전혀 언급되지 않는다. 반대로 아킬레우스가 언급된다. 게다가 그리스의 영웅 아킬레우스는 어머니 테티스가 아들이 전쟁에서 죽을까 두려워한 나머지, 그를 리코데모스의 딸들 속에 숨겨 두었다. 그러나 여기서 문제가 되는 것은 변신[성의 전환]이 아니라 변장[남장이나 여장]이다. 게다가 아킬레우스는 교활한 오디세우스가 무기를 보여 주자 자신의 남성성을 드러내고 만다. 이것은 성별에 결코 모호함이 없음을 의미한다. 두 번째 참조는 이 점을 훨씬 더 명확히 보여 준다. 바르뱅 사건이 공론화되었을 때 어떤 신문이 바르뱅을 "옴팔레 여왕의 발치에서 실을 잣는 아킬레우스"에 비유했다.(195) 그러나 여기서도 그것은 헤라클레스의 모험이지 아킬레우스의 모험이 아니다(19세기에 고전 문화에 심취한 독자들은 이 점을 착각하지 않았을 것이다). 이 신문은 아벨이 소거하기를 원했던 에르퀼린이라는 이름을 가지고 유희했을 수 있다. 다만 이 전설과 함께 변장에서 성전환으로 이행하게 된다. 요컨대 옴팔레는 남자가 되고, 헤라클레스는 여자가 된다(옴팔레의 궁에서 헤라클레스는 여인의 옷을 입고, 옴팔레는 몽둥이를 들고 다녔다). 그러나 주지하듯이 이러한 예외는 젠더에 기초한 성의 진실과 관련된 규칙을 확인시켜 줄 뿐이다. 게다가 바로 이 점이 바르뱅의《회상록》과 19세기 말 이《회상록》에서 영향을 받은 오스카 파니차의 음탕한 단편소설의 차이인 것이다. '알렉시나 B. 이야기'가 성과 성현상 문제를 젠더에 입각해 제기했다면, 〈수녀원 스캔들〉은 성현상의 자극(선정성)을 강화하기 위해서만 성을 말할 뿐 젠더 문제에는 전혀 관심이 없다. 이성애 질서에 순응하는《회상록》의 저자와 달리, 검열에 따라 금서가 된 〈수녀원 스캔들〉의 저자는 성적 억압에 대항해—광기에 이를 정도까지—투쟁한다.

"젠더"에서 문법적 성으로

그렇다면 바르뱅에게 그토록 중요했던 이 진실은 도대체 무엇일까?《회상록》의 남성 혹은 여성 저자auteur-e에게 그 진실은, 의사들과는 달리 해부학적 구조에 의존하지 않는다. 《회상록》은 (셰네의 보고서에서 핵심이 되는)[31] 이 점에 대해 거의 언급하지 않는다. 그러나 그녀의 이러한 진중함은 특히 해부학적 구조에 대한 관심의 결여와 관계가 있다. 게다가 해부학적 구조는 의료 검진에서 바르뱅을 매우 불쾌하게 했다. 요컨대 그것은 그가 바라던 진실이 아니라 그에게 강제된 해부학적 결정이었다. 그래서 《회상록》에 무월경이 넌지시 토로되어 있는 것이다. 열일곱에 "내 건강 상태는, 걱정할 정도는 아니었지만 더는 정상이 아니었다." 하지만 "난 전혀 두렵지effrayée 않았다."(88) 반면 "난 내 몸 상태가 사람들을 걱정시킨다는 것을 알아차렸다. 과학은 **어떤 결여**를 해명하지 못했"다.(118) 그것은 의학에는 문제였지만, 알렉시나에게는 문제가 아니었다.

체모는 "종종 놀림거리가 됐는데" 그것은 그녀를 한층 더 괴롭게 했던 것 같다. 이는 체모가 사회적으로 성별을 가리키는 표식으로 읽히기 때문이 아닐까? 그녀의 계급과 성별이 갖는다고 추정되는 "본성"에 어긋나는 "육체노동"에 대한 "혐오"와 거의 같은 수준에 있는 상징으로 읽히는 것은 아닐까? 하지만 바르뱅이 아

---

31 에르퀼린 바르뱅의 독서는 2002년에 출간된 소설 《미들섹스Middlesex》(이화연·송은주 옮김, 민음사, 2025)의 집필을 촉발시켰다. 이 소설의 세계적 성공은 인터섹스 문제를 대중화하는 데 기여했다. 저자 제프리 유제니디스Jeffrey Eugenides에 의하면 이 소설은, 이〔에르퀼린〕이야기가 진부하다고 생각해서 응수한 것이다. 《뉴욕타임스》(2003년 1월 1일자)에서 그는 미션스쿨 기숙생의 레토릭, 그의 진부한 감정과 해부학적 수치심 등이 불러일으킨 실망감을 토로한다.

　　　　　　　　　　　　　　　　　　　　후기

벨이라는 정체성에 동의한 순간부터 그녀는 즉각적으로 남성 역할을 수행하게 된다. 요컨대 갑자기 그의 남성성이 튀어나오고, 그가 입은 "남자 옷"(194)은 단지 그의 "기마병 같은 태도"(192)를 확인시켜 줄 뿐이다. 달리 말해서, 젠더는 성의 효과다. 요컨대 생물학에 기초한 신체 구조의 의미에서가 아니라, 법적 신분이 그에게 보장해 주는, 양의성兩意性 없는 의미에서의 성의 효과인 것이다.

왜 성을 바꾸려는 것일까? 이를 이해하기 위해서는 결국 저자가 《회상록》에서 알리려는 젠더의 진실에 주목해야 한다. 우선 문법적 성에 주목해야 하는데, 왜냐하면 저자가 이야기 서두에서부터 이 문법적 성을 끊임없이 활용하고 있기 때문이다. 타르디외는《회상록》첫 페이지에 단 설명주에서 이미 이 점을 지적한 바 있다. "여기서 이탤릭체〔본서에서는 볼드체로 표시하였다〕로 인쇄된 말들은 원고 내에서 강조되었다. 저자가 이 말들에 때로는 남성으로서 자신을 말하고 때로는 여성으로서 자신을 말하는 역할을 부여했기 때문이다." 그러나 의사 타르디외는 그 사실에서 아무 결론도 도출하지 않는다. 그에게 성의 진실은 단순하기 때문에 이러한 "부자연스러운 태도"에 신경 쓰지 않았다. 푸코 역시 이 점을 서문에서조차 언급하지 않는다. 그의 관심 대상은 저자의 문학적 창조보다는 의학적 결정이었다. 푸코는 젠더보다는 성에 관심이 있었다. 젠더 개념은 당시 페미니스트들이 막 받아들이고 있던 참이었다.

반면, 영어판에서 번역자가 작성한 역주는 불완전하게 복원된 이 특이성을 지적하고 있다. "영어 번역본에서는 알렉시나가 자기 자신에게 사용하는 남성형과 여성형 형용사의 교차를 충실하게 옮기는 것이 어렵다." 언급한 김에 이 역주가《회상록》의 용례에서 벗어나 오로지 여성형으로 논하고 있다는 사실을 지적하고자 한다. "대체로 그녀는 사라를 사로잡기 전의 자신에 대해서는 여성형을, 그 후에는 남성형을 사용한다. 그러나 〔여성형을〕 이탤릭체로 표시하는 이러한 체계화가 '여성이라는 자의식이 남성이라는 자의식으로 변화한다'는 식의 서사를 나타내는 것 같지는 않다. 그보다 언어는 문법적·의학적·법적 범주들을 사용해야 하지만 그 서사의 내용은 오히려 이를 반박하고 있음을 풍자적으로 상기시키는 장치로 보인다."[32]

과연 그렇다. 우선, 문법적 성을 표현하기 위해 이탤릭체는〔본서에서는 볼드체로 표시하였다〕《회상록》 전체를 통틀어 여성형에 국한되어 있다(첫 페이지에 한 가지 예외가 있는데 여기서 형용사는 바르뱅과 관련이 없다. 즉, "근심에 잠겨 꿈꾸는 듯한 내 얼굴soucieux et reveur, mon front"이 그것이다). 요컨대 남성형 형용사 soucieux는 이탤릭체로 씌어진 게 명백하다. 이에 반해 〔대부분의〕 남성형 형용사는 로마체(보통 글꼴)로 표기되며, 마치 당연한 것처럼 자연스럽게 받아들여진다. 그러나 프랑스어 판본이 미국 판본에 가려져 이 문법적 성의 역할이 간과되었고, 심지어 망각된 것이다. 버틀러의

---

32 이 주는 영어판에만 존재한다. Op. cit., pp. xiii-xiv.

독서도 사정은 마찬가지다.[33] 그렇지만 이 점은 주목할 만하다. 실제로 (과거로의 회귀를 제외하고 그때부터 지배적이 되는) 여성형에서 남성형으로의 대대적인 변환은 사랑의 첫날밤과 일치한다. 즉, "사라는 이제 **내게 속했다**!! … **그녀는 내 것이었다**!!! …."(136) 여기서 이탤릭체는 더 이상 문법적 일치가 아니다. 이탤릭체가 여전히 문법적 성을 지시하고 있다면, 이제 그것은 성현상〔성차〕sexualité과 관련된 젠더다. 영어판 주석의 표현을 인용하자면 관건이 되는 것은 "소유하다"이다. 남성형은 다음과 같은 문장에서 시작된다. "자연스러운 질서 속에서, 이 세상에서 우리를 갈라놓아야 했던 것들이 우리를 결합시켰다!!! 가능하다면 우리 둘의 상황에 대해 생각해 보라! 영원히 두 자매의 친밀함 속에 지낼 운명이었던 우리"….(136) 이탤릭체는 사라지지만 복수형과 더불어 남성형이 우세하게 작동한다(예컨대 "결속된unis", "우리 둘tous deux"이 그렇다〔문법적으로는 여성 복수이기 때문에 각각 "unies", "toutes deux"로 표기해야 맞다〕). 심지어 여성들끼리의 단결을 말할 때조차도 남성 복수형(destinés)이 사용된다〔여성 복수형은 destinées〕.

사실 이 문법적 성은 이성애적 결합의 결과로 나타난다. 요컨대 남성형이 단수(l'un)로 쓰인다면 그것은 이 남성형이 문장 끝에 강

33　그러나 나는 이 후기를 교정하면서 Anna Livia의 저작 *Pronoun Envy. Literrary Use of Linguistic Gender*, New York et Oxford, Oxford University Press, 2000를 발견했다. 에르퀼린 바르뱅에 할애된 지면(pp. 177-180)은 부분적으로 이 단락과 다음 단락을 선취하고 있다.

조된 관계 내에서 그렇게 정의되기 때문이다. "이제 우리를 서로에게l'un et l'autre **연결시킨** 기절초풍할 비밀을 아무도 모르게 해야 했다!!!" 게다가 다음의 경우는 문법적 성이 성현상에서 비롯되어 나온다는 사실을 확실히 보여 준다. "나는 분명 덜 동요하고 있었지만 눈을 들어 P… 부인을 바라볼 힘은 없었고, 그 가여운 여인께서는 내게서 당신 딸의 **친구amie만을** 볼 뿐이었다. 나는 그녀의 연인이었는데 말이다!"(137) 이제부터 사라는 성별을 예측할 수 있는 문법적 성, "내 사랑하는 카미유Mon cher Camille"라 부르게 된다. "감미로운 둘만의 대화에서 그녀는 남자를 부르는 호칭으로 날 부르기를 좋아했"다. 바르뱅이 나중에 좀 신비스럽게 말하겠지만, 그것이 "불완전한 기쁨"(211)이라는 것은 중요한 게 아니다. 성현상〔성차〕의 결코 구체화된 적 없는 양태들보다도 성현상이라는 사실이 더 결정적이다. 버틀러가 말하는 "이성애의 모태"는 바로 성차의 원리로 드러난다. 남자로 태어나지 않았어도 이성애적 성교 속에서 남자가 되는 것이다.

바르뱅은 이제 "진실" 속에 존재해야 한다. 즉, "조만간 난 더 이상 내 것이 아닌 종류의 삶과 절연해야 했다."(137) 그의 "본성"은 사회적으로 실현되어야 한다. "우리는 하늘을 바라보며 영원히 함께 있는 감미로운 꿈을, 그러니까 결혼이라는 꿈을 꾸었다."(138) 젠더가 성현상의 어떤 효과라 할지라도, 성현상은 가족제도 내에서 그 충만한 의미를 획득한다. 요컨대, 두 연인이 "감정"(170)을 담아 표현하는 자식을 가지려는 욕망은 결혼에 대한 희망이기도 하다. "누가 알겠는가!!!"(171) 이번에도 생물학은 젠더의 도구에 불과하다. 암시적 표현으로 제기되는 임신 가능성이 그러한 경우다. "사라가 해 준 은밀한 이야기에 나는 망연자실하고 말았다." 즉, "만일 그녀의 두려움이 근거 있는 것이라면 우리 둘 다 가망이 없어진 것이었다!" 그렇지만 임신 가능성은 또한 결혼의 가능성을 여는 게 아닐까? "그런 사건을 너무나 두려워하면서도 내 온 마음을 다해 그런 일이 일어나기를 바랐다. 그런 일이 일어나기만 한다면, 그 무엇도 사라와의 결혼을 가로막지 못하리라!"(156)

최후의 역설 하나가 남아 있다. 바르뱅은 사라와 그를 하나되게 한 성관계에서 젠더를 전환한다. 이성애 행위 내에서, 즉 성적인 동시에 사회적인, 분리할 수 없는 관계 내에서. 그러므로 그는 젠더의 법칙을 완결한다. 그런데 그는, 사람들 앞에서 한 남자가 되기 위해, 즉 성을 바꾸기 위해 이 관계를 포기하겠다는, 얼핏 이해할 수 없는 결단을 내린다. 의학에 의해 그의 성의 진실이 확인된 순간, 그는 "내가 내 의지로 깨뜨리게 될 소중한 인연을 아쉬워하지"조차 않고 "이별의 시간이 왔"(180)다고 애인에게 선언한다. 후회는 P부인의 "모성적" 애착을 회상하면서 나중에야 찾아온다. "그 상황을 다루는 법을 알았더라면 내 미래가 바뀌었을 것이다. 아마 난 지금쯤 그분의 사위가 되어 있었을지 모른다."(203) 요컨대 결혼을 통한 젠더의 사회적 인정을 〔얻어 낼 수 있었을 것이다〕. 그러나 결국 남성됨은 더 이상 이성애적 관계의 실현으로 나타나지 않는다. 그것은 오히려 무성성으로의 추방인 고립을 의미하게 된다. 《회상록》의 첫 페이지에서 이미 남성 화자가 그 회상들의 씁쓸한 종말을 예고한다.(65) "너무 힘들었다. 그리고 그건 홀로 감내해야 할 혼자만의 고통이었다! 모두가 나를 버렸다!" 어쨌든 타르디외가 보존한 《회상록》의 마지막 부분에서 아벨은 냉혹한 "재판관"으로서 "이성애"를 심판한다. "타락한 여인들", "망측한 결합", "더러운 염증들",(208) "질 떨어지는 자들"(209)이 그것이다. 그 역시도 모든 성현상을 포기함으로써 "비물질적이고 순결한"(210) "천사들의 본성"(208)을 갖게 되는 것 같다.

이 실패를 이해하기 위해 《회상록》에서 남성형으로의 이행을 나타내는 문장으로 다시 돌아가 보자. 사물의 "자연스러운 질서 속에서, 이 세상에서 우리를 갈라놓아야 했던 것들이 우리를 결합시켰다!!!"(136) 이는 다음과 같이 이해할 필요가 있다. 동성사회성 homosocialité이 이 두 "〔여자〕친구amies"에게 알렉시나의 "진정한 성"이 그들에게 금지할 뻔했던 긴밀한 관계를 가능하게 했다고 말이다. 그러나 이러한 주장은 에르퀄린이 아벨이 되는 순간 역전될 수 있다. 즉, 사물의 자연스러운 질서 속에서 그들을 세상에서 결합시킬 수도 있었던 것이 그들을 분리시켰다고 말이다. 왜냐하면 동성사회성과 이성애라는 두 논리는 서로 대립됨과 동시에 상보하기 때문이다. 사라에 대한 욕망이 전자로부터 탄생한다 해도 그것은 후자로 나아간다. 반면 후자는 전자와 양립 불가능한 것으로 드러난다. 역설적으로 아벨은 이성애 속에서 자신이 남자임을 발견하고 한 여인에 대한 사랑을 포기해야 한다.

실제로 불가능한 욕망이 출현한다. 요컨대 양립 불가능한 욕망을 양립하게 하는, 결코 실존한 적 없는 시절—"어린 소녀들, 내 누이들, 내 동무들 사이에서 느낀 부드럽고 친밀한 동지애는 내 삶에 부족함 없었고, 숨소리 하나조차 퇴색되지 않았"(212)던 시절—에 대한 향수가 표현하는, 젠더의 양립 불가능한 두 진실 간의 긴장이 명백히 드러난다. 그러므로 푸코가 꿈꾼 "성적인 비非정체성"이 "서로 닮은 신체들 가운데서 길을 잃을 때"(22) 그것은 단순히 여성의 "단성성monosexualité"이 아니게 된다. 왜냐하면 바르뱅의 신체는 분명히 다르기 때문이다. 그의 신체는 여자들끼리 지내는 이곳에서 다르게 체험되고 다르게 지각되었다. 그래서 동성 사회에서의 이성애적 삶이라는 아포리아의 거울 속에서, 철학자 푸코의 사유가 정체성에 대한 정치적 비판과 정체성의 환상 간의 이율배반에 사로잡혀 있는 것을 발견할 수 있다.

〔푸코가 만난 소송 기록 속〕 피에르 리비에르는 "범죄의 행위자인 동시에 《회상록》의 저자"다. 그리고 이 둘〔범죄의 행위자, 《회상록》의 저자〕은 단순히 시간의 연속선상에 놓여 있는 것이 아니다. 요컨대 "살인과 살인에 관한 이야기는 동질적이다."[34] 알렉시나라 불리는 에르퀼린 아델라이드로 태어난 아벨—《회상록》에서는 카미유라는 이름으로 등장하는—에 대해서도 푸코는 같은 말을 할

---

34 Michel Foucault, *Moi, Pierre Rivière…*, pp. 332 et 322〔《나, 피에르 리비에르》, 397쪽, 382쪽〕.

수 있을 것이다. 즉, 그(혹은 그녀)는 자기 삶의 남성(여성) 당사자인 동시에 그 이야기의 저자이며, 양자〔당사자, 저자〕는 바르뱅의 "사례"에서 서로 뒤섞인다고 말이다. 그러나 《지식의 의지》(《성의 역사 1》)의 철학자 푸코는 그것을 완전히 그런 방식으로 보지는 못한다. 왜냐하면 푸코는 그때 성의 진실에 관한 성찰에 몰두하고 있었기 때문이다. 즉, "진정한 성", 그리고 더 나아가 "성의 심연에 있는 진실"(15)을 탐구하던 중이었던 것이다. 따라서 푸코는 성 내에서 성을 통해 의료 규율이 부과하는 지식 및 권력과 분리 불가능한 작업을 그 또한 그 작인agency을 은폐할 수 있는 위험을 감수하면서 분해하는 데 전념한다.

그러나 반대로 이 행위능력을 거꾸로 법으로부터 해방된 허황된 자유와 혼동하지 말자. 바르뱅이 자신의 "진정한 성"을 관철시켰다 할지라도, 그(혹은 그녀)는 젠더의 진리를 넘어설 수 없다. 요컨대, 동성사회적homosocial인 긴밀한 관계에서 이성애를 배격하는 게임의 규칙을 어길 수는 없다. 확실히 성현상〔성의 속성〕을 통해 그녀는 남자가 된다. 하지만 그의 성전환은 그를 무성적 존재로 낙인찍는다. 이것은 그녀가 새로 획득한 젠더와 관련해서도 마찬가지다. 그 젠더는 여전히 이전 정체성의 흔적을 지니고 있다. 요컨대, "나는 형편없는 남편이 되었을 것"이라고 아벨은 말한다. 그리고 실제로 "내가 별로 자랑스럽게 여기지 않는 어떤 이례적인 상황 때문에, 남자라 불리는 내가, 여자의 모든 능력과 모든 성격의 비밀에 관한 내밀하고 심층적인 지식을 얻을 수 있었다."(219)

그러므로 우리는 "비정체성non-identité"보다는 이중 정체성에 관해 논할 수 있을 것이다. 즉, 의학적 관점에 따른 "사이비-양성구유"는 최종적으로 〔성적으로〕 남자인 동시에 여자인 것이라기보다는 〔젠더적으로〕 여성적인 동시에 남성적인 것으로 드러난다. 요컨대 《회상록》의 저자는 성의 차원에서는 아닐지라도, 젠더적 관점에서는 진정으로 양성구유적인 존재로 드러난다.

알렉시나 B.로 불린
에르퀼린 바르뱅

2026년 3월 30일   초판 1쇄 발행

지은이 | 미셸 푸코
옮긴이 | 오트르망 심세광 · 전혜리
펴낸이 | 노경인 · 김주영

펴낸곳 | 도서출판 앨피   출판등록 | 2004년 11월 23일
주소 | (01545) 경기도 고양시 덕양구 향동로 218(향동동, 현대테라타워DMC) B동 942호
전화 | 02-710-5526   팩스 | 0505-115-0525   블로그 | blog.naver.com/lpbook12
전자우편 | lpbook12@naver.com

ISBN 979-11-92647-87-6